U0107934

虚拟文化与部落化倾向

读米歇尔·马菲索利

林青 著

中国社会科学出版社

图书在版编目(CIP)数据

虚拟文化与部落化倾向:读米歇尔·马菲索利/林青著. —北京:
中国社会科学出版社,2024.3
ISBN 978 - 7 - 5227 - 2972 - 5

Ⅰ.①虚… Ⅱ.①林… Ⅲ.①文化社会学 Ⅳ.①G05

中国国家版本馆 CIP 数据核字(2024)第 037124 号

出 版 人	赵剑英
责任编辑	刘志兵
责任校对	夏慧萍
责任印制	李寡寡

出　　　版	中国社会科学出版社
社　　　址	北京鼓楼西大街甲 158 号
邮　　　编	100720
网　　　址	http://www.csspw.cn
发 行 部	010 - 84083685
门 市 部	010 - 84029450
经　　　销	新华书店及其他书店

印　　　刷	北京明恒达印务有限公司
装　　　订	廊坊市广阳区广增装订厂
版　　　次	2024 年 3 月第 1 版
印　　　次	2024 年 3 月第 1 次印刷

开　　　本	710×1000 1/16
印　　　张	16.5
插　　　页	2
字　　　数	220 千字
定　　　价	89.00 元

凡购买中国社会科学出版社图书,如有质量问题请与本社营销中心联系调换
电话:010 - 84083683

序

　　林青博士这部《虚拟文化与部落化倾向——读米歇尔·马菲索利》，虽然他自谦说是"结构松散的文集"，甚至不算"一部纯粹意义上的学术著作"，但即便翻阅这部文集的目录也可以发现，就国内对于马菲索利的介绍和研究程度来说，这应该是国内第一部系统展现马菲索利后现代理论全貌的专著。马菲索利著作被翻译为中文的仅有一种，即《部落时代：个体主义在后现代社会的衰落》（上海人民出版社 2022 年版）。研究论文在知网上可找到的也只有寥寥数篇，作者仅限两人，一是本书作者林青博士，另一是《部落时代》的译者、马菲索利的中国学生许轶冰副教授。这相对于马菲索利在全球学术界的影响和他的理论贡献，我们感觉还是有所遗憾了。但因了林青这部专著的出版，我们在对外交流时便可以很自信地说，中国对马菲索利也是有研究的。马菲索利在中国绝不孤独。

　　我自己不是马菲索利专家，但在应邀为英国费瑟斯通主编的杂志评审稿件时已读到对他的大量引用，算是"略知一二"；2022 年 11 月为陕西师范大学组织国际论坛，通过林青的介绍邀请到马菲索利出讲，算是有点个人交往，不过那次讲演因为网上有人数限制，国内知晓者并不太多。林青出版这部大著，命我作序，心中惶恐，但师兄之命难违，只好勉力为之。林青是我社科院硕士同学，他本科毕业于北大西语系，博士学位是从蒙特利尔大学取得的。虽然他后来离开了科研岗位，不再"专职"于学术，同学中多有表示惋惜者，但结果是，他比好多专职教研人员更加"专心"于学术，且更有发表"量"。四十年来，他的论文专著的出现频率、从而其可见度实际上并不低于我们许多的专职教授。

要简明概括马菲索利的理论贡献，并非易事，因为他不仅已经出版过四十余种著作，而且还在不停地思考和推出新作。在这种情况下，林青的这部著作就堪称马菲索利思想的导游图了，它既有入乎其内的精读细品，又有出乎其外的观澜鸟瞰。我只能根据自己有限的知识，写一点蜻蜓点水的感触，权作对林青大作出版的祝贺！

今天我国学术界将文化放在一个既基础且崇高的位置，换言之，文化既是我们的日常生活方式，又是我们的核心价值观，但对于文化自身可能存在的阻碍历史进步的消极一面则是有所忽略，更不要提那些文化本质主义的言论了。对于传统文化，正确的态度乃是当前已成共识的"双创"，即"创造性转化和创新性发展"，因为任何文化体系都是一定社会存在状况的反映，适应于一定时代和民族的实际生活的要求。时代发展了，现实变化了，文化就必须随之更新换代。在这个意义上，文化是第二位的，工具性的。无论本来文化抑或外来文化，都要服务于当代现实发展以及人民大众的新需求。自然界的规律是适者生存，文化之于现实亦复如是，故而中国古人有"移风易俗"之说。今日翻阅毛泽东《新民主主义论》关于如何对待传统文化的论述，笔者依然有怦然心动之感，它好像就是针对当前那些食古不化、抱残守缺，故意将"文化自信"与"文明互鉴"对立起来、以前者拒斥后者的极端论调而言的："中国的长期封建社会中，创造了灿烂的古代文化。清理古代文化的发展过程，剔除其封建性的糟粕，吸收其民主性的精华，是发展民族新文化提高民族自信心的必要条件；但是决不能无批判地兼收并蓄。必须将古代封建统治阶级的一切腐朽的东西和古代优秀的人民文化即多少带有民主性和革命性的东西区别开来。中国现时的新政治新经济是从古代的旧政治旧经济发展而来的，中国现时的新文化也是从古代的旧文化发展而来的，因此，我们必须尊重自己的历史，决不能割断历史。但是这种尊重，是给历史以一定的科学的地位，是尊重历史的辩证法的发展，而不是颂古非今，不是赞扬任何封建的毒素。"① 这不是"中学为体"的，而是"古为今用"的原则；这不是"形而上学"的，而是"与时俱进"的文化观。也可以说，这既是"文化自信"，也是"文化自觉"，是建立在"文化自觉"基础之上的"文化自信"。所谓"文化自觉"乃是对自身文化传统之于当代现实、之于其他文化之关系的清醒认识，既知其所优长，又明其所不足，故可以取长补短、继续进步。同样道理，文明自觉也是文明互鉴的前提，对于自身文明和世界其他文明倘使不能做到知己知彼，那互鉴互学将从何处入手?! 文明没有优劣之分，那是从最深层的人和人民的本体尊严这样的意义上来说的，此乃生命存在之平等，而若是谈及一种文明本着自身的发展需求而向另一种文明借取于己有用的部分即"文明互鉴"而言，这一文明其实是已经"自觉"到了其不足的。一种文化或文明因其总在变动和发展，不必讳言，它总是处在一种不太完善和有待完善的紧张之中。

　　当我们记住了这一正确的文化观，而后再来阅读法国启蒙哲学家笛卡尔之将理性与文化对立对峙、抬高理性而贬抑文化时，我们便不会感到其中有什么惊讶之处了。启蒙运动奉理性为圭臬，而其他一切则都成了被怀疑、被审查和被审判的对象。恩格

---

① 《毛泽东选集》第 2 卷，人民出版社 1991 年版，第 707—708 页。

斯在描述这一转变时指出："一切都必须在理性的法庭面前为自己的存在作辩护或者放弃存在的权利。思维着的知性成了衡量一切的唯一尺度。"恩格斯这里没有使用"文化"一语，但他所提及的启蒙所欲革命的对象，"以往的一切社会形式和国家形式、一切传统观念"，"世界所遵循的""一些成见"，"迷信、非正义、特权和压迫"，都是有文化在其中的，或者都能够以文化视之。恩格斯借用黑格尔的术语，称这是一个"世界用头立地的时代"，意思是，其一，"人的头脑以及通过头脑的思维发现的原理，要求成为人类的一切活动和社会结合的基础"（原义），其二，"同这些原理相矛盾的现实，实际上都被上下颠倒了"（广义、衍生义）。① 尽管细查启蒙哲学家，并非人人都是严格的理性至上主义者，但其时代的主流就是高举理性，以理性为最高法条衡定一切，并决定其存废去留。除了封建王权，以及天国教会，启蒙理性的最大敌人就是"文化"了。笛卡尔称之为"习俗和惯例"，他发现，"我们与其说是为确定的知识，毋宁说是为习俗和惯例（la coutume et l'exemple）所左右"②。虽然"习俗与惯例"并非全然错误，但如果仅仅因其为"习俗和惯例"便信以为"真"的东西，则必然是需要质疑的。这恰如我们都熟悉的鲁迅那个有名的反诘："从来如此，便对么？"③ 关于"从来如此"，鲁迅还有嘲讽说："那时候，只要从来如此，便是宝贝。即使无名肿毒，倘若生在中国人身上，也便'红肿之处，艳若桃花；溃烂之时，美如乳酪'。国粹所在，妙不可言。那些理想学理法理，既是洋货，自然完全不在话下了。"④ 关于笛卡尔理性与文化的对立观，英国哲学家欧内斯特·盖尔纳归纳说："建立在习俗和惯

---

① ［德］恩格斯：《反杜林论》，《马克思恩格斯选集》第 3 卷，人民出版社 2012 年版，第 391—392 页。

② René Descartes, *Discours de la Méthode*, Paris: J. Vrin, 1987, p. 16.

③ 鲁迅：《狂人日记》，《鲁迅全集》第 1 卷，人民文学出版社 2005 年版，第 451 页。

④ 鲁迅：《热风·随想录第三十九》，《鲁迅全集》第 1 卷，第 334—335 页。

例上的东西是可疑的，而理性的东西却并非如此，这是笛卡尔最终得出的结论。"他就此发挥："文化与理性是截然对立的。文化是不可靠的，理性却恰好相反。怀疑和理性的结合一定会让我们根除思想中一切仅仅是文化的、偶然的因而是不可信赖的东西。"在以理性为准则而怀疑和质疑文化这一点上，我们趁便指出，鲁迅和笛卡尔缔结了跨越三百年的思想和情感的姻缘，因为两人有共同的天降大任：启蒙。

可以说，将理性与文化对立起来是启蒙运动或其哲学一个有目共睹的特点①，或者说就是一个关于笛卡尔的常识，但是盖尔纳在笛卡尔那里一个进一步的发现，则可能给予流行哲学史鲜有提及的新视野，这就是他关于理性主义与个人主义之间必相伴生的一个洞见。对于何以要将理性与文化相互对立起来，笛卡尔祖露心迹说："我的计划无非就是尽力改造**我本人的**思想，将其建立在完全属于**我自己的**基础之上。"② 盖尔纳从中敏锐地辨认出并斩钉截铁地断言："笛卡尔的理性主义从根本上来说是个人主义的，因为他声称，个人能够以理性的但却完全是他自己的东西为基础而构建一个世界。使用他人奠定的基础才会犯错误。理性的东西是私人性的，而且私人性的东西也有可能就是理性的"，"所以个人主义和理性主义是紧密联系的：集体的、习俗的东西是非理性的，因此克服非理性的东西与摒除集体的习俗乃是一回事"。理性是私人的固有属性，而非理性则是文化的本质特征，这样的论断或许有一定的道理，但假定理性总是正确无误的，那么我们

---

① 例如，一本流行的哲学史指出："那些启蒙作者所指的理性，是不受对神启的信仰、对权威的敬畏以及对**已经被建立起来的惯例和制度**的坚持所束缚的理性。"（［英］弗雷德里克·科普勒斯顿：《科普勒斯顿哲学史》4《理性主义：从笛卡尔到莱布尼茨》，陈焱译，九州出版社 2022 年版，第 31—32 页。黑体为引者所加）注意：这不是指所有的"理性"，而是启蒙哲学家具体赋义和特殊使用的"理性"，也许只有这一"理性"才能说是反宗教、反权威和反文化的。

② René Descartes, *Discours de la Méthode*, p. 15. 黑体为引者所加。

如何才能接近这个总是正确无误的理性呢？要么直接通过自己的大脑和体验，要么借助他人的知识和教诲。在笛卡尔看来，"错误见于文化之中，而文化则是一种系统的集体错误。这种错误的实质就是：文化是人们共同造成的，是历史上积累起来的。正是由于共同体和历史，我们才陷入了错误。因此，只有通过个人独自的构想和计划我们才能摆脱这种错误。真理是个人通过周密计划的方式获得的，而不是靠群体缓慢收集而获致。如此看来，激进的个人理智无政府主义似乎是可行的。最好它是可行的，因为它是我们唯一的拯救之道"。在经由本人的思考与他人的知识两种途径之间，前者或许距真理更近一些，如笛卡尔所坚持的，毕竟道听途说，不如亲眼所见、亲身所历、亲自思量，但也可能相反，他人的知识将更接近于真理，因为他人的知识业已通过了无数次的探索、思虑、实践和选择，即是说，一种文化不是随随便便就可以形成了，它必定反映着一定的真实。不过，两者究竟孰是孰非，不是我们此处所要马上给出答案的问题，我们的目的仅在于描述在西方哲学史上一个长期存在或从来就有的问题。对此，盖尔纳的总结是精确的、到位的，并具有一定的启发意义，这就是理性、文化与个人主义三者在西方哲学史上所构成的三足鼎立或三位一体之关系："战线现在一目了然了：一边是个人的理性，一边是集体的文化。要确保真理，唯有走出偏见和累积的习俗，重构个人的世界。只有依靠那令人骄傲的、独立而单个的理性，才能获得真理。"① 笛卡尔作为现代哲学之父，其由盖尔纳以上所概括出的理性与文化的对立对抗，实际上构成了如今所谓"现代性"的基本内容及其内在张力。几乎可以说，这种概括抓住了现代性的核心和本质；因而，同时可以说，为理解后现代或后现代性提供了最佳的谱系或语境。

---

① ［英］欧内斯特·盖尔纳：《理性与文化》，周邦宪译，贵州人民出版社 2009 年版，第 2 页以后。

笔者之所以在有篇幅限制的序文中大费周章，以笛卡尔哲学为例来图写现代性的基本特征，其目的不外乎为进入作为后现代社会理论家的马菲索利指明恰当的门径。毋需多言，任何对后现代曲曲折折的洞悉都必须建立在对其以之为对立、并予以扬弃的现代性的认识之上。具体于马菲索利所发展的后现代理论，如果说笛卡尔所代表的现代性之主要特点是以理性为衡度自然和社会万事万物之准绳，其内包含着对个体主义的嘉许和鼓励，同时也是对"文化"（亦即大众）的轻蔑和拒斥，即青年鲁迅一个最为简明的概括，所谓"剖物质而张灵明，任个人而排众数"①，那么与之恰恰相反，后现代的马菲索利则对理性主义或精英理性主义深恶痛绝，而对文化或大众文化青睐有加，并且在个体与群体之间将未来献给后者。作为德勒兹意义上的"哲学家"，马菲索利生产出很多理论概念，几乎无一不被他赋予后现代的意味和色彩，"共同体"便是一例。

好了，就此打住。谨以拙笔恭贺林青博士大作刊行，并祝愿马菲索利为更多的中国读者所认识。马菲索利生于1944年，今年即迎来八十华诞，林青大著我想应是他最好的生日礼物和祝福。

金惠敏

成都四川大学文星花园 2024 年 1 月 25 日

---

① 鲁迅：《文化偏至论》，《鲁迅全集》第 1 卷，第 47 页。鲁迅在其《文化偏至论》中对西方现代性的把握所选取的是笛卡尔（"特嘉尔"）或尼采（"尼佉"）一脉的思想："物质也，众数也，十九世纪末叶文明之一面或在兹，而论者不以为有当。"（同上）我们不能简单宣称鲁迅是反民主、反大众和反文化的，我们只能说鲁迅坚持在当时的中国对"众数"即"大众"进行启蒙更合乎中国实际，更是中国迫切之所需，故而有言若此："曰物质也，众数也，其道偏至。根史实而见于西方者不得已，横取而施之中国则非也。"（同上）

在今天看来，鲁迅所遇到的问题就是现代性与后现代性的矛盾和冲突，也可以说是法兰克福学派"启蒙辩证法"视域下"文化工业"论所涉及的问题。以大众/文化所表征的后现代主义不是到了"晚期资本主义"（杰姆逊）社会才发生的现象，它根本上就是内在于现代化进程，日渐显露，并终成潮流的。

目　　录

附 录

前　　言

　　《虚拟文化与部落化倾向——读米歇尔·马菲索利》是一本结构松散的文集，严格说不是一部纯粹意义上的学术著作，而是由一篇篇马菲索利著作的读后感组合成的集子，近一半的文章是已经发表过的。

　　接触到马菲索利著作很偶然。我 20 多年来并未做学问，而是一直在 IT 领域工作，近十年来的工作与文化，尤其是数字文化沾点边，因此很关心文化产业的发展。在跟踪欧洲，特别是法国的数字文化产业发展时，偶然接触到有关马菲索利的论述，于是在图书馆找到了一些马菲索利的著作，但很有限，之后便从网上购买了截至 2016 年马菲索利出版的大部分著作（30 多种），重拾断了 20 多年档的系统阅读，很是喜欢。后来，马菲索利出版的新书我皆收入囊中。

　　我过去在中国社会科学院学习工作和在加拿大读博士时，主要研究方向是法国新小说、比较文学、后现代主义、解构主义和现象学。当时读的是罗兰·巴特、德里达、梅洛－庞迪等大家的著作，颇为费神。但这次读马菲索利的感觉大不相同，他的书虽然很多观点也是在哲学层面展开的，但是更为贴近现实社会，尤其是日常生活和文化，按现在的话说就是接地气。当然这与其研究的社会学领域和现象学的方法论有关。实际上，马菲索利与解构主义以及现象学研究的思路是相近的，这就是对逻各斯中心主义的解构。只不过马菲索利更多地结合社会生活来看解构的结果及其演变。马菲索利的观点落脚于现象和人类经验，由此归纳出社会发展的可能方向。抽象的理性概念更多是大学和知识界的偏好，与老百姓的生活体验和社会现实相差太远。换句话说，社会现实与理性化的"应当如此"难以合拍。正是从这个基点出发，马菲索利开始反思从启蒙时代发展起来的西方理性文化和建制，并从其核心的个人主义价值观的衰落来解构理性至上的文化。

马菲索利的见解在互联网时代，也就是虚拟文化时代得到了印证。如果说以往的解构理论更多的是针对传统意义上的文化，是一种哲学层面的辨析；那么虚拟文化造成的解构局面则是全民上阵、全民实践的结果。十分巧合的是，马菲索利提出他的部落理论时，互联网刚刚兴起，他的理论更多是根据后现代社会种种现象得出的。但当互联网成为我们当今生活不可或缺的重要内容时，马菲索利所谈的问题又奇迹般地成为时代的焦点：情绪化、部落化、多元化、游牧主义和近邻性等古已有之的现象又重新回到人们的视野，并且急剧膨胀，成为一种我们不得不重视的社会性，也即社会能量。这就是技术发展带来的颠覆性的变化，也是马菲索利"古代事物与技术发展的协力体现"的后现代性理论的核心。社会大众的存在感因互联网而形成，而这种代表基层民众的力量首先表现在话语权的转移，精英和公知的话语尽管在网站上、在社交网络上、在各类论坛和公众号上依然很有势力，但被大众的声音所稀释，所淹没，甚至替代。这就是所谓的"精英流转"。话语权的转移只是互联网开创的虚拟文化的一个缩影，反映的是社会结构的变化，它甚至影响到社会、政治和经济的发展，这在马菲索利最近的著作《造反的年代》和《精英的破产》中有所详述。同时，因触网而形成的思维方式（不是有互联网思维之说吗？）、情绪驱动、身份认同、游戏态度、情感归属等越来越得到认同，新的社会习俗和范式在默默地建立，对社会生活的冲击和影响还在继续扩大。对此，负面的声音不少，但从总体上说老百姓还是受惠良多，人们在虚拟世界中得到了现实世界得不到的社群归属感、参与感、互动感、存在感、慰藉感、愉悦感、平等感等。商业上带来的益处更不必多说。总之，马菲索利的理论对认识虚拟文化很有启发，可以说，虚拟文化应当成为文化研究的重中之重，因为它就是我们这个时代的主流文化。

这也是马菲索利理论吸引我的原因。有启发才有兴趣。我的文章主要关注点不在于马菲索利的理论体系的研究，而是在他的思想启发下对虚拟文化现象做一些探讨。随着互联网技术应用的发展，还会有更多的问题需要研究。技术发展的趋势不可逆转，互联网改变了我们的认知，改变了我们获取知识的方式，改变了我们的生活方式和思维方式，在虚拟文化的发展满足人性原始需求的同时，一些不合时宜的传统的思维方式也渐渐地被冷落遗忘，就像电子支付取代现金支付一样。

本书在写作中一直得到四川大学金惠敏教授的鼓励和支持，我曾多次参加他策划主持的大型学术研讨会并作有关马菲索利的发言，还在他主编的《差异》学术集刊发表过相关的文章。在此深表谢意！

同时，还要感谢马菲索利教授爽快地授权我翻译他的大作《想象物与后现代性》，这是一篇文笔轻松充满激情的文章，就像互联网一样，充满活力。

中国社会科学出版社的刘志兵编辑为这本书倾注了大量的精力，他们高质量的工作和建议无疑使本书增色不少。

最后，还要感谢我的家人，他们一如既往毫无怨言地支持我的工作。

上 篇

复古主义的后现代性

谁是米歇尔·马菲索利?

——接地气的社会学家和哲学家

【内容提要】马菲索利是当代法国著名的社会学家和哲学家，他的基于部落主义和科技社会现象而得出的后现代性理论在世界范围内很有影响力，特别在发展中国家。网络科技的发展强化了情绪社群的凝聚力，这种现象不仅在虚拟世界而且在现实世界得到了印证。传统的个人主义价值观和社会建制已经饱和，世界因网络的出现更加趋于部落化和情绪化，唯理性至上的思维不仅在文化，也在社会治理中渐渐失灵。世界面临着新的社会范式的到来，感性和理性的融合，多元并存的价值观也许是未来发展的方向。马菲索利的理论对我们理解社会的走向和我们面临的网络科技社会对人性的改造是有意义的。

【关键词】部落主义；后现代性；个人主义的衰落；当代事物与日常生活研究中心；现象学；相对主义；当代社会的部落形态；部落市场化倾向

一 马菲索利后现代性理论的源起及其发展

米歇尔·马菲索利（Michel Maffesoli, 1944—）是法国当代知名的社会学和人类学家，巴黎索尔堡大学社会学荣誉教授，主要研究方向是当代社会、政治及文化现象，尤其是对当代的科技给人类生活带来的变化有深刻的见解，马菲索利主张在新科技环境下重新考察和认识人性，认为当代科技发展发掘出尘封已久的人类古老生存形态，由此提出古老事物（习俗）与技术发展的协力融合，促进古老部落形态回归当代社会的观点。这种回归在虚拟社会中表现得十分突出。按照马菲索利的说法，这种部落化倾向也是现代社会向后现代社会转变的征兆。他认为，在工业化文明发展阶段，科技和理性大大地改变了人类世界，由此建立起我们今天看到的西方崇尚理性的思想范式和社会建制，也就是人们所说的现代社会。在这种相对固化的社会和文化建制中，人们受惠于科技和工业带来的"进步"和物质生活的改善，但日常生活中的情态（情绪、幻想、游戏、娱乐、原始情感等）却受到过分理性化的束缚，尤其是在现代社会建制下，一切都以实用经济原则为准，所有社会建制都建立在理性为核心的契约关系之上。固化的社会形态使人的生活体验一定程度上"去悦化"。而从 20 世纪后半叶开始，科技迅猛发展，人们的社会生活也向多元化方向转变，进入所谓的后现代社会，尤其是 20 世纪 80 年代后网络科技的发展，使人的原始情态在不同程度上释放，科技反而使世界"再悦化"。在这样的背景下，重新认识虚拟文化中的人也就顺理成章了。

马菲索利的后现代性思想与韦伯的价值多元化、利奥塔的后现代理论有关。而在想象物研究方面，无论吉尔伯特·杜朗（Gilbert Durand）还是阿尔福莱德·舒尔茨（Alfred Schütz）的思想对马菲索利都有帮助，想象以形象为基质，有助于理解一定环境下的人。马菲索利认为应将理性和个人在人类行为中的作用相对化，这样有利于集体和形象的影响力。而社会性的形式寄寓人类的原型之中。在社会表象研究中，马菲索利认为，躯体崇拜、政治做秀、媒介的感性夸张和节庆活动中花样翻新的表象下面掩藏着一种生命，也就是事物表面所包含的社会性，这与福柯的认识论不同。巴什拉的内心神话直觉论，重视表象内涵的形式主义社会学也同样启发马菲索利透过表象和形式探究社会结构。马菲索利有关事物有机性和生命力的理论，与克尔凯郭尔的真正普通人和罗伯特·穆齐尔（Robert Musil）的无个性普通人的观点有一定的关联性，主张生命自由的哲学，强调生与死、躯体与精神、自然与文化的耦合。①

同时，涂尔干、格奥尔格·齐美尔（Georg Simmel）、尼采、勒邦（Le Bon）、塔尔德（G. Tarde）、哈尔巴什（M. Halbachs）、荣格、巴塔耶、莫兰（E. Morin）等学者的理论对马菲索利创建自己的体系也有帮助。

中国知识界和读者对马菲索利的了解相对有限，尽管他的重要著述被翻译成十多种文字。一些中国大陆和台湾地区的学者对其有所关注，但未能形成气候。其原因可能有二：一是系统介绍不够，尤其是在马菲索利重要著作的引进方面，但可喜的是2022年中国大陆已经有了马菲索利最重要的著作《部落时代》的译本；二是马菲索利研究聚焦于日常生活中的人的情态，探讨的是一些接地气的文化现象，这与传统研究有很大不同，相对游离出学界习惯的抽象演绎的方法，是一种根植于日常生活和文化现象的"浅哲学"，因此不太引人关注。马菲索利对公知界和学界从概念出发而不是从日常生活角度研究人的心态和行为颇有微词，由此也引发了一些争议。② 他认为，现在的科技时代实际上是后现代时代，它超越了现代社会建立的规范，传统的个人主义观念在后现代社会已趋于饱和，社会和人的观念不再是单一的，而是多元的；人际间因网络形成的关系更趋于部落化，以理性为核心

① 参见 https：//fr. wikipedia. org/wiki/Michel_ Maffesoli。
② 参见 Michel Maffesoli, *Qui êtes-vous, Michel Maffesoli?*—*Entretiens avec Christophe Bourseiller*, Paris, Bourin Editeur, 2010。

建立的社会范式依然有效，但也应当注重感性在社会生活中的作用，在当今后现代社会中，理性不应当是排他的，而应融入更多的感性因素，这样的社会和人才是完整的。由此他提出一种"感性化的理性"的观念，并以此作为他一部重要著作的题目"赞美感性的理性"①。

马菲索利曾获两个博士学位，导师均为法国著名的社会学教授吉尔伯特·杜朗：1973 年获得的是社会学博士；1978 年获得的是法国文学与人文科学国家博士。马菲索利著作颇丰，到目前为止有 40 多种，围绕马菲索利的后现代理论专著和论文达上百种（篇）之多。马菲索利的主要著作有：《极权的暴力——政治人类学研究》(1979)、《狄奥尼索斯的影子——纵情社会学专论》(1982，1991，2010)、《普通知识——论综合社会学》(1985，2007)、《部落时代——后现代社会中个人主义的衰落》(1988，2000)、《表象若谷——论美学伦理》(1990，2007)、《审视世界——社群风格的形态》(1993)、《论游牧主义——游荡的启示》(1997，2006)、《征服现时——日常生活的社会学》(1999)、《魔鬼的部分——论后现代的颠覆》(2002)、《赞美感性的理性》(1996)、《世界魅力重现——我们时代的伦理学》(2007，2009)、《时代的回归——后现代性的基本形态》(2010)、《事物的秩序——后现代性思考》(2014)、《数字化时代的后现代性——我们时代的交锋》(2016，与菲赛尔合著)、《生态哲学——我们时代的生态学》(2017)、《想象的力量——对抗循规的思想》(2019)、《精英的破产——社群理想的力量》(2019，与斯特洛尔合著)、《造反的年代——骚动与禁闭，现代性的最后的挣扎》(2021) 等。

二 马菲索利创建的研究中心

马菲索利的贡献不仅体现在卓有见地的著述上，在新科技刚

---

① 参见 *Éloge de la raison sensible*, Paris, Grasset, 1996。

刚起步的 1982 年，他与乔治·巴朗迪尔（Georges Balandier，巴黎索尔堡大学教授）还创办了"当代事物与日常生活研究中心"（Centre d'Études sur l'Actuel et le Quotidien，简称"Le CEAQ"），中心吸引了世界各地大量的研究者，在日常生活的各个层面，针对大众在社会中形成的力量及其表现形式，以及当代社会中呈现出的想象物进行了广泛的研究。1988 年马菲索利与著名的社会学家吉尔伯特·杜朗（Gilbert Durand）联合创办了《想象物欧洲集刊》（*Les Cahiers Européens de l'Imaginaire*，年刊），同时还是杜朗教授早年创办领导的"想象物研究中心"（Centre de Recherche sur l'Imaginaire）的主任。中心围绕着当代日常生活及科技时代的想象等主题展开研究。马菲索利领导的研究团队还出版刊物《社会》（*Sociétés*，季刊）。上述两种刊物在欧洲产生了很大的影响。中心还定期举办各种形式的学术研讨，出版大量的学术专著，培养了数以百计的硕士和博士。

马菲索利领导的研究团队主要的研究范围如下：

（1）重视日常生活事物及其衍生的想象。每个人在日常生活中都会经历多种现实并形成一定的认知，而这其中想象起到很大的作用。真与假、现实与非现实，这类通过想象一下子感知而成的典型而简明的对立概念，似乎需要重新认识。

（2）对社会内在能量的研究。这种能量来自民间，层出不穷，呈现出社会情绪涌动聚集的不同形态：消费形成的网络现象；互相帮衬、共同生活的新形式；酒神精神的分享；节庆聚会；广告和电视形象差异化塑造；新技术对民间文化的影响；行为的沟通等。

（3）有关近邻性和地域性的研究。近邻性指的是针对社会存在的再适应的特征；地域性指的是对某一地点的物理和象征的本源特征。对这两个主题的研究可以丰富对近邻性相关的社群归属和韧性的认识。

（4）对当代想象物的研究。这类研究包含：挖掘掩藏在大众和民间的充满活力的神话；神秘的社会性；政治的表现形态；梦幻神秘几何图形；日常生活和虚构故事永不枯竭的形式；充满矛盾的神奇时代；节庆和灵魂等。

三　马菲索利的思想述要

马菲索利的思想建基于部落主义，由此衍生出多种见解，涵盖社会、哲学、政治、文化、经济、历史、文学等领域，视角新颖，方法独特，贴近我们所处的现实社会与生活，尤其面对网络科技时代具有很强的针对性和启发。下面对马菲索利理论做一简要概述：

第一，部落是社群理想的形态。他从人类学的角度出发，对原初人性的社会特征进行研究。如现代社会部落化倾向、游牧主义和酒神精神，强调不论是社会化的组织，还是人类行为，都有一种自然聚合的属性，即部落社群特征，同时感性（情感，情绪等）是人性中不可忽略的一面，不应受到理性的排他性的挤压；游牧主义对异质事物接受和酒神精神的顺乎人性的治理恰恰是人类创新和快乐的源泉。之所以在当代重提这些人类固有的本性，就是因为在发达的现代社会中，过度的理性化建制大大地束缚了人性的发展，泛化的理性已成为一种"极权暴力"，不仅是社会动荡的根源，也是社会异质化、多元化发展的障碍。

后现代社会部落化倾向最明显的特征就是"在整体契约关系中发挥作用且身份稳定的个人正朝向在情感部落中扮演一些角色的人转变"。（Maffesoli，2000：XVII）后现代部落主义既有复古的又有年轻的特征，而这在社群和个人主义概念饱和的方面有突出的反映。总而言之，部落主义表面上反映的是复古主义，但实际上是人性中自然情态的回归。这种回归逐渐使固化的个人身份溶解于社群之中，这种聚合按照马菲索利的说法，是同化作用下情感、情绪上的本能反应，是既有排斥又有吸引的共同生活的意愿，同时通过仪式的控制将动物性的冲动弱化，以形成共同生存的社群基础。（Maffesoli & Strohl，2019：72－75）人与人之间的聚合不再是理性化（社会契约）的选择，而是一种情绪、趣味或审美形态的情感归属。这种归属更多地决定于由文化要素构成的人与人之间、社群与社群之间的"近邻关系"，因此带有一定的地方主义色彩。这种聚合具有很明显的仪式化特征，比如社群的规矩、语言、服饰、标志等，这在虚拟世界中更为明显，已经形成一些不言而喻的仪式化的特征。

第二，描述后现代社会如何创造出新的社会范式和认知。马菲索利认为，人们的日常生活积累的知识反映出社群或大众的行为和心理趋向，其中情感归属、兴趣聚合、以邻为亲、多元融合的特性本身就是部落聚合的要素，而这种以感性和情绪为核心形成的认知反映出人类原初的共同生存的意愿和生命的活力，更多地通过形象、符号与情绪渲染表现出来，而不是通过理性的逻辑推理和线性思维表达的。这种认知具有集体感性的特征，遵循着一种内在激情（融合）逻辑，而不是习以为常的政治—道德逻辑。（Maffesoli，2000：271）换句话说，理解现实社会生活要从事物本身出发，每个事物都有其存在的理由，但认识事物要从具体情形和特定的时间考虑，要重视"事物的秩序"（这是马菲索利一部专著的题目），要把握事物内部的活力、情绪导向以及内在的合理性。认识事物是人与环境互动的结果，"实际上，正是通过形象的中介传导作用，人类的微观世界才与自然的宏观世界遥相呼应。由此，人们相信，这样就可实现一种新的和谐。它的基质融于生活之中，超越了不同的碎片化的生活，同时落脚于事物整体力量之上。这就是所谓的'理性—活力主义'"。（Maffesoli，1996：149－150）

这种认知不仅强调了人和事物的特殊性和内在的动力，同时也提出不同事物如何共存的问题。共存必然涉及差异性，因为不论是个人还是具体的事物，其内在的合理性会形成一种与其生命活力相符合的秩序，但任何特殊的人或事物都不可避免地要与外界接触，建立起与外部世界的联系。因此需要将差异性的因素（对立的或分离的）加以协调，达到一种平衡状态，建立一种所谓"对立耦合"（coincidentia oppositorum）的秩序或形式。社会生活正是在这种矛盾状态下继续的，马菲索利批评那种纯粹理性主义的态度，因为这种观点仅仅满足于用最简单的方式，"将事物分得清清楚楚，把所谓的善和恶、真与假割裂，但恰恰由此忘记了，存在是一种持续神秘的参与，是一种无终无止的相互回应，而在这种存在中，内与外、可见的与不可见的、物质的和非物质的事物融合在一起，形成哪怕音域杂乱，但仍不失一场最和谐的交响乐。……理性主义忘记了，如果存在一种法则，那就是对立耦合的法则，它会将完全对立的事物、存在和现象融合于一体"。（Maffesoli，1996：35）这种融合恰恰构成了创新的条件，因为在宽容的异质化环境下，每个个体既竞争又互鉴，个体的生命活力得以绽放。

进入数字化时代，这种新的认知得到进一步的巩固。人的生命活力在网络环境下充分释放出来，而且多元差异化已成为虚拟生活的常态，新的虚拟文化的伦理和道德便应运而生，最基本的对立耦合和融合共存的法则正成为新的生活范式；多元异质的虚拟世界构成人类的新的虚拟精神（思想）圈，是共同生活的最佳实践家园，联系和分享完成了个人微观世界和集体的宏观视野的紧密融合，人类的宽容和团结因网络而重生。

"我们正经历着一个非常有意思的时刻，生机勃发的体验唤起一种复合的知识，析取式的分析，分割技术，先验概念应当让位于复杂的现象学，因为这门学问知道如何整合参与、描述、生活叙事和集体想象的不同表现。"（Maffesoli，2000：271）社会生活实际上是建立在经验、情形、现象相互依存基础上的，它们之间的转换是平滑过度而毫无感觉的。

第三，游牧主义情怀是人类固有的本性，是创造和想象的源泉。在马菲索利看来，讨论游牧主义实际上是一个正本清源的工作。游牧主义作为一种思想首先产生于对事物认识的直觉，是对事物内在物性的感悟，这种直觉是由集体积累的知识产生出来的"有机思想"。游牧主义本身就是人性结构的组成部分，是对任何事物不可避免要消失和悲剧瞬间的表达，是在吸引和排斥中寻求变化，所有故事、传说、诗歌和虚构都是对这种萦绕在心头的主题的追忆和再现，"而这要比命运本身更难以释怀，因此也是无法控制的"。（Maffesoli，2006：46）也可以说，它就是集体无意识的产物，古代神话和仪俗就是人类潜意识积累而成的最原始也是最自然的表现形式，是一种对未知的神往，而游荡是其基本面。在古代文化中，神话色彩的命运具有重要的意义，因为它本身就已经注入事物发展趋势中，具有一种预示功能的命定性。这种发自直觉的游牧主义不受任何约束，它从根源上奠定了人类的自由意志，所以当今有必要回到久远的时代，考察古代的仪俗和事物，因为"从中我们可以理解古代习俗和事物为什么是奠定我们今天的存在、生活、说话和思想的方式。当然也包括理解当今炙手的现象"。（Maffesoli，2006：10 – 11）游牧主义是理解当地社会生活构成的关键要素，这也是一个悖论，因为稳定的结构需要对立事物，才能强化存在。按照马菲索利所说："存在从词的构成上讲，就是派遣，就是不恒定，就是持续变化。这正如哲学家、神秘术师、人类学家所强调的那样：人实际上是享受着两种不同的体验：这就是对故乡的思念，它包含着安全感，子宫样的舒适安稳，当然也有限制和窒息，还有就是受到奇遇流动生活的吸引，这是一种面向无限和不确定而敞开胸怀的生活，当然它也包含着焦虑和危险。"（Maffesoli，2006：159）

　　马菲索利强调复古主义和人本性中的游动性主要是对抗文艺复兴，特别是18—19世纪以来形成的理性至上的僵化观念，所谓现代人要有固定的居所、身份、意识形态和职业，这些都是由社会建制和社会契约而来的思想，而这就构成了我们这个时代。实际上这是一种驯化，但人终究是动物，因此，驯化只能是暂时的。"在当今的时代中有一种野蛮化的氛围"（Maffesoli，2006：12），当代人特别是年轻人正在以不同的方式参与着这种回归人性的野蛮化，因此整个社会机体都充斥着一种"双重结构"：人既有野蛮的一面，又有被驯化的一面，当今的人从独一的个体向复数人转变。游牧主义本身就是一种随性、直觉和自由意志，它是自然的，与生俱来的，它是对异域的渴望，对无限探索的渴望，它是对各种梦想的潜能的开发，它是对他者的渴望：他者既是自然，又是一种神性，一种蕴藏于集体意识中的神秘力量。星球大战和指环王就是例子，真正的神性不是理性化的东西，而是返璞归真的野性，是一种不断扩散的神性，人性中的神秘性。僵硬的理性使世界去悦化，而游牧主义又使世界再悦化。社会联系不再是理性的和预先设定的，而是与他人共处结成的部落式的情感联系，是一种情感游牧，由此建立起理想部落社群的伦理规范。后现代的游牧人在互联网上建立起虚拟而又真实的部落，在发现他者的过程中找到了自己的情感归宿，在网上不断漂移，像古代骑士寻找稍纵即逝的圣杯一样，从中不断发现他人和自己。这就是马菲索利常说的古老事物（仪俗）与技术发展协力融合之结果。令人亢奋的互联网技术能够让人看到惊喜和爆款的各种事件、现象和表现的隐约可见的踪迹，"这些已不仅仅是事件，而是一些已在那里孕育而生的降临"。（Maffesoli，2006：14）虚拟部落已经成为游牧者的精神家园。"而这就是当代游牧主义的挑战，它使一成不变的身份脆弱易碎，它与自然融为一体，它重新发明了一种更短暂更紧张的社会联系。"（Maffesoli，2006：15）

从复古中挖掘出的游牧主义，就是当代老百姓"地下隐藏的向心力"，就是为了寻求真正的生活，以对抗刻板、建制化和商品化的生活。（Maffesoli，2006：16）

第四，创建生态哲学思想从哲学层面重新探讨人与自然的关系。文化与自然的关系，强调人类要顺应自然，尊重自然，形成人与自然的新的生态关系，而不是一味地控制自然，主宰自然，无限度开发自然，要建立起人与自然平衡共生的关系；同时，人性本身也是一种自然，要全面发展，人既有理性的一面，又有感性的一面，过度理性化的社会及建制会造成人性的扭曲和异化，因此提出"文化的自然化"而不是"自然的文化化"的观点。

四 独特的社会与文化研究视角与方法

当代事物和日常生活研究中心所关注的议题，都是我们现实生活经常体验或感知到的东西，这些体验看起来微不足道，但是老百姓生活构成的基本要素，是人类生活的基壤（l'humus dans l'humain），换句话说，老百姓的文化，是"肚子的思想"。（Maffesoli，2010：44 & 2000：XVIII）正是基于这样的思路，马菲索利展开了从方法论到人类原初本性的再认识的探索。应当说明的是，马菲索利的研究更多的是集中于哲学和社会学层面的思考，采用的方法是现象学的观察，而非形而上的抽象排他性的演绎。同时，与传统的社会学研究有所不同，传统的社会学方法论着重于数学或物理模型的量化分析，认为这样的研究具有严密的科学性，而马菲索利认为，将严密的科学分析方法引入社会学不见得能够完整地说明复杂多变的社会现象。因此，在对待研究对象时，始终要有一种整体的视野，将各种相关因素及其相互作用考虑进去，这样才能勾勒出密实的现实生活及其整体面貌，这也是马菲索利的分析中时常出现政治、历史、文化、人类学、文学等知识交织的原因。同时，还要具备灵活的相对主义的分析视野。

因为只有用多元和相对视角才可还原世界本来面目。在这种方法论的视角下，我们才可看到他的分析中既有对历史的回溯，又有对新科技对人性再唤醒的思考。其中智慧而灵活的视角就是相对主义，这也是马菲索利还原完整人性的特殊视野。

马菲索利是一个非常接地气的学者，他对欧洲18世纪以来形成的理性至上的理念是持批判态度的：现代性的泛化理性观念，将一切统一在理性麾下，以致最终形成现代资本主义的实用型的经济，并且建立了一整套社会建制，因此造成了偏执性的思维模式。不论是个人还是机构，都是按照一种唯理性是从的僵硬教条行事：个人成了单一维度的人，而不是多维度的人；社会生活只注重理性而非感性；价值单一化而非多元化。在马菲索利看来，法国知识界，尤其是大学一直以来将以理性为核心的公共观点作为衡量一切的尺度，而且不断将其理智化（démarche intellectuelle），最后变成一种教条。这种教条实际上是脱离社会现实的，是与社会大众语言格格不入的，是非常程式化的东西，与现实普通百姓的生活严重脱节。所以，那些大学和社会上的知识精英的思想对社会现象的解释总有隔靴搔痒之感，而实际上，大众的观点和情感应当成为更为精致、更为学者化的思想基础。知识不应当停留在认知领域，它应当包容我们所熟悉的不同意义。"这种知识不是一个人或一些人的知识，而应当是整体意义上的社群的知识"（Maffesoli，2010：56－57）。那些具有"爬行动物大脑"的知识精英追求的是病态的求稳安全感，比如：知识界应当奉行教条体系；党派组织应当以政治阶层划分；社会专业或其他什么领域应当形成诸如工会或新闻组织的机构。在马菲索利看来，这样一种典型的"实体主义"（substantialisme）正是现代性确立的基础。而这种求稳的教条体系实际上与我们经历的现实社会很难合拍，理性为上的思维模式是投射性的，趋向未来完美社会，指向一种定型的终极目标（finalité）。一切都要在神圣的理性指引下达成统一，由此形成了一种"理性张力"统驭下的文化。抽象概念大于现实生活的感悟。马菲索利认为，西方文化正是建立在这种概念先行，先天合理，唯此为大的思维模式之上的。如基督教主义（十字架：作为丑闻的物件，也是基督教神学理论的基础，正是有了救世主之死才有复活）、弗洛伊德主义（只有弑父，儿子可以获得自主）等。这种预先设定的理论实际上将人类原初的生命力以及生活欲望理性化、建制化、合法化，由此形成了一种社会、经济和政治的权力，并将这种强迫性，或言暴力仪式化了，形成了所谓的现代文明。在这种理性建制化的过程中，人类原初的非理性的情态和生命力被过滤，被理智化，被"钙化"，仅剩下理性所衍生的"应当如此"社会意识形态及其范式。面对这种扭曲的、反自然的教条认知，马菲索利启灵于东方哲学自然观，认为社会的发展既有连续性，又有不完善性。连续性是指人类历史的发展是与人原初本性息息相关的，尽管时代各异，但基本的人类属性是不变的，只不过呈现形式不同罢了。而不完善性是指社会发展不是一成不变的，没有永恒不变的理性，没有永恒不变的终极目标和社会规范，今天不规范的东西也许就是明天的规范，采用相对主义的视野才能看清历史发展的脉络。法国大革命就是对当时封建君主建制的冲击和变异（破除规范），最终导致整个社会范式的改变，后在几个世纪中形成成熟的资本主义的文化与建制。俄国革命也是如此，推翻沙皇制度，形成新的社会范式，建立了无产阶级专政的国家。在当代科技和信息革命的时代，社会变革正在开始，也许还没有触及现行社会建制的根本，但已潜移默化地影响到人们的认知，新的社会范式破土而出。在这一社会变革中，马菲索利认为，现代性社会确立的个人主义的价值观念已经饱和，正在逐步走向衰落，取而代之的是因网络而复苏的部落和社群意识；一神论的意识形态逐渐被多神论的多元包容的文化所取代；重视现时生活而非遥远的乌托邦；重建以社群为主的团结和宽容的伦理；宏大的叙事意识终结，而碎片化异质性的意识形态逐渐被人们接受；网络社交文化更重视情感联系和非功利性的存在，淡化了以利益为驱动的社会契约关系；人们更重视虚拟文化中的即时享乐，从而营造出更适合人性发展的社会环境。

在所有这些社会范式变化中，最重要的就是绝对理性至上的观念被动摇了，而相对主义才是理解历史演进和当今科技改变世界的关键。马菲索利引用雷吉·德布来（Régis Debray）的话："面对 21 世纪的社会学家，唯一绝对的就是一切都是相对的。"（Maffesoli，2010：108）当代科技给文化带来的变化正是交流视野的扩展；承认差异性及其包容性已经成为人与人交往的基本伦理；尊重多元文化和不同社会形态的存在已经成为人际交往和国际交往的基本范式。而这其中，最关键的就是相对眼光看世界，看人性。

那么，面对泛化理性以及失去魅力的世界，马菲索利所要唤醒的是什么呢？首先，是对理性至上的纠偏和批判，提醒人们看待社会和世界要用灵活的相对主义视野，这样才能理解社会和世界的多样性；而这种多样性恰恰来自人的多元复杂的本性，多元而非一元，相对而非绝对。其次，正是基于这种观念，马菲索利主张要唤醒蕴藏于大众日常生活中的心照不宣情态，它寄寓在人性之中，具有神性的特征，是聚集社会真正能量之所在。这些情态表现在人性中，第一就是趣味本能，网络科技制造的充满魔幻和竞争的游戏恰好满足了这一基本的需求；第二就是人类的梦幻本能，这反映在艺术（绘画、影视、文学等）创作中和各种梦幻、虚幻的场景；第三，就是人类的想象本能，日常生活中各种节日庆典和网络上制造的狂欢正是这种本能释放的理想场景。马菲索利称之为新三位一体。（Maffesoli，2010：48）这种非实体性的人类存在无时无刻不在日常生活中体现，尤其是各种幻念和怪诞的想法，但却被理性所过滤，所压抑，所秩序化了。马菲索利其实并不反对理性的作用，这是维护社会秩序和科学发展所需要的，但并不能因此而忽略掉人性的另一些非功利性的维面。社会是人构成的，而人又是一个复杂的整体，并不是从单一维面可以解释的，所以马菲索利强调用完整的人和社会取代完美的人和社会的概念。（Maffesoli，2012：180 – 182）而从文化层面上看，正是这种新三位一体的精神需求才构成所谓的大众文化，也就是马菲索利所说的以欢愉、享乐为主的文化。当今网络游戏、音乐、影视、体育赛事、大型演唱会以及各种以趣味聚集的民间庆典、符合大众幻想的消费场景正好构成了这种文化的基础，也可以比喻为后现代部落文化。（Maffesoli，2010：51）其实这正是当代社会更人性化的体现。

马菲索利的研究正是聚焦于这种大众文化之上的，不论是从历史角度溯源，还是对现时现象的观察，都要避免概念先入为主的方法，而是先对现象进行描述、呈现，弄清其面貌之后再进行评判性的再现（représentation judicative）。（Maffesoli，2010：79）这里需要注意呈现和再现的区别，前者重在客观描述，后者具有表演的意味，也就是说再呈现对象物的时候，添加了观察者的主观理解。马菲索利将自己的研究方法称为现象学式的研究。

五　马菲索利的理论引发的争议与影响

马菲索利的后现代部落主义理论在学术界也引起不小的争论。有人对马菲索利的方法论提出质疑，最典型的是由他指导的有关"星象社会学"的博士论文[①]引起全球范围内的争议。质疑

---

① 作者为女星象师及演员伊丽莎白·泰西叶（Elizabeth Teissier），该论文以 *Situation épistémologique de l'astrologie à travers l'ambivalence fascination-rejet dans les sociétés postmodernes* 为题发表。

的声音认为，星相学是伪科学，缺乏实证的以数据为基础的科学依据，但马菲索利认为，社会学研究应当更重视人们对世界的切身感受，对待社会事实就像对待事物一样，可以融入主观性，50%的法国人都咨询过星相，这没有什么不光彩的。[①] 实际上，问题不在于一个论文事件，还有不少学者质疑马菲索利的方法论。这类争议说到底就是实证主义与现象学之争，因为马菲索利超越了传统的科学量化实证方法，摆脱了理性的教条，强调从相对的视野出发，从现象中游离出某些有规律性的认知，因此被认为缺乏实证基础，缺乏内在一致性，并在论述中夹杂偏见。甚至有人联合起来反对他担任多个法国国家级重要的学术机构的职位。

同时，针对马菲索利个人主义在后现代社会中衰落的理论，也有人提出相反的见解。根据部落理论及市场研究专家贝尔纳·科瓦（Bernard Cova）研究，比较有代表性的是吉尔·利波维特斯基（Gille Lipovetsky）的超现代性（hypermodernité）的观点。利波维特斯基认为，超现代性理论认为，应当追求极致的个人主义，应当将个人从狭隘的社群或其他形式聚合的社会关系中解放出来，达到完全的个人自主自治，个人只有通过自我取得成功才可标榜出自我的个性存在。个人应当游离出集体的理想，如同摆脱教育、家庭和性的严格束缚。一个人的人格化不是通过事无巨细的行为管理和控制完成的，而是要尽可能地减少对自我的限制。当代社会正在向超级消费社会转型，在这样一个时代，个人的行动应显示自我的存在和固有的差异性，同时也不可避免地处于一种前所未有的无依无靠的状态，因此我们的时代应当被理解为社会解体和高度个人主义时代。个人应当从古代和现代的社会联系中解放出来，去寻找另一种社会重组，即基于情绪化的自由选择。这种观点与马菲索利的部落理论有很大的不同，马菲索利

---

① 参见维基百科 https：//fr. wikipedia. org/wiki/Michel_Maffesoli，以及 http：//www. lexpress. fr/culture/livre/michel-maffesoli-il-n-y-a-de-pensee-que-lorsqu-il-y-a-risque_1150835. html。

主张通过对部落形态的再认识重新构建社会联系，社会生命力。也就是说，后现代性的主要特征是由多种多样的经验、情绪和表现体现出来的，不应当将其仅仅看作个人主义萎缩的表现，而应当结合西方社会正在向部落化方向发展这一情况来考察这一现象。部落的概念实际上唤起了一些古老的价值观念，而这正是后现代社会的表征：特殊化的地方主义；强调地理空间的重要性（近邻性）；宗教性（一种无形的人际连接感受）；综合性和社群自恋等。马菲索利认为，当今社会中的消费狂热实际上可以理解为群体共振，分享体验，简单地说，就是融入部落氛围。①

在学术争议的另一边，马菲索利理论在社会经济生活中的影响力却更引人注目。他的很多理论在现实中得到了很多印证。社会学家爱莱尼·斯特洛尔（Hélène Strohl）归纳出十多种社会生活中的部落形态，涉及方面极为广泛：（1）市场部落化现象，市场推广更趋向目标化、部落化，由此扩展到生活形态部落化，如苏格兰酒俱乐部。这方面的研究学者比较多，有奥利叶·巴道（Olivier Badot）、贝尔纳·科瓦（Bernard Cova）、法朗索瓦·西尔瓦（François Silva）等。其中贝尔纳·科瓦的研究有代表性，下文有详述。（2）怀旧传统的部落现象，大家共同遵守着一些特殊的信仰，要对社会持有尊重感，在社群中要保持良好的心态和习俗，如宗教聚会中装束特别而传统。（3）奇装异服展露一族，这种现象多在同性恋人群中显现。他们强调的不是他们身份的不同，而是差异，他们不满足性别、社会和类别的身份标签，而是要求平等，要求人们用正常的眼光看待他们。（4）相互帮助的受害者群体，有匿名的戒酒协会、性堕落救助机构、戒毒团体、减肥组织、互助性的托儿所、合作工坊、服务社区的杂货店等，这种民间自发的部落形态的组织发展势如破竹。（5）冲击世界一

---

① 本段落综述出自 Bernard Cova, *Michel Maffesoli：Postmodernité et Tribalisme*, Calvados, France, EMS, 2015, Amazon Kindle version, Cf: 2ᵉ section, «Débats et Controverse»。

族，这一族代表性的组织有"Airbnb，Uber，Blablacar"（横跨欧洲，为年轻人体验乡村生活的组织），这种新的商业形态不是纯粹的商业行为，而是通过分享的手段，建立起好客沟通的情感和信任，个性化和灵活的服务是传统业态做不到的。尽管政府因行业有赚黑钱的嫌疑，力图阻拦分享经济的发展，但徒劳，因为这种经济行为本身还满足了人们个性化、不期而遇、好客的情感需求。（6）信仰群体，包括各种宗教信仰和无神论，各种信仰有各自的门派和习俗，形成了各自的社团。（7）异见者团体，传统的党派，工会和协会组织在理念和运作方式上已经饱和，这些组织已经不再能够代表民众的共同意愿，也没有过去的那种围绕在组织周围的团结，因此派生出新的团体，这些团体聚合的基础不再是不同理论和意识形态，而是情感的亲缘性和情绪的反映。（8）粉丝社群，粉丝聚集总是围绕着一个主题：音乐、乐团、体育俱乐部、某个体育项目、某个历史阶段、历史形象、一个地点的留念等。（9）稍纵即逝的部落，在社交媒体上因某事件顺时而聚，如快闪族。在法国"查理"事件中，瞬时而聚的部落现象就十分明显，没有仇外而只有反恐的呼声。（10）游戏部落，因不同的游戏形象（figurine）和游戏道具（cosplay）而聚集的玩家，他们相信游戏改变世界，游戏在现实生活中无孔不入，各种对抗游戏结成暂短的命运，以维护各自松散的地盘，部落情节凸显其中。（11）利益相关者群体，这些群体主要以法律、财务协会等组织为主，他们联合起来游说议会以制定更多的行业及卫生、环境、社会的规范，而且推荐相关的议案，他们的活动旨在保护自己行业的发展。（12）反部落化的部落，这种现象既反映在宗教方面，又反映在世俗理念方面。就宗教而言，这些反部落化的部落实际上是一神论的实践者：天主教徒害怕的是相对主义，犹太教徒担心而且否认他们的社团独特性本身是矛盾的，而穆斯林却很难接受生活方式和外表不同的社群之间的生活约束。

而就世俗理念而言，其实更为激烈，他们理解的世俗化不是要有一个不同意识形态和宗教之间共存的空间，而是要有一个消灭所有信仰的空间。反部落化的部落正是因为各种攻击和极端行为而自身得到强化。（13）社区街区群落，因地域不同，村与村、城与城之间常有互相争斗的事件，社区群落有一定团伙性质，归属性强，尤其在青年人中，拉帮结派，互助合作很盛行。在城市郊区，不同种族和宗教的居民一落户就不同程度地打上这种身份的烙印。害怕社区化的心态实际上阻碍了邻里的团结。但当今社区部落有所改观，经常举办集体活动，如聚餐、旧物件集市、开放工坊、义务咨询、修正社区绿地，这些举动开创了理想社群模式，创造了新型的团结，活跃了地盘，铺展了社会联系。（14）掩藏的人群，这类部落比较另类，比如有自己的行医和教育方式，思想自由，有世俗圈子，也有天主教原教旨主义者。（15）不同族裔，主要指的是少数族裔，如黑人、阿拉伯人、北非的马格里布人等。对待这一族群，既有种族主义和仇外的心态，又有一种慈善性的优越感，同时也让人真正认识到世界正向部落化发展。差异性也许掩藏了后现代社会真正的不同化的发展。（16）共同趣味的部落，就是围绕着一些商品和活动（葡萄酒品酒师，雪茄爱好者，鹰嘴豆、猪肉、玫瑰、鱼等节庆行家）形成的部落，他们在网上论坛交换看法和评论。（17）人们不喜欢的部落，这里指的是穷人、小偷、乞丐等，对于这些边缘化的族群，这些年社会也是宽容的，给他们提供了一些生存的机会。（18）纯粹的反部落化的共和国人士，这类人坚守信条，不将公职与政治混为一谈，不崇上不媚上，服务于公众而不做部长的仆从，尊重中立性，而且表现也是如此，有独立的人格，公平对待所有事项和公众的使用权。这类公职人员是共和国真正的仆人。（Maffesoli & Strohl，2019：115–134）

除了上述斯特洛尔归纳的社会生活中的部落形态，还有大量的商业活动也有部落化倾向，而且渗透到人们日常消费和文化生活中。对此，贝尔纳·科瓦做了系统的、有价值的梳理研究：马菲索利提出后现代性与消费中产生的再悦化有一定关联。现代消费观念注重产品的功能性，比较理性地看待产品，消费者在交易过程中比较看重利益最大化；而后现代社会的消费者则倾向于体验式的消费，在消费中揉入一种审美情趣和个人的主观性，看重的是由社会属性带来的享乐和满足。在消费中，由想象和整体展望的情绪催生出一种再悦化，而不是通过消费追求一种身份的确认。再悦化实际上是对过度理性化的现代生活的一种反抗，是对一切皆以"有用性"为尺度的拒绝。体验式的消费恰恰是要摆脱理性主义的束缚，追求一种感性主义。在消费过程中消费者经常会与店员或其他顾客建立起一种社会联系，产生情感共鸣，由此衍生出某种意义，这样消费就逐渐形成了摆脱经济功能且影响更为广泛的意识形态。

部落主义在市场中的应用也越来越明显，形成所谓部落市场化倾向。贝尔纳·科瓦列举了两种消费观念：一种是盎格鲁－撒克森和北美的消费形态，这种消费形态中个人主义意味很浓，它体现出一种个体化和消费人格化的特征；另一种是地中海式的消费观念，这种消费行为寻求通过消费建立社会联系，创建有利于部落的社区。消费过程中的激情分享实际上是在寻找适合自己的情绪化社群，不论是现实的还是虚拟的。典型的例子就是带有家族系谱类的产品的消费和红酒俱乐部。这种价值观念要求店铺布置尽可能地满足客户建立社会联系的需求，由此导出一种与客户共同设计产品的理念。而在科技创新方面，盎格鲁－撒克森的消费理念是要尽量将科技创新显示出来，让客户接受；而地中海的方式倾向于掩藏技术创新带来的变化，以避免客户产生脱根的感觉。地中海的消费理念从产品、服务、店铺设计方面，更重视一种文化色彩的怀旧情感，利用另一个时代的有意义的细节唤起客户对过去梦想的思念。比如菲亚特500车型（Fiat 500）和New Beetle车型就有这样的情调。而就客户参与方面，盎格鲁－撒克森风格与地中海的也有差异：前者重视客户的参与互动，如宜家（IKEA），后者则实施将权力给客户的市场委托推广（marketing de procuration），不仅顺从客户参与互动，而且让客户也有机会做点什么。意大利人称之为"弱设计"，或"柔软设计"，也就是说，尽量通过服务和空间给客户适应产品的可能性，如摊档市场、集市等。在这种消费环境中，寻找的乐趣远远大于既定的选择，这种市场营销与"冰冷的理性的"、按部就班的、明晰的供给形成明显反差。

实际上日常活动中的部落现象比比皆是，部落是由无数非同质的小部落群体（如滑轮车、滑雪板爱好者）构成的，它们之间既相互独立，又有主观意愿和情感的联络，愿意分享集体感受，哪怕是顺势而过的。无数小群体情感和兴趣聚合便构成了一种亚文化。这种亚文化既包括地方性的小群体内的情感联系，具有亲缘性和激情分享的特征，如无数小滑雪板爱好者的小社群；又有一种想象构成的联接，它让每个人感到自己属于因某事或某崇拜地而结成的共同体，如法国滑雪板的大社群。在消费领域也一样：一种是消费的亚文化概念，比如围绕着哈雷摩托形成的摩托党，或因《星际旅行》科幻片而成的部落社群。这类社群可以被理解为因一种品牌或活动衍生出来的激情世界。另一种是品牌社群形成的亚文化概念，如苹果电脑、萨博汽车、福特越野车（Bronco）。这种社群可以被理解为围绕某个品牌而成的激情聚合。关于日常生活和消费领域亚文化的讨论很多，总之都离不开针对某事或某物引发激情，从而建立起某种社会联系这一关键点，这些事例和观点不同程度上佐证了马菲索利后现代性和部落主义的现实意义。实际上，马菲索利的部落理论，尤其是《部落时代》在西方市场学领域很有影响力，围绕着部落主题产生了众多的著作。进入互联网时代，因在线销售和社交平台的兴起，消费及社交中的部落现象更为突出，形成了一种不可忽视的存在方式。①

总而言之，尽管学术界有不同声音，马菲索利的贡献还是有目共睹的，他的科学研究的成果和能力获得了法国多个学术权威机构的认可，并给予他各种至高荣誉的任命，诸如法国科学研究国家中心董事会成员、法国大学国家委员会委员、法兰西大学学院成员。马菲索利在法国以外，尤其是南美国家普遍受到好评，他的《部落时代》被译成十多种文字在世界各地传播。马菲索利的著作《表象若谷》获得安德烈·谷逊尔论文奖（1990），《政治的变型》获得法兰西学院人文科学大奖（1992）。欧洲多国以及美洲的巴西和墨西哥多所大学授予他荣誉博士头衔。马菲索利同时还获得法国"学术棕榈勋章"以及其他奖项，表彰他为法国教育和科学做出卓越贡献。②

【引用文献】

Maffesoli, Michel, *Éloge de la raison sensible*, Paris：Grasset, 1996.

Maffesoli, Michel, *Le Temps des tribus. Le déclin de l'individualisme dans les sociétés postmodernes*, Paris：La Table Ronde, 2000.

Maffesoli, Michel, *Du Nomadisme. Vagabondages initiatiques*, Paris：Table Ronde, 2006.

Maffesoli, Michel, *Qui êtes-vous, Michel Maffesoli? Entretiens avec Christophe Bourseiller*, Paris：Bourin Éditeur, 2010.

Maffesoli, Michel, "Un homme entre deux ères—entretien avec Michel Maffesoli", Maffesoli, Michel & Pierrier, Brice, eds., *L'Homme postmoderne*, Paris：FB, 2012.

Maffesoli, Michel & Strohl, Hélène, *La Faillite des élites. La puissance de l'idéal communautaire*, Paris：Les Éditions du Cerf, 2019.

---

① 上述有关日常生活和市场的研究均出自 Bernard Cova, *Michel Maffesoli：Postmo-dernité et Tribalisme*, Calvados, France, EMS, 2015, Amazon Kindle version, Cf：3ᵉ section：«Transition et rapprochement avec des problématiques de consommation et marketing»。

② 参见 http：//www.michelmaffesoli.org/curriculum；https：//fr.wikipedia.org/wiki/Michel_Maffesoli。

复古主义的回归与理性社会建制的再认识

——《部落时代》述评

【内容提要】《部落时代》是马菲索利最著名的代表作，发表后被译成 10 多种文字广泛传播。地点产生联系的"近邻性"和多元文化共存是部落主义的核心思想。网络科技使得社会结构和生活形态发生了很大的变化，人类最初的部落情怀复苏了，不论现实社会还是虚拟世界，人们都面临着部落化的影响。开放的网络使人以群分、人与趣分的归属感既明晰又模糊，集体情感成为左右社会发展的力量。部落主义的复活不仅是复苏被压抑的感性，更是社会文化向自然的、多元的方向发展的象征。马菲索利的部落主义对理解复杂多元的虚拟文化是有借鉴意义的。

【关键词】部落主义；社群形态；个人主义衰落；社会性；近邻性；多元文化

部落理论是马菲索利的思想基础，在 2000 年出版的《部落时代》第三版的前言中，马菲索利就预言，部落主义的价值观将在未来的几十年中占主导地位（Maffesoli，2000：IV）。实际上，作者当时提出部落主义的理论并非仅仅着眼于某些古老的部落形态的再现，而是从历史和哲学的高度阐释了后现代社会的到来与部落主义的关系。在提出部落主义概念时的 1988 年，互联网在西方社会还没有普及，但以电视为主的新媒体已经渗入人们的日常生活，而且在大都市中各种不同部落已经形成，多元文化形态和社群情绪化和生命力正在影响整个社会、政治和经济。社会结构、人们的生存状态和行为方式也在发生变化。《部落时代》正是从这个视角对后现代社会部落现象进行了全方位的考察。

马菲索利在序言中对部落主义产生的背景、部落主义的文化现象以及对当代社会的影响做了概括分析。部落现象在当代社会中回归实际上是一种新生的复古主义，是发自民间的一种以共同情感为基础的部落势力，它与现行的文化、宗教、社会和经济的权力建制相抵牾。从19世纪承袭下来的治国理政的哲学和政治概念，诸如共和体制、公民社会和民主等概念都遵循理性为上的原则，不论党派政治，还是治国管理都尊崇着"应当如此"的社会进步的原则。按照这种西方传统的思维方式，社会发展应当按照一种预言性的蓝图，按部就班机械地运转，理性的统治是必要的，由此导出理性为上的普遍价值。而在社会实践中，实用的经济原则又将理性推展到极端的境地，成为衡量社会发展的工具理性。这也是马菲索利所说的现代性社会的主要特征。而到20世纪后半叶，当西方社会进入后现代社会和数字化时代，理性至上的理念已经无法解释大都市出现的社群部落现象，如PUNK族、KI-KI族，它们以兴趣、情感和生活方式取向聚合成社群或部落，形成了很有特色的街区或城中村，多样性、随机性、身份认同的模糊性是这些城市部落的特征。网络兴起后，这类以兴趣为主导的各类社群部落在网络上繁衍得更加茂盛，社群部落承载的共同情感和思想大大冲淡传统的个人主义意识，个人不再是主宰世界和大自然的英雄，也不再是自我的主人。人与人、人与机构在社会中形成的契约关系固然重要，但人的存在和意识在科技网络的环境中更具有集体特征，人际关系和社会意识形态发生了重大的转变：社群部落形成的"集体自恋主义"促成了后现代社会个人主义的衰落；同时部落形态的集体感性形成一种共同遵循的超越论证和线性逻辑的东西，而它正是社会存在的基础，这种无意识的聚合恰是传统理性所不屑的（Maffesoli，2000：27－28）。①

那么，在后现代社会环境下回归的部落主义到底是什么呢？部落主义是一种文化现象，马菲索利用很形象的比喻说："在逻各斯原则（principe du logos）统治之后，也就是在机械的和可预知的理性，也即工具理性和严格地说实用主义的理性之后，我们迎来的是伊洛斯原则（principe de l'éros），同时我们面临的还有阿波罗神（Apollon）与狄奥尼索斯神（Dionysos）永恒的战斗。"（Maffesoli，2000：Ⅵ）部落主义的核心是人性的回归，理性意识形态对社会、政治和经济起着主导作用，个人主义也仍然是社会契约基本要素，但不能因此就忽略掉人性中感性的一面，忽略掉日常生活中社群部落呈现出的集体意识与共同情感，尤其在数字化时代，这种非功利性的情感聚合正在悄然无声地改变着人们的价值观。因此，不论从政治社会层面，还是从经济层面，都应当重视人生存状况的改变及其情感流变。这样才能达到社会的深层治理，创造对人类更为适在的社会环境和经济供给。马菲索利的部落理论重点放在了后现代社会部落特征的研究，这些研究看似都是日常生活中的人与事，但其内核却反映出"一场真正的精神革命，一种重视原始生活、故乡生活带来喜悦的情感革命，一场强调复古主义的革命，因为它涉及基础的、结构性的和最为本质的东西。是所有的东西，如果可以这样说的话，这些东西与普遍主义或理性主义者所持的，也是当权者所钟爱的价值相去甚远"。（Maffesoli，2000：Ⅵ）这种哲学和社会观念的变革，正是现代社会向后现代社会转型的前兆，甚至结果。

那么逐渐溶蚀现代社会建制的东西是什么呢？按照马菲索利

---

① 同时参见 http：//www.michelmaffesoli.org/articles/du-tribalisme。

的说法就是在日常生活中，释放出的人性中最原初也是最真实的东西。"日常生活和习俗，狄奥尼索斯享乐主义象征的集体情绪和激情，重视身体的塑形和沉思的享受，当代游牧主义的复活，这一切都如影随形跟随着后现代的部落主义。"（Maffesoli，2000：Ⅲ）这些后现代社会的行为和情感恰好反映出部落的本质特征，这就是近邻性，也就是"地点产生联系"的归属感；兴趣和情感相投的社群聚合，以及释放人类想象的永恒的童真。

部落主义现象反映的是一种社群理想，共同生活的意愿，多元价值和情愫聚合的社会性，超个人的集体视野，矛盾但共存的全息式社会结构，对审美氛围而非道德强制的重视，反对纵向推理归一的理性而导向横向的感性思维，自我的开放和身份的复数性。总之，是以情感为纽带的社群命运共同体。

在当代数字化时代，部落主义现象重生本身就是一个形象的比喻：古老事物与科技的协力融合，以寻根的方式还原人的本性，将过度理性扭曲的"完美的人"变成"完整的人"，新科技给古老的部落形态赋予了新的含义，虚拟世界建立起的人际关系和行为范式引发了一场静悄悄的革命，未来社会最终会变成什么样子尚无定论，但可以肯定的是它与以往理性和个人主义至上的观念渐行渐远。这也就是马菲索利所说的人类社会非恒定性的"进步性"。（Maffesoli，2011：16）

《部落时代》整部书实际上都在探讨后现代社会环境下为什么部落主义被唤醒，为什么偏偏是这种古老部落情怀成为重构社会的要素？什么社会才更利于人的生存，换句话说，怎样的社会组织形态才是自然的、全面的？所谓部落主义绝不是单纯的复古，而是脱胎换骨，既保留了部落的原始情态，又赋予其马菲索利描绘的后现代社会的属性。

《部落时代》分为六章论述了后现代部落形成的要素和呈现的形态。

第一章，情绪聚合的社群。

后现代社会由于大都市部落群体和网络科技的发展，以情绪聚合的社群部落越来越多，社会范式发生了一定的变化，个人主义封闭自我和分裂的身份认同受到前所未有的挑战，孤立的个人变成了以共性为特征复数的人。个人建立起与他人的持续性关系自然而然地形成了所谓的社群部落。大家濡染、感受并分享情感，从而构成了一种新型的审美视野，人只有与他人相处才能显示出价值，这种价值的体现就是"无人格化的力量"（la puissance d'impersonnalité）（Maffesoli，2000：25）。个体实际上失落于集体构成的主体之中，自我并未消失，而是延展并与他人融为一体。社群部落的边缘是模糊的、不确定的，传统的线性逻辑很难加以确定，但可以确定的是每个部落都是由情绪主导的，都有很强的情感同化力量，由此便形成了所谓的"情绪氛围"。在都市生活中，则表现为特定的街区、聚合人气的兴趣社群（音乐、体育、娱乐、游戏、健身、美食、宗教、两性、大学、知识等）、环境等形成的关系网络决定的氛围。马菲索利非常欣赏韦伯的"情绪社群"的观点：社群具很强的情绪导向，但其组合形态经常变化；它虽有地域色彩，但又缺失组织形态。（Maffesoli，2000：28）不难看出，尽管有诸多的不确定性，社群仍然在某种神秘力量作用下结成共同命运，这就是在情感交换、集体记忆、生意交往和共同信仰下结成的团结。欧洲19世纪社会主义工人运动，街区的咖啡馆的社群氛围就能说明问题。这种氛围的确立和扩散单凭理性的说服力是很难做到的。而在后现代社会中，这种社群具有情绪涌动、神秘扩张的特征，而且社群内外可以达成某种平衡的关系，构成一种新的审美视野。这与传统的二元对立的认知完全不同：日常生活中的社群现象无法用简单的分类和实证主义的推断来理解，它本身趋向于一个多维且不可分割的综合体，它重视的是向他者的开放性，而非个体化的内在体验；它看

重的是近邻关系（空间和地点）维系的共同命运。（Maffesoli，2000：30－34）

　　而部落社群的建立和运作是靠归属感和忠诚维系的，这恰恰反映在马菲索利所说的"地域法则"（la loi du milieu）之上，换句话说，就是所谓的部落伦理：它既包含分享近邻关系的亲近感，又包含维系部落所需的热情、互动、相互支持的黏度，简单地说就是团结（集体连带性），就是共同生活的意愿。但这种部落伦理更多的是一种经验而非明文规定，因此马菲索利称其为"伦理经验"。在这种经验中，情绪和形象起到了不可忽略的作用，抽象普遍的正义感往往被部落化的情感模糊化或相对化了，也就是说，社群部落的价值、地点和情感分享决定了对理性化的伦理的接受程度和方式。马菲索利认为，社群伦理实际上构成了粘结社会不同要素的连接物（"水泥"），为了共同生活或存在，社会不同社群需要在自然的环境中相互调整、相互适应："这种适应是相对的，它确立在幸福和痛苦之中，是由司空见惯的冲突关系所导致的，它懂得如何灵活处理，表现出的是一种惊人的长盛不衰，这就是社会生活愿望的最典型的表达。"（Maffe-soli，2000：44－45）

　　不论共同感受构成的审美视野，还是社群聚合所遵循的伦理经验，都离不开与他人共生共存的事实。而与他人共存的习惯和俗约则是社群日常生活所要遵循的。不管它们有多少形态，也不论它们之间的联系多么复杂，其中都掩藏着老百姓心照不宣的神性和社会能量，这些能量是出自日常现实，而且是通过简单的、日复一日的行为分享逐步确立的。因此，"从这个意义上讲，习惯或俗约的作用正是将社会能量中的伦理面具体化、现实化"。（Maffesoli，2000：54）而习惯和俗约是自然而然形成的，是未被异化的，不是工具理性、终极目的和独一逻辑所能驾驭的。习惯和俗约本身就是一种无形的文化，不论人们愿意与否，都势必浸润其中，生活中不计其数的小事沉淀成有意义的体系，这正是部落构成的要素，是结成集体的黏合剂，是整个社会生命力所在。这种习惯和俗约在部落聚集的大众之间形成一种友谊链环，一种近邻互助的凝聚力，一种部落习惯的话语和分享的秘密。"每个人都被置入相互照应、相互参与的过程之中，而这正是把集体的利益放在首位……正如传统医学显示的那样，要想治愈个体的躯体只有靠着集体的躯体"。（Maffesoli，2000：52）马菲索利借用这一比喻要说明的是，要将局部放到整体当中才能看清楚病灶所在，就如同整个个体一定从属其社群的性质一样。相互照应、相互帮助本身就是动物的直觉反应，也可以说是社会性共同生活意愿的无意识反应。

后现代社会和新技术的发展使人类的原始情怀（野性）回归，使濒临死亡的文明再生。后现代性的部落主义所凝结的特征更多的是集体感性，个人主义为核心的组织形态日渐饱和，纵向的唯理演绎让位于横向的多元包容，近邻的价值重新被重视。个人的存在更应当看作是与他人形成的社会网络的存在。日本和巴西就是最好的例子，在那里部落形态激发出的生命力大大超越了个人主义。马菲索利最后的结论引用了尼采的一段话："今天的孤独，被生活隔绝的你们，终有一天会成为人民。自己设定生活的你们，终有一天要成为被设定的人民，而正是从这个人民中诞生出一种超越人的存在。"（Maffesoli，2000：59－60）

第二章，地下潜藏的力量。

这一章，马菲索利主要介绍了藏于民间蓄势待发的一种力量（或势力）（puissance），这种力量蕴藏在不同形态的社群深处，尽管社群间处于零散、裂变的状态，且相互关联形成一种差异化结构，但它仍是一种既冲突又和谐共存的力量。马菲索利将这种状态称为"冲突的和谐"。（Maffesoli，2000：62、87）这种力量本质上是一种生命力，用象征比喻的表达就是，它始终贯穿着一种狄奥尼索斯的酒神精神。它具有很强的社群部落特征，显示出来的形态多种多样：有狂热的形式，诸如反抗、节庆、造反、造势等，人类历史很多事件都有这样的特征；也有平和的形式，如狡猾、矜持、怀疑、讽刺、乐观面对不幸等。在后现代社会中，人们看到的更多的是这类平和的特征，但其内核是要求释放隐藏在深层的生命力，要求自然地回归这类事物的本身。形式不管多么卑微，但多少呈现出一种明确的、整体性的视野，这就是将宇宙中不同要素有机结合在一起的力量。后现代社会的变化很大程度上都是源于这种隐形的力量，如政治体制的饱和、价值观的转变、进步主义神话的衰落、回归对品质的重视、享乐主义盛行、持续关注宗教问题，以及因电视和广告侵入日常生活而对形象产生的心理依赖，等等，这些看上去好像与隐形力量的表现形式无关，但实质上后者却很大程度上参与了这些社会变革。虽然它们是模糊的、不确定的、无序的、充满各种可能性的，但却起到了潜移默化的作用。

这种隐形力量的另一种表现是"社会神性"。它具有与部落相仿的宗教特征，换句话说，在社会神性中，人们可以看到个人与其相仿的人在精神领域结成的复杂关系（Maffesoli，2000：75）[1]。按照马菲索利的说法，社会神性实际上是一种近邻关系，它聚焦于看得见的事物，真实分享的情感，以及构成世界的任何事物，诸如习惯风俗和礼仪，对于这种社会神性，人们只要依照原样去接受即可（Maffesoli，2000：81），如运气、命运、星座、奇迹、塔罗牌、占星术、自然崇拜等。同样，彩票类的游戏和赌场游戏也有同样的性质。这种社会神性和宗教一样，具有参与、回应、相似的群体特征，它促成了无数小群体组成的网络，具有部落主义的形态，是建立在宗教精神和地域主义（近邻性和自然性）基

---

① 马菲索利引用斯迈尔相关理解来解释"社会神性"。

础上的。重视日常生活中的社会神性实际上是对宏大的终极价值观和个人主义的淡化,超验的终极价值脱离现实生活太远,而夸大个人主宰世界的作用也不现实,老百姓的真正生活其实更重视所谓的命、缘、运气等观念,而蕴藏其中的生命力和表现形式也绝非单独的个人所能左右的。

而在后现代社会中,媒介和传播非常丰富的时代,这种藏于民间的隐形力量对政治和权力的作用更为明显。老百姓参与政治有时是一种双重游戏,既参与又保持一定的距离。实际上,老百姓清楚不论是投票给哪个议员或哪个党派,都从心底深处确信,真正遇到了经济危机,什么也改变不了,该失业的失业,这就是俗称的不安全感。不论是参与政治还是社会文化生活,都是参与一种集体的游戏,都是在呼唤某种社群性质的东西。"这其中,既有审美和讥讽,又有参与和缄默。这恰恰是一种神秘的肯定:人民就是政权的源泉。这种游戏或审美情感以集体方式呈现,不仅是为了人民,也是为了像指挥乐队一样的政权。"(Maffesoli,2000:96)大众的这种能量往往是摇摆不定的,忽而投左派的票,忽而投右派的票,政治家经常反躬自问的正是这种易变性,因为它恰恰是悬在政治家头上真正的达摩克利斯之剑,是游戏的真正玩家,而政治家的战略或具体的措施正是根据大众民意来决策的,因此,达摩克利斯之剑就是一种民意调节的方式,"严格意义上说是民意力量决定了政权"。(Maffesoli,2000:96)

不论是从社会、文化,还是从政治层面来看,人民的隐形力量都很难用恒定的、理性的信条来框定,它具有神秘的真知意味,靠现代社会奉行的知识和权力的思辨方式是难以理解的;非黑即白、非好即坏、非善即恶的二元对立的法则不能解释或涵盖民意力量的复杂性。而关键的是,马菲索利讨论的这种大众隐形力量实际上反映的是一种集体的情绪、一种直觉的生命力,具有部落的特征,而且在社会中具备一种自我调解、自我适应的"冲突和谐"功能，它是相对于建制化的权力而言的，与理性的、终极性的价值观念格格不入，"应当如此"的理念实际上就是用理性束缚、驯化人的原始生命力和习俗，力图达成一种"消毒的社会"。（Maffesoli，2000：98）根据马菲索利的观点，以理性教条为出发点来治理社会实际上是困难重重，顺应民意才是有效的，而冲突和谐的概念要表明的是"通过行动—反馈的作用，一个整体不论怎样，也能调整其自然、社会和生物的构成因素，从而达成一种自身的稳定性"。（Maffesoli，2000：87）

第三章，社会性对抗社会形态。

这一章中马菲索利主要讨论的是两个问题：一是社会性相对于社会形态（建制）所呈现出的特征，这些特征与社会建制，或言与政治，所形成的相互制衡又相互游离的关系。二是这种以大众情态为特征的社会性如何导致个人主义价值观的衰落。

马菲索利所指的社会性与上一章所述的大众隐形力量相关，它是一种能量，即地下隐形的向心力（中心聚集力）（centralité sou-terraine）。这种能量发自大众，它是靠聚合逻辑（logigue d'union），而不是终极目标的概念论证而形成的；它具有即时性和近邻性的特征，是由不同的异质要素有机结合而成的，这些不同的要素相互渗透、相互滋养，从而激发出一种不可遏制的生命力，这就是马菲索利所说的共同生活的意愿（vouloir-vivre）。它超越了个人主义及其遥远目标的追求，而更倾向于集体的经验和想象，而这些元素综合起来就形成了构成社会生活基础的"象征的整合体"。（Maffesoli，2000：108）这样一个大众中蕴含的社会性和社会能量，具有模糊性、不确定性和民粹性的特征，实际上是一个矛盾的整合体。社会形态则反映的是社会建制，在马菲索利看来，社会建制与大众的社会性的关系是既紧密又游离，社会建制的形成离不开大众，这是一条社会学的法则："社会构成的不同方式只有在一定的范围内才显示出其价值，也就是说，这些方式与得到支持的民意基础相吻合时才有价值。"（Maffesoli，2000：110）马菲索利引用勒南（E. Renan）的话说，"没有人民的教堂是维持不下去的"。（Maffesoli，2000：110）社会建制一旦脱离了大众的支持，就会变成空壳而无意义，历史上很多社会建制的衰落而空心化就是证明。但是，社会建制与大众的社会性又不是简单的互为依存的关系，民众的社会性能量在机构（建制）或在具体政治运动中一旦构筑成形，便立刻会超越已形成的格局。如同矿物学，这些机构和政治运动不过是一些不具名的形态，藏匿在它们赖以延存的母体中（Maffesoli，2000：111）。这就是民众的能量为何既是政治建制形成的动因，又游离于政治。今天民众大多不关心政治，并不是现存体制加快解构的原因，而是预示着一种新生命力的出现。这种悖反的能量不是外在的、垂直的，而是内在的、横向聚合的，寓于现实社会之中，它代表着社会的本质和未来之变。社会形态（建制）既有适应民意的一面，又有与民意不相涉的一面，从其实践和呈现的形式上说，它整体上是顺从政治秩序的。因此，马菲索利说："政权能够且应当专心于生活的管理，而民众的力量则侧重于如何使生活继续下去。"（Maffesoli，2000：116）世界上大的文化之所以得以延存，就在于民众的内在而不断更新的力量，而政权却在有意地裹挟、僵化这种力量，这就是民众的社会性和建制之间的既依存又相抵的状态。正是在这种悖反的状态下，才有不断推陈出新的社会演进。

我们看到，民众隐形的力量实际上反映的是人类部落聚合的本性，这在各个时代都有不同程度的体现，只不过在马菲索利所说的后现代社会中，这种部落特征表现得尤为突出。一方面，个人主义理念过于僵化，过于理性化，过分强调个人主宰社会的作用，民众隐形的社会性不是被忽略，就是被压抑，因此民意有挣脱束缚、用大众的力量冲淡无所不及的个人主义的愿望；另一方面，后现代社会的科技发展，特别是互联网媒介的发展，为人类部落聚合的本性释放创造了条件，实际上部落聚合本来就是人类社会与生俱来的本性，只不过网络科技唤醒了它，使其复位并发展而已，因此部落聚合在网络社会中呈现出茂盛态势，这无形中削弱个人主义传统理念。

那么，马菲索利所说的这种民众的社会性是如何与现代社会建制抵触的呢？马菲索利认为，个人主义原则决定了现代社会的政治和经济的任何形态的组织，以及技术和结构之间的组织构架，它们是由资产阶级主义所开创的。"而国家作为政治秩序的完美表达，就是要保护个体而对抗社群。"（Maffesoli，2000：118）这种以个人为主导的意识形态实际上一定程度上漠视了大众在社会生活中形成的情绪、情感和价值取向。在后现代社会中，尤其是当代年轻人，它们表现出的意识形态更倾向于包容多种可能性的多元开放；更喜欢制造狂热的场景（各类音乐、体育和其他类型的聚会）；更乐于接受多种经验和价值。现在大众的心态憧憬着未来的各种可能性，重视当下，安于自我满足，不为自我设定未来的终极目标，也不将自我政治化（Maffesoli，2000：120）。马菲索利认为，后现代社会对人的认知发生了很大的变化：个人主义价值观强调的是个体人，个人是自由的，个人与社会结成的关系是契约关系，个人在社会中置于各类平等的关系中，个人应当具有政治态度和未来的愿景，个人在社会的政党、协会或是某一稳定的群体中都要发挥功能性作用，社会要协调一致。而后现代社会对人的看法是，人不再是个体人而是整体人，每个人的存在都依赖于他人，自我认同就是一个自我与他人互动的结果。人本身具有随大流的模仿本性，一旦形成部落，势必伴随生成一种集体意识，因此，每个人有意无意地被置于一个有机结合的整体之中。人在社会中扮演的是多重角色，可以在专业活动中，也可以在他所参加的不同部落社群中发挥作用，而不是单一的功能，人的社会角色可依照他的兴趣（性方面的、文化的、宗教的、友谊的等）每天在不同的场景中穿梭变换。大众（从众）文化最显著的特点就是非标准化，相对化和流动性强，因此势必形成多元异质的社会（Maffesoli，2000：137 - 139）。这种对社会及人的不同认知实际上都在影响着社会各个方面（政治、经济和社会结构）的生活，现存的个人主义为核心的政治建制依然在起作用，但在社会生活层面，以社群为主体的集体主义意识形成的隐形社会能量（社会性）也不可小视，尤其在科技发达的后现代社会更是如此。马菲索利反复强调以个人主义为基础的价值观念和社会建制已经饱和，个人主义在走向衰落。虽然大众隐形的社会性具有不确定性、模糊性，甚至矛盾的一面，但人们可以感知其顽强续存的生命力，虽然它还未真正形成改造社会建制的力量，却在潜移默化地动摇着个人主义的价值观，而且在逐步构建一种新的意识形态。简而言之，建立在理性、计划和着眼未来的政治秩序和经济让位于有机（或整体性）秩序的生态意识，它同时涵容自然和近邻性理念。这种非主流的社群势力正在蔓延，它既标志着过分政治化的现代性的终结，又实实在在地勾勒出正在萌生的新的社会形态（Maffesoli，2000：128 - 129）。

如果说前三章主要论述的是情绪和人内在生命活力在社会和政治中所起到的作用，那么第四章"部落主义"则研究的是部落为何成为现代社会的一种生活方式，社群部落的形式又是怎样的，也就是说，以情感为纽带而形成的部落形态，如何在非功利的共同存在（生活）的环境中，建立隐性的势力、法则和新型的大众的生活方式。

情感认同和归属是部落形成的重要特征之一，这种社群属性很早就已形成，如父与子、师与徒、艺术家与欣赏者之间的关系更多是通过行动和反馈构成的，其中情感驱动是核心。现代社会中的青年团体，关系紧密的社交圈子，小企业的运行也都具有这类特征。20 世纪 80 年代末刚刚兴起的电子网络（réseaux télématiques）更是具有这种人们希望在网络中和谐共振的效应。① 马菲索利将这种现象归纳成融合逻辑（la logique de fusion），它的具体表现为：（1）去个人化；（2）由触觉感性结成的关系，也就是说在大众交互活动（相互交错、擦肩接踵、相互接触）中形成的亲近关系；（3）重情不重理，在交往中，大家热情相映，自然形成一些机制。马菲索利以基督教最初形成为例来说明。早期基督教是由散落于罗马帝国的小社群逐渐形成的，后来才有了圣体理论（思想情感一致）和宗教神职团体，以后才形成了宗教狂热的群体及其伦理，最后发展成基督教文明。而现代社会中这种融合机制的作用更为明显，信息网络的传播，各种兴趣爱好结成的社群，体育和音乐聚会等都在彰显不同形态的团结，由此形成了一些基本的道德和民族精神，按马菲索利的说法，就是时代的"新精神"，即后现代社会的社会性（socialié）。以往的上帝所代表的神学，哲学所代表的抽象精神和个体为核心的经济正在让位于再社群化（部落化）的"新精神"。（Maffesoli，2000：133）而在重新部落化的过程中，同理心下的情绪作用和参与是第一位的，从这个角度出发，才好理解因融合而至的情景，才好理解在大众参与的活动中随时随刻产生的令人着迷的时刻。例如：现代社会对形象的青睐，政治游行的蔚为壮观的场景，对体育的狂热，旅游人群的涌动和围观看热闹的群众。这种聚合是自然而然形成的，是人类所固有的酒神精神的能量爆发，是对趋同和占有欲的本能的崇拜。尽管这些新形成的部落流动性很强，时聚时散，如城市里的慢跑族、庞克族、复古族、雅皮士（装束穿着），但依然反映出一种超越个体的力量，这就是集体参与和触觉力形成的文化，这就是感性和形象的回归构成的"接触逻辑"。按马菲索利的观点，所有老百姓的快乐都是一群人的快乐。这种大众的融合力量就是

---

① 马菲索利在互联网刚刚兴起时就已经感觉到网络通过链接到达人际间的自然融合。这在今天的网络时代已经得到充分的证明。参见 *Le Temps des tribus*，p. 135。

上文所述的"社会性"，它潜藏在民间，构成一种人际间、社群间的自然，类似宗教感的信任联系，人与人、社群与社群相互促进，相互团结，在非基督教文化和非建制化的土壤中生长。从社会和政治角度看，这种宗教感的社会性正是宏大体系和结构饱和的象征，也是技术发展滋润的结果。马菲索利认为，这种融合就是韦伯所说的情绪化与宗教感之间的联系。

这种融合的结果无形中营造出一种共同存在的织网。它的形成是有机的而不是机械的，不是根据某种企图而人为制造的。它关注的是情感分享、思想的共性，遵循的是略带神秘色彩的非个人化逻辑，总是保持有一种生命的动力，而且用超越和相对的眼光看待个人主义。而要维持网络的生命力和相对的稳定性，人际之间的沟通互动是必不可少的，而这其中最关键的就是"集体灵魂"："说到此，它就是一种集体灵魂，它就是容纳日复一日的一切生活并使其生生不息的子宫。"（Maffesoli，2000：145）这种融合体的一个特征就是其内部既有冲突又有共存需求，因为它本身就是一个由不同要素构成的本能性组合：其中既有同质的又有异质因素；既有连续的又有断续的情形，由此展示出"社会生活中各种力量的同步性或协力性"。（Maffesoli，2000：146）另一个特征就是沟通的方式，理性主义的表达则是重视口述的文字表达，认为这才是社会联系的状态。在马菲索利看来，这是文艺复兴以来理性的个人主义意识形态所导致的，与民众日常生活，与民俗和节庆的表达格格不入。实际上，在民众生活中不用文字也可形成社群网络，而在现代生活中，肢体语言、音乐、近邻关系都在默默地结构着网络，因为这种表达同样可以回应民众神往的诗性、神秘性和乌托邦需求。这种隐形的社会能量织成一张相互呼应的社会大网络，它将每个个人链接起来，在各种行动、境遇和情感的交错中织成一件集体生活的艺术品。不论趣味如何，也不论是否为市井民俗之巧，都是大众娱乐，看上去虽微不足道，但却形成影响政治和经济建制的社会力量，从生活层面来看，它是一种新的游戏审美范式：人们不再拥抱终极目标、实用性和实践性或现实性，而是要使存在具有独特的风范，由此提析出生活本质的特征。而从社会层面上看，它是一种新的生活方式和思维形态，需要用整体的有机的视野重新看待两性关系的经济活动，劳动关系，话语分享，自由时间的支配，社群中自然凝结的团结力量（Maffesoli，2000：146－148）。

除了网络多元并存和可感交流的方式外，网络社团的聚集还具有宗教门派的形态，其特征与宗教门派的形成和发展有相似之处。首先，网络具有明显的地域性社群的特征，人与人之间的近邻关系对凝聚社团是至关重要的。基督教诞生时先有小团体，需要吸引普通老百姓和奴隶，成员之间的近邻关系创造出社群的深刻联系，靠着信仰将一个个团体融进更大的整体之中。其次，社群中也有官僚机制，但被相对化了，它有等级制度，却是自然形成的。承担责任是相对化的，宗派里的事都是大家的事，这倒不是民主不民主的问题，而是体现出社群生活中的每个人都是不可或缺的，宗派形态使每个人都要对所有人和每个人负责。再有就是宗派中要保持一种活力，即社群的凝聚力，以保持社群永久不衰（Maffesoli，2000：151－153）。这种重视现时存在、近邻性、参与整体事物和责任性的特征，对理解社群如何构成大众文化是有帮助的。社群的宗派形态发自民间，虽形成网络，但总体上说是无组织的，但又是坚实存在的，虽不可见但无处不在，而且可用来造就任何一个整体的骨架。它与现存的建制并存但如隔两层皮（但各行其是）：现存的建制的结构趋于僵化，一切都要顺从于遥远不可及的终极目标，由此对社会各个维面形成强制性的导向，而大众文化的视野则遵循的是无政府主义的逻辑，强调顺势而为，强调无国家建制的秩序。这里强调的秩序并非无秩序，而是一种更全面的秩序，是对僵硬的建制秩序的修正："人们称之为'宗派形态'可以被理解为一种针对现行建制的纯粹理性化管理的替代，要经常强调这种替代的重要性，因为它强化了社会生活中情感的作用。它使近邻性游戏得以施展，而且保持了初起的高涨热情。"（Maffesoli，2000：155）现代性的概念之所以饱和，就是因为一切从个人角度出发，一切以经济逻辑为重，一切都要政治计划优先，从而排他性地忽略了社会大众的集体想象的诉求，"更为夸张地说，现代性甚至将集体想象层面的东西看作是心灵附着物，看作是私密而多余的'舞娘'，而这势必导致世界的'去悦化'……"（Maffesoli，2000：151）

然而，不论是部落属性的社会网络也好，还是部落的宗派形态也好，本质上具有某种倾向性。也就是说，社会能量的聚合是有一定的选择性的（la société élective），选择什么样的方向、什么样的内容，实际上都是由大众情感所决定的。换句话说，就是先有大众热情驱动，才会有对社会结构和目标的选择。因此，马菲索利在这里要探讨的不是具体的政治和社会经济的建制和结构，而是要强调大众情感在经济政治生活中的作用。以往社会学过分倚重理性在政治经济生活的建构作用，而忽略反映大众情感的社交方式、节庆、体育音乐狂欢和礼俗等要素。这些大众情感看上去与高大上的政治和经济的社会建制不相关，而且微不足道，但它们却潜移默化地影响社会政治和经济生活，从而形成一种非人格化的力量（forces impersonnelles），如同习惯，它具有一定的强制和限制特征，是一种社群为重的势力，它左右着民意的走向。现代大都市的生活形态和理念越来越趋向于情感从众的态势，集体感性的体验已成为大众聚合的关键，各种团体部落相互既有吸引，又有排斥，各持一端，只有用相对主义的视野才可理解每个社群存在的绝对理由，由此它们之间便形成了相互作用的社会网络。在马菲索利看来，这种由不同社群形成的网络既是冲突的，又是和谐的，而且是自主自足的，它呈现出一种多元文化的生活形态，这就是所谓的城市部落特征：既有地域依恋、血亲关系，又有瞬时而发的冲动，以及一系列吸引/排斥所产生的联系，也就是社群与社群、人与人之间的关系。这些特征自然而然形成了一种向心性的协调机制，国家就是这种不同社群的整合，"这其中，个体不是第一位重要的，重要的是他们所形成的关系"。（Maffesoli，2000：161）马菲索利强调的是，在整个社会体系和结构中，要特别重视大众情感属性和社群融合的有机性。社会面相不单单是靠机械的理性来描绘的，还要靠大众情感和复杂而有机的人际或群际关系（interconnexion）来赋彩的。国家和建制相对来说只是一个虚壳，当填充了有众多社群构成的社会性（社会能量）时，赋予其中的内容才会成为大众选择的目标。因此，马菲索利认为，大众情感在政治经济生活中对社会结构的形成是起作用的，因为情感的参与对社会的未来发展是有一定导向作用的。倚重趋向未来愿景和意向的政治预设已经饱和，而当代人更应重视人际关系，重视当下生活。马菲索利认为，所谓现代性社会实际上缺乏实质性的生活内容，无坚实的、有导向的聚集性，更多的是在僵化理性下抽空了的社会建制；而大都市为特征的后现代社会则缩短了社群的距离，深化了人际关系，形成以关系主义为特征的社会面相，涂尔干将其称之为"多元细胞的大众"，而黑格尔称之为"大众的聚心性"（Maffesoli，2000：162），这种亲缘性的结构与政治机构的预设蓝图无任何关联。因此，马菲索利强调要重视这种模糊的、难以确认的、无人化的特征，因为它的社会能量一旦有了某种导向，是会默默地改变世界的。

　　部落的另一个特征就是隐秘法则（la loi du secret），这个特征相对比较容易理解，所谓秘密就是一种使社群适在自得的方式（Maffesoli，2000：165）。日常生活中常见的夸张的头型、特征明显的刺青、复古装束、时尚风格中都暗含着这一族群心照不宣的法则。这种神秘静默的法则通过模仿建立起一种联系，使社群中的人可以分享这一秘密。每次人们想要建立、恢复或修正某件事或社群规则时，首先要做的是筑基秘密，以此强化并依赖社群最基本的团结（Maffesoli，2000：166）。家族的团结和黑社会的抱团都具有这一特色。这种恪守秘密的做法使社群成员之间的距离感大大缩减，虽不成文，但被奉为荣誉行为的准则，也是族群的基本道德。正是这种守密原则可以抵御外来普遍适用的价值观的侵扰。各种运动表现出的态度也具有这类特征，社群抱团特性也十分明显，如女权运动、同性恋运动、生态保护运动以及年轻人面对政治的态度等。这类社群更情愿用自治自主的法则对抗现行建制的政治逻辑，排斥对抗，厌烦粗暴行动，与尚武保持一定距离。同时，社群成员还用特有的方式来建立人际之间的信任，如社群的规矩和习惯、一致认同的思想和理想，也经常采用沉默、狡猾、嘲笑等方式对付外部的侵扰和压迫。社群内的秘密实际上就是一种隐秘的社会能量，是一种掩藏的中心聚集力。如果与建制化的权力做比较的话，那么，建制化的权力是中心化的、特殊化的、成体制化的，并宣扬普遍认知的，而隐蔽的社会能量则是边缘化的、世俗的、去中心化的，敢于触碰教条，总处于对外抗拒的态势。这种部落内的隐秘规矩与现行体制下的价值观念有很大不同，家族主义和任人唯亲的近邻关系正在通过社会机构，如社会组织或实体、学校，以及意识形态，包括性别趣好的各类社群，创造并保护自己的特殊地盘和巢穴，这种现象在大的政治、经济、管理和工会组织中更为明显。在这类社群部落中，个人化的原则失灵了，取而代之的是集体的隐秘原则。现代大都市社区部落化和网络的普及创造了部落生存的优越的条件，小部落社群有自己的生活秩序，大的机构有大机构的特殊规矩，整个社会呈现出部落各行其是的态势。同时大众集群化也成为发展趋势，这种状态貌似无序，但实质上是摒弃僵化的国家秩序的小疆域（地盘）的自治。一方面是现行的国家建制，它建立在以明确身份的个人为基础的理性组织之上；另一方面，则是自治社群部落的存在，也就是所谓的社会性（能量），它的底色是模糊不清的，但有一种心照不宣的凝聚力，而这恰恰来源于带有象征意味的结构（Maffesoli，2000：173-174）。

无数社群的自治域构成了多元并存的大众网络，其中既有冲突又有和谐共存的需求，由此而派生出现代大都市的新的生活方式，马菲索利将这种部落形态为底色的大众社会描述为："当代微社群网络构成形态就是大众创造性最彻底的表达。"（Maffesoli，2000：176）筑成社会的连接物（好似"水泥"）已经不再是个人，而是以部落为单位的集体，生活方式的改变会间接影响到社会结构的改变，从而影响到思维模式的改变。大都市的以社群聚集而成的城中村，小型专业协会，各种不起眼的社群，单亲母亲，各类以性别取向为中心的社群，各种诉求导致的游行集会，各类体育、音乐集会和消费狂潮等，这些现象反映的并不是个人在社会中地位的再调整，而是对社群团结规则的再认识和再重视，是大都市未来发展的变化和方向。一方面，社会构成基质的部落势力在壮大膨胀，形成了一系列与个人主义为核心的理性社会建制格格不入的形态，马菲索利称之为"部落范式"：其主要特征是重视经验胜于抽象的理性观念；去中心化抗拒的是一致性的排他的中心化；主张小型自治针对的是大一统的国家秩序；强调人际关系而不是个人独立存在；在知识爆炸的年代，要用相对而非绝对的眼光看待某一整体（部落）完善与否，部落与大众之间的平衡是有机自然形成的，而不是用某种生硬的组织强加而成的；社群与大众形成的网络更多地靠的是一种氛围、一种精神状态并通过生活方式（风格）体现出来，是集体无意识外在表现，而非用强制性的、明晰的秩序维系的，因此大众网络构成的社群孤立地看是清晰的，但整体看是模糊的。另一方面，部落范式导致了观念上的变化：部落的逻辑强调的是在大众中的网络聚合效应，网络是多元的、矛盾的，体现的是集体情感，是无数细小的社群形成的尘埃似的网络，整体是合为一体的，且不排斥对各自社群的崇拜；这与严肃精神、个人主义和"分割"思想（黑格尔）为特征的现代生产主义和资产阶级主义理念截然不同，后者是既要抹去一切不同，又要将区别分得清清楚楚，所有的政治秩序都是建立在这种理念之上的，虽然这种理念不乏伟大和宽容。而大众社会网络恰恰是通过社群之间异质性的张力来保障大众整体的团结。"由此，一些因社群而异的生活方式也许可以隐约衍生出一种共同生活的形态，非常奇怪的是，它恰恰在忠实于每个社群的特殊性时才可实现。而这正是在它形成的时候就已造就了伟大的文化时代的丰富性。"（Maffesoli，2000：183）也许，部落时代的到来孕育着一场危机，这场危机不是别的什么，而是"经济、政治或意识形态的宏大结构的终结"。（Maffesoli，2000：177）

如果说前四章重在分析部落形态的成因并由此确立新的社会范式，也就是新的生活方式，那么，第五章重点讨论新部落主义所导致的新的社会文化形态，也就是多元文化主义。

在马菲索利看来，以资本主义建制为主要标志的现代性强调的是政治氛围营造的统一理念（unité），而以部落为特征的后现代性则强调的是不同社群所具有的特殊性，或称为独一性（unicité）。现代性理念看重的是理性化的个体形成的机械式的团结，而后现代性概念下的社群与社群，人与人之间的聚合是一种有机的团结，社群或部落的利益大于个体的利益，部落的聚合是以酒神似的激情驱动而成的，情感分享是部落的黏合剂。同时，第三方（tiers）介入也是维系部落生存必不可少的要素，因为正是这种陌生（生分）的东西，也就是创新的东西才构成部落和整个社会延续的活力，因此，真正有活力的社会构成应当是多元化的。马菲索利反复强调现代个人主义趋于衰落，而其代表的政治理念也处于饱和状态，其原因就在于这种社会形态过于强调同质化的概念，看待不同事物要融于统一视野，要有人类进步的终极目标，要设定历史主体（比如无产阶级），这些观念过于教条，过于价值单一化，实际上并不符合后现代社会多元发展的趋势。后现代社会实际上是异质化的社会，是由多种矛盾和冲突事物构成的社会，差异性是抹杀不掉的，而且它既是社会的构成，又是社会发展的动能。马菲索利非常欣赏中国的道家理论，认为道家理论将天地人三位一体有机融合，无所谓同和异，而这恰恰是同中有异，异则生万物。需要指出的是，马菲索利强调的多元价值，是相对于单一的排他的价值体系而言的，现代性只强调个人和世界的经济和政治形态，只强调契约的结合和社会发展终极目标，而忽略掉社会发展中由情感和交流链接的部落形态，而这种形态恰恰是有机的、自然的聚合（社会性），它更重视当下的享乐，与人的内在的激情相生相望。这种社会潜能与理性建制是隔膜的，如同两层皮，但它却在社会基层不断地扩张其网络，这种存在不应被忽略，而应作为社会结构化调整的重要因素。

马菲索利在这里引进的第三方概念，或言陌生（生分）概念十分重要，它强调的是异质性，涉及文化和文明的关系。文化是一个活的概念，是一个不断融合吸纳异质化、陌生化事物的过程，是老百姓日常生活的方方面面，是构成社会坚实基础的黏结"水泥"①，是正在诞生的新事物。文明则是已经完成的、定型的，如果文化失去了滋养的根，它就退化成了文明。所谓文明就是存入博物馆的伟大的杰作。法国大革命文化时期，导致社会范式变化，19世纪却将这种文化资产阶级化，把它变成了一种文明，这就是资产阶级文明。（Maffesoli，2000：191 & 2010：58）

很多现代大都市的繁荣都是与异乡人的融入分不开的，这也是创造现代文化的重要因素。马菲索利非常赞同巴斯莱斯（Ma-

---

① 马菲索利反复强调连接物的概念（ciment），其实该词的本意为"水泥"，而水泥本身就有黏结的功效，所以此词一语双关。

rie-Francoise Baslez）的话："很多城市的财富都应当归结于异乡人群"（Maffesoli，2000：194），他进一步补充这一假设：如果缺少开放，害怕异乡人的融入，就会导致很多城市的衰落。马菲索利特别喜欢举酒神狄奥尼索斯的例子，酒神进入萎靡不振的古希腊底比斯城，一扫原来刻板僵化的理性治理方式，打破陈规，纵情欢乐，从外表装束到生活和思想方式都焕然一新，使城市重新焕发出朝气，激发出先前被忽视或被束缚的潜能。这种陌生事物的涌入实际上完成了古代希腊文化向现代希腊时代的过渡。在这一过程中，紧张和矛盾的情境是必需的，"这有点像果树嫁接，它会使枯萎的树木重新结出漂亮的果实"（Maffesoli，2000：192）。城市的演变如此，历史上各个时代的演变更是如此，新旧交替，都是由异质（异乡人）事物促成的（罗马人取代了古希腊，匈奴人又打败了罗马帝国，法国革命同样暴力推翻了法兰西封建王朝）。异质性永远是新文化诞生的基本条件，一个社会的发展就是融汇和扩散的过程，文化的本质就是互融性（miscibilité）。当今大都市的发展和互联网的交流平台就是最好的诠释。后现代社会中的交融不仅有东西方文化的交汇融通，也包含各种新的生活方式和理念的植入。一种文化如果要延续下去，只有不断地吸收同化异质事物，才能保持自身的活力，马菲索利举例说，基督教神职人员接受世俗的文学和哲学遗产，就是为了扩展教会，面向更广阔的多元世界开放，这样才能更好地同化他人，赢得世界，持续发展。（Maffesoli，2000：191-194）

众多的部落构成了后现代社会，社群部落内部和社群之间的异质性决定社会的活力和创新力，构成了多元文化并形成多神论的价值观。它们不再依附于统一的价值观，也不再束缚于某种唯其不可的特殊联系，统一的表现和单一层面的阐释在当下社会和互联网环境下已不合时宜，多元化或多神论的价值观正在兴起，虽无形、难以确定，但孕育着无限的未来和可能。（Maffesoli，2000：195）

实际上，多元文化主义在民间就有其悠久的文化和宗教传统，在老百姓中就有多神论，或对上帝不同看法的思想。马菲索利举了例子：在阿尔萨斯的一个村落的教堂中，天主教和新教教徒就轮番祈祷，这种现象既矛盾又共存，而且超越了各式各样的理由。实际上，宗教本身的实践就是多神性质的，在基督教的传统中，对不同圣人的崇拜实际上就已经破除了一神教规矩。（Maffesoli，2000：198）这种对神性的不同解释、表达甚至对立，也就形成了围绕神性问题所产生的一系列既矛盾又共存的社会现象，马菲索利称之为神性的"对立耦合"。不论是怎样的天主教的信仰，在老百姓那里实际上都不会太在乎，在他们心里天生存在着包容不同思想和生存方式的多元性。对于陌生的事物或他者总有过渡的办法（un modus vivendi）将其融合，这就是多神论也可称为多元基督教的逻辑。世界上的战争很多都肇起对同一上帝不同的解释，都启于一种霸凌的、排他的价值观。各个种族部落之间斗争，需要一个上帝作为支撑，而战争并不能解决根本的问题，因为世界从来就不是由单一的、唯此不可的价值观统御的。上帝将不同的部落社群结合在一起，因而也就成为对立耦合的中心。马菲索利的这个比喻虽有神性的特色，但对现实社会和谐发展是有意义的，社会族群间虽有矛盾但必须共存，这是避免不了的，也是必须正视、容忍的现实。

这种求同存异、多元并存的思想实际上也是文化不断更新的关键因素。多元文化在现代大都市的生活中越来越重要，城市的族群聚合，尤其在网络时代，已经不单单是个人主义和经济至上的价值观在起作用，情感方面的吸引和排斥在族群的聚合中作用更大。第三方、差异、陌生的概念恰恰是新文化孕生最本质的特征。马菲索利引用涂尔干的思想："最美妙的和谐正是源生于一些差异的存在，而不和谐恰恰是孕育各种未来的法则。相异和相似一样，都会成为一种相互吸引的原因。"（Maffesoli，2000：202）从一种文化发展到一种文明，之后必然会创生一种新文化。这就是我们今天所看到的异质的，甚至对立的多元价值观。走向死亡的衰落实际上满载着即将诞生的新事物，"花开花谢，穷尽完美，预示着丰美的果实"（Maffesoli，2000：203）。

同时，还应当看到，导致文化更迭的差异性同时也是社会平衡的机制。在现代大众社会和部落意识再崛起的今天，个人主义和经济至上的社会结构和运行机制已经达到饱和状态，现代社会建制所崇尚的价值统一性逐渐被大众社会中部落形态的独一性所取代。推动社会发展的所谓主体不再以阶级划分，宽泛地说，人民是历史发展的主体，就如同说无产阶级或资产阶级是历史发展主体一样，是不能说明问题的。人民本身就是一个界限模糊的概念，是由不同阶层组成的混合体，其中有矛盾也有和谐共处的意愿。它不是固化的某个社会阶层，也不是所谓单一的劳动人民，而是由各种社群部落构成的大众。它是开放的，可以容纳所谓的"恶"，容纳陌生的异样的事物，简单地说，可以包容他者的存在。这种包罗万象的平衡是有机的、自然的，同时也是不断调整的。有时平衡是很难达成的，因为在公共生活中，激情永远胜于理性，无数单一社会事件最后就会形成社会运动，无数体育、音乐等大型集会的狂热就能说明问题（时尚风潮、政治运动等）。后现代社会重视的是各种不同社群部落之间相互依存的关系和平衡，个人很难起到作用，只有靠社群部落之间的相互包容才能达到冲突和谐的状态。社群之间的生活方式、意识形态的不同甚至对立并不意味着不能共存，接受异质性既包含冲突，又包含交流和包容。例如，印度虽然是等级社会的国家，泛神论是其主要宗教意识形态，但多神论又与等级社会体系息息相关。这种不拘一格、摆脱宗教教条的开放恰恰是建立在等级社会制度之上的，也就是说，整个社会体系是多元的、非排他的。

而从社会功能角度讲，现代性社会的建制，强调的是机制、理性和终极目标性的作用，整个社会运转都是由工具理性主导的，功用性和目标性决定了一切，社会意识形态趋向于统一。而大众社会强调的是社群的角色和戏剧性的变化，强调的是差异的分享和整体的包容。马菲索利突出感性的作用并不是要排斥理性，理性本身也是一种对社会有用的存在，而是要让人们注意到部落形态的复生，多元文化的兴起标志着感性与理性并行不悖的社会的到来，多元文化不仅将理性文化降格为诸种文化中的一种，而且将社会生活中差异、陌生、第三者的介入合理化，成为一种文化更迭的真正动因。文化衰减为文明实际上是弱化统一性的过程，在这一过程中，势必对陌生事物敏感甚至恐惧。而陌生或言第三者的到来恰恰催生出新的文化，老百姓在这种差异性游戏中自得其乐，而且知道如何让社群中的每一个人从中受益。（Maffesoli，2000：214）

第六章讨论的是"近邻性"问题。这是社群部落的核心理论，部落的形成实际上"近邻性"起到了关键的作用，换句话说，近邻性是大都市中社群部落存在的形态。在后来的研究中，马菲索利将近邻性的概念用一个非常通俗易懂的说法表述出来，这就是"地点产生联系"（lieu fait lien）。

近邻性实际上是一种涉及人际关系的概念，它包含两层含义：首先，它具有明显的地域范围，例如一个城市、一个街区、一个种群、一个机构，以及不同的部落等。其次，这种地域特征是通过其独有的特性显示出来的，这种独特性也称之为地方的神话。这种神话是因时、因地、因经验而成的特定的文化感知，它最基本的机制就是吸引/排斥，吸引意味着开放和接受异质陌生的事物，排斥意味着冲突，社群部落正是在不断适应周遭自然和社会条件下生存运行的。单一的部落是这样，而部落与部落之间也同样适用于吸引/排斥机制。在这种情形下才真正形成了某一地域的特色，如地方建筑、习俗、服饰、宗教等。这从本质上说，体现了某一区域老百姓活力，而这种活力正是源自世俗文化的积淀，古典主义的人文作品正是由这种世俗文化滋养的，老百姓共同的生活经验才是真正铸就一个城市伟大的原因。近邻性首先是人民对地方性的认可，接受命运共同体的概念，是人民对自身形成的力量无意识的保留，是稳定地方的基石，是地方智慧的体现，是集体意识的体现和日常生活的回忆，是对近邻和当下生活的珍爱。这就是维系社群部落生存的伦理，所有融入地方（城市）的外乡人、定居者、显贵和平民形成一股超越并保障社会稳定的势力。（Maffesoli，2000：215 – 221）现代大都市的地缘文化，城中村，各类多元共存的社群都具有明显的近邻特征。个人主义为核心的社会自治观念渐渐瓦解，让位于多形态的部落杂陈共生的形态。街区、邻居、不同兴趣的社群和网络交流都是用情感和激情灌筑而成的，尽管各类部落形态模糊而歧异，但仍显示出各自的独特性，部落之间自然显露出吸引、排斥、疏离、撕裂、冲突等现象。大众社会是一个充满矛盾而又可和谐共存的存在，是一个无休无止运动，难以定型且无边、无沿、无中心的整体；部落则是特殊化的结晶，这就是大众与部落之间的辩证关系。（Maffesoli，2000：224 – 227）这种新部落形态的社会组合实际上是对西方理性和进步的固化思维模式的纠偏，是从理性文化向自然文化的转变。马菲索利非常欣赏东方的日本文化，认为东方文化强调的是整体观、自然观和人与环境的关系。这种文化具有包容性、综合性的特质，一定程度上弱化了西方身与心的二元对立世界观。它强调自然与文化、主体与他者是不可分割的，强调与环境自然的亲和性，由此得到的感知更趋向于直觉化、情绪化、直接化①，这与强调个人主义、二元对立和理性至上的观念有本

---

① 马菲索利认为，东方思想与西方的现象学有一定的共性，即重视表象与感知。整体感知既是东方思维方式的特征，也是西方现象学对事物理解的切入点。这种认知始终贯穿着马菲索利的部落理论和其他论述。

质上的差别。在马菲索利看来，其他文明中由非个人化的社会仪俗和集体感受所自然形成的近邻性，正好证明了后现代部落主义回归的原因。

近邻性不是一个简单的地域概念和聚合机制，实际上它起到了一个精神庇护所的作用，就如同地方保护神一样。近邻性反映出一种地域的智慧，是一种潜在的凝聚力和聚心力。大到对城邦的荣耀崇拜，小到家族的祭坛，都是超越个人的集体情感的一种体现。民间对圣象的膜拜实际上就是一种社群聚集的象征，早期宗教的形成就是围绕着一个地方展开的："正是围绕着一个主题，即一个场所，人们聆听圣人的教诲，圣人也埋葬于此地，由此一个教堂便建立起来，并开始传播教义。"（Maffesoli，2000：229）正是靠着这种共同的情感投放，人们建立起最初的联系，早期的教会组织就是一种自愿的结盟。由此形成地方主义传统。情感交流与投入不仅形成了宗教场所，成为"和平的避风港"，而且这种功能还延伸到艺术、农艺、技术领域，形成了相互交流的网络，因地点而聚，自然生成联系。民间宗教表达的不仅是对圣人的虔诚、崇拜和朝觐，也是一种寻根的表现，是一种基于近邻性而生的生命活力。这种近邻性散发出的亲和力将大都市的城中村、社区和邻里关系自然地整合在一起，无形中形成了社会生活中的避难所，形成了一种社会力量，对抗来自经济社会的权力挤压。抽象的政治责任渐渐失去效用，人们更情愿承担具体的、以共同地域生活为前提的责任，更愿意分享共同存在的感受，共同的责任和感受自然铸就了社团的团结，这也是部落现象复活的原因。马菲索利为说明近邻性形成的精神归属，举了犹太人聚居区（ghetto）的例子。犹太人散居在世界各地，迦南是他们的故乡，具有神话象征意义，所以所谓外国人身份，对犹太人来说只是相对迦南而言的。在欧美或世界其他地方，犹太人始终保持着他们的生活习惯和信仰，有他们的教堂（synagogue）和一眼就可识别的服饰，由此形成了一种特殊的种族聚居的现象。犹太人对领土的依恋实际上是保证社群历经磨难而延存下来的民族精神。① 犹太人聚居形态是一种带有厚重的宗教和文化传统特例，它的意义就在于非常典型地说明了近邻性作为精神领地的作用，在现代大都市中，"ghetto"形态正在蔓延，形成新部落主义：领地、情感分享、同宗同源、文化和意识形态的偏好、兴趣趋同（文化、两性、服饰、宗教的表现形态、知识话题、政治介入等）等聚合因素都是围绕领地和象征形象展开的，也就是说，大家共同分享同一领地，而且通过象征的特殊表现方式宣示着部落的团结。由此，马菲索利描绘出近邻性的特征：首先是空间意义上的参与；其次是具有象征或神话意味的内涵。这种聚合既有随性而发的酒神传统，又有个人的身份确认（identification）。这种确认超越了自我，是对地域、图腾和祖先遗迹的集体认同，同时还通过集体情绪和象征感染（音乐、两性、消费、体育等活动）强化了近邻性的效能，简单地说，就是在领地和集体记忆之间建立一个紧密的关系。可以说，近邻性是新部落主义形成的关键之点，它既有原始部落的形态，又具备现代大都市大众情感驱动的特征，而感情驱动最大的推力就是形象产业（广告）的迅猛发展，其中高科技起到了至关重要的作用。广告是意识形态的承载者，体现出人类的某种原生情态（原型），而其对象又是部落形态的社群。形象的传导是情绪化的、情感化的，是以人们惯常的家族偶像为原型的，它唤起受众（部落）一种集体的记忆，使其感到亲切舒服，有安全感。这与理性化的说教有天壤之别，近邻性强调的是地方主义和日常不可回避的现实，而理性主义看重的遥远的期许，是统合划一的政治意识形态，是线性的历史。这与现代部落形态的大众文化有些疏远。传统的自我中心的文化是一家独大的

---

① 在欧美的城市中，中国城独立存在实际上也是一种保留种族文化传统的现象。

文化，看重的是个人作用，凡事要深思熟虑；而象征标志的文化则更重视周遭的环境，不论它是社会的还是自然的。当然即使在同一文化环境中，也会出现不同的文化差异：有时强调的是个体，有时相反突出的是集体和非个人化的特征。就这一文化现象，马菲索利总结道："就此而论，通过形象和社会机体及领地而强化的空间价值，也许简单地说，就是在一个更大整体范围内超越了个体存在的因果所在。建立这样一个充满活力的社会，就有机会看到一些本质的价值可能被颠覆。也许这就是建立在近邻基础上的经验和境遇所发起的当代挑战。"（Maffesoli，2000：245）

　　源自人以类聚的近邻性概念在当今社会突然膨胀起来。其中有两个不可忽略的原因：第一，新技术的发展，强化了社群部落的情感归属作用，使情感归依（吸引—排斥）运动逐渐形成不断扩张的网络。《部落时代》是20世纪80年代末（1988）首次出版的，当时互联网刚刚兴起，法国的Minitel（早期的互联网）、电视光缆服务，信息交换服务（邮件、聊天、信息搜索、电子票务、金融结算服务等）很受大众的欢迎，形成以电子星际为基础的地球村的概念。信息化交流加快了反馈速度，情感归属很快成为网络社群聚合的机制。一些与往常不同的看不见摸不着的习惯渐渐形成，如同马菲索利所形容的那样，在黑漆漆的酒吧或者黑盒子里（比喻屏幕后面的未知世界），虽不见面，但彼此却建立了一种心照不宣的归属感。部落不再拘囿于一个地域或一个城市，而是通过虚拟网络不断扩张，近邻性不再单单是个地域的概念，同时还是一个泛地域的情感归属概念。第二，在网络催化下，情感聚合和部落象征物正在形成一种新的人际交往的逻辑。近邻关系所衍生的地方主义、帮会精神、家族扩展、亲情友谊、客户至上、相互扶助等特征在网络的链接下不断得到强化。都市中的部落和社群相互交错，各有各的地盘和规矩，各有各的激情归属，它们相互抵牾，但又相互交融，形成多元异质的社会文化现象。在网络上这种混杂现象更为突出，不论是线下线上，这种异质杂陈的关联实际上形成了一种非理性和无逻辑的，但自然而成的社会真相。这种冲突中的真实的文化氛围是不稳定的、情绪化的和情有所依的。非理性并不是没有理性，而是基于情感和象征的理性。马菲索利将其比喻为"部落化的浪漫主义"（Maffesoli，2000：254－255），这种浪漫主义更重视情感和共同经历，更重视非逻辑层面的感受。它追求的是共同分享的经历，光宗耀祖的聚合，非语言的交流和造型。19世纪以来的理性主义弘扬的是大历史，对社会的态度是向外扩张型的，要企及一个遥远的目标；而后现代的部落主义倡导的是近邻关系，围绕着一个族群的头领，一个轴心，一次行动，一种快乐，一个地域空间来强化内部的关系。部落链接大众而大众又可放任自得，大众既是向心的，又是离心的，一个人可加入多个社群部落，具有多重属性，大众与部落之间形成相互转换，穿梭无常，呈现出超现实主义那样的偶然性。不同部落、地盘、意识形态相互浸润、渗透、转换、更迭、分合，形成接续不断的即时状态，并不存在一成不变的目标。

这些形态各异的部落相互之间靠着近邻性的游戏规则协调组织，遵循着吸引/排斥的法则，分分合合，形成多中心的模糊的云态，马菲索利将其比喻为"城市的马赛克"。信息传播是织成各个部落链接的机制，而传播过程中便可以看出部落的归属和忠诚度，都市传播链中重要的节点是酒吧、沙龙、实验室、教堂，而在互联网上也有类似的虚拟节点。当信息再度传递时会经历改造、修正、发明、剪枝而走样，因此，重要的不是信息本身，而是信息传递人。在这种以近邻性为机制的信息交流中，势必形成纵横交错的复杂网络结构，形成网之网（le réseau des réseaux），其间出现各种机遇、偶然和即时的事物也就不足为奇了。"这也正是造成我们这个时代不稳定和无常的原因。"（Maffesoli，2000：261）

很明显个人主义价值观支撑的社会结构与近邻性织成的网之网有很大的不同：个人主义思维方式是线性的、外向的、放射性的，强调因果机制，认为社会应当朝向所谓进步的方向发展，对于空间的认识是孤立的，是像物理原子那样并列的；在一个社会（空间）中，各个元素是叠加的、并列的，所有社会活动都是按照分割的逻辑有序排列的。网之网的概念则是整体性的，强调事物的内在张力，认为在社会中一切事物都是相互铰合的，相互繁衍或相互消减的，由此形成一个周边变化无穷、各呈姿色的万花筒世界。（Maffesoli，2000：261）

网之网构成部落与大众之间永恒的穿梭往来，由此凝聚成社会聚合的水泥，它是由每个人的经历、经验、感受和形象构成的，而其粘合剂就是感性和近邻性的链接。人们生活的空间，经历的任何微不足道的事物，日常生活的点点滴滴无不呈现出这种网之网的情态。这就是地域和人们之间形成的信任链接关系，这就是部落社群古老神话的再显灵，这就是人们天天经历的由微小部落而来的瞬息而变的精神状态。马菲索利最后总结道："我的分析超越了个人主义的单个因子，而使集体情感怡然自得。"（Maffesoli，2000：263）

《部落时代》还有一个附件"公共广场的思想"。从题目上看，就是要讨论公共舆论的重要性，也就是老百姓的思想和大众文化的社会作用。

实际上，社会上一直存在着两种不同的文化：一种是知识阶层文化，另一种是共同情感的文化。所谓知识阶层文化是指"哲学—理性"构成的文化，而共同情感文化是指"老百姓—神话"构成的文化。前一种文化是要按照一定之规管理社会生活，但问题是，生活本身是按照实际的自然的需求进行的，人们千方百计地将短暂的、顺势而发的、昙花一现的事物纳入一种带有普遍性的思想范畴，但总是不能尽如人意，因此在两种文化之间产生出一种束缚与反束缚的紧张状态。（Maffesoli，2000：266）"由此一种古老的悖论出现了：一方面要条理分明地解释并管理生活，另一方面，生活总是能逃脱掉解释。"（Maffesoli，2000：267）这种欲意驾驭生活的文化就是马克斯·韦伯所说的新教与资本主义达成平衡而建立的理性范型。资本主义的新教意识将古老的二元划分、对立与分割推至极端，因此产生了所谓的"现代性"，即人们要主宰自然，要用理性的"应当如此"的逻辑说明世间万物和社会发展目标；而共同情感筑就的文化，即老百姓的文化，则是一种一般的知识构成的文化，没有那么多的辩理思考，而其本质更接近于自然，即马菲索利所说的"最基本的社会性"。日常的、平庸的、一般的老百姓的文化经常遭到知识阶层文化的蔑视，因此，两种文化之间的紧张状态还将延续，换句话说，让"应当如此的逻辑"顺应"自然呈现的逻辑"是有难度的，因为知识阶层文化与政治倾向搅和在一起，会不断用理性思维深度地分析社会现实，以说明应当如此逻辑的合理性。

马菲索利引用黑格尔的话来说明理性如何通过辨析成为一种政治逻辑："人民不知道他们想要什么，唯有君主知道。"（Maffesoli，2000：269）逐渐君主这种为其独有的特质就渡让给那些思考政治逻辑的人了，于是，知识分子也就成了普遍真理的承载者和集体责任的创建者。历经几个世纪，他们就成了精神的君主，创建法律和钦定的概念，大有替天行道的意味（Maffesoli，2000：269）。因此政治也就成了普通人看不懂的东西，因为它宣扬的是"应当如此"的遥远的目标和完美的计划，是一些看不见摸不着的抽象东西，是按照道德政治的逻辑衍生出来的。老百姓关心的是眼前和周边发生的事，是日常生活中千奇百怪的事，而这些恰恰是顺着"近邻"本性发生的。这种近邻性实际上是一种隐藏的聚心力，它衍生的社会现象并不是按照指定的目标发展，而是有着自己的轨迹。这种形态形成了马菲索利的新部落主义：

多样的大众社会本身就孕育着众多微社群及其多样性，这些社群摆脱掉老生常谈的社会分析，以及那些让人认同的预言或指令（Maffesoli，2000：270）。简单地说，新部落主义与所谓政治道德格格不入。"我们正经历着一个非常有意思的时刻，生机勃发的体验唤起一种复合的知识。析取式的分析，分割技术，先验概念应当让位于复杂的现象学，因为这门学问知道如何整合参与、描述、生活叙事和集体想象的不同表现。"（Maffesoli，2000：271）简言之，激情逻辑（或融合逻辑）应当接替我们习以为常的政治—道德逻辑。社会生活实际上是建立在经验、情形、现象相互依存基础上的，它们之间的转换是平滑过渡而毫无感觉的。因此任何事物都因其他事物的存在而具有传染性，而这也决定了外在眼光的相对性，同时也要将相对地看待这样或那样单一概念和（或）理性化的价值观（Maffesoli，2000：274）。

从历史发展角度看，大众诉求和政治道德形成博弈的关系：基于激情融合的大众诉求本身是不受束缚的，简单地说，是超越理性单一价值观的，其本身更贴近社会本来就存在的异质化属性，这也是社会生命力所在。正是这种多元化的力量才打破单一维度科学的限制，形成社会发展动力，韦伯的贡献就在于此：价值多元化昭示出原因的多元化。但是，19世纪以来，一切都要从概念出发，一种价值被认定是好的，那么知识界的目标就是将其普遍化并形成法律，由此就形成所谓的政治—道德视野。但从社会和文化发展看，有一些社会范式是有利于政治组织，概念系统和道德一致化，但也有一些规范恰好相反，允许不拘一格、多彩激昂的情绪迸发。简单的政治—道德视野是线性展开的，只期望从多元无序过渡到统一有序的状态。而从历史发展角度看，这两种诉求一直处于博弈状态。任何社会变革都是与民间求异求变的意愿相关的。马菲索利举了几个例子。马丁·路德就是靠着民间的力量对抗当时经院哲学和一统天下的教会制度，重视团结在众圣教团之中的地方小团体，由此开始了宗教改革。路德提出的理论来自亚里士多德和圣奥古斯丁的理论体系，但是碎片化的，衍生出完全异样的，属于自己的原则。马菲索利认为，"路德主义的成功恰恰是抓住了多元化的直觉，而这也正是老百姓的明显特征。"（Maffesoli，2000：277）因此，才有路德是人民的儿子之说。重要的是，民众对天下一统概念，尤其对任何独一形态的表现和组织本身就具备抗传染能力。文艺复兴时代也同样，也是社会不同阶层的大融合，是大众活力在各个领域的爆发，涉及理论、艺术、人与人之间的关系和政治结构的改变。法国大革命也如是，从宗教上看，不再定于一尊，而是依就于"某种自主性的多元信仰的体系"（涂尔干语）。（Maffesoli，2000：278）巴洛克艺术的兴起，更是对大一统的古典主义的突破。古典主义强调线性的表现、明晰的分析、闭合的布局，而巴洛克则看重变化、繁复、开放、综合视野，宁可采用相对幽暗的笔触，也尽量少用明暗清晰的处理。所有这些例子都旨在说明隐藏于民间的社会性本身就有一种内在的秩序。这就是多元共存的老百姓的智慧，它不时地会在社会断裂、动乱或狂热之时掠过显现。它是静默的、审慎的，会逃脱掉任何精致的职业分析。因此，马菲索利建议要记住这个格言："学会听草的生长。"（Maffesoli，2000：279）沉默、幽默、诙谐本身也是一种反抗、分歧、保持距离的表现。

大众的体验，社群的"近邻性"和自然形成的知识应当得到充分的重视，它们本身就是生命力的表达，是一种"有机的思想"，具有直觉的渗透力，有一种内在视野的理解力。同时，这种知识是整体把握事物的不同要素和共同经验的结晶，也是和他者一起感受获得的知识：老百姓的思想聚焦于客体；着眼于哪怕微不足道具体事物；不回避矛盾；相信神话；理解事物更多地从其内在秩序出发。马菲索利称之为"向心式"兼容并蓄的思维，这与"应当如此"的逻辑截然不同：那种理智化思维重视解释；

强调应当如此的逻辑；欲意确立规范和普遍真理；知识阶层文化习惯用线性思维看待历史，追求遥远的目标；研究客体又往往超越客体本身，总是用虚幻的立题来超越矛盾。马菲索利将其称之为"离心式"思维。

社会生活绝非简单的理性、单一因果所能解释通的。如果说存在一种理性，那么"这种理性是开放的，可以涵容并和谐社会现实的不同元素，而不是用任何一种体系将其做简约化的处理"。（Maffesoli，2000：284）大众文化实际上是老百姓集体情绪的表达，也是公众舆论，即广场思想的体现。它涵盖并滋养生活的各个方面，它像子宫一样，可以孕育出不同的思想，形成不同的可持续的传统。它营造的是一种人人沐浴但又不特别关注的氛围。马菲索利借用费尔南·杜蒙（Fernand Dument）的划分，称之为第一文化；第二文化则是在第一文化基础上滋生出来的多种多样的特殊文化，而知识阶层文化只是其中的一种。但这种文化滥用其掌握的知识把自己装扮成最合法正当的文化，而对大众的第一文化涉及的重大关切视而不见，拒之门外，这也是造成今天人文和社会科学很大一部分枯竭的主要原因。

知识阶层文化就是现代性的典型体现。现代性的力量将所有事物都置于大历史及其发展逻辑之下，排挤掉老百姓的小历史，但今天这种小历史翻身了，被压抑的情感喷涌出来，形式各异，但共同之处都具有经验感受和近邻性的特征。而这正是值得大家特别关注的事物，也就是聚焦于沃尔特·本雅明所说的"最具体的事物"。（Maffesoli，2000：287）更明确地说，近邻性对部落形态的大众社会越来越重要，它决定了我们与他者之间的关系，构成了我们共同的生活经验，也就是相互照应、互动的关系主义。这正是社会学应当优先关注的自然形成的社会性和它的基本构架。

马菲索利最后强调，不管学术界如何评价，说它是前科学也好，说它是随性而发的社会学也好，说它用的是投机方式也好，这些都不重要，重要的是它发出了正在形成的信号。现代性的理念在很长一段时间内逐渐被强加于社会，与它所面对的客体完美融合，最终形成了所谓的政治秩序。但在部落型的大众社会，面对孕育不断演变的社会的生命活力，它还适用吗？很显然，这是一个超越了政治道德的新型的认知挑战，未来以激情秩序为底蕴的社会人类学架构又会是怎样的呢？

《部落时代》一书的附件，实际上也可以看作是对整部书的总结。在《部落时代》中，马菲索利不仅对后现代的部落型的大众社会的文化形态做了现象学的描述，同时也对现代性的社会、文化、政治建制的饱和进行了剖析。但未来社会如何发展，会形成怎样的社会文化结构，还是一个有待观察探讨的问题。不过有一点可以看得比较清楚，那就是僵硬的理性及其衍生教条不论是在社会治理，还是在知识和文化生活领域，都显得力不从心，不能透彻地分析当代社会的现象，进入数字化时代，社会变化实际上已经不同程度地印证了马菲索利描绘的部落化大众社会发展趋势。至于社会文化结构如何改变以适应后现代社会的发展，不仅是个值得花大力气研究的课题，更是一个人类认知和社会实践的问题。现在做出理论预测是困难的，但这部书起码提示我们应当更加关注社会多元化和老百姓的文化。也许这正是未来社会文化发展的方向。

【引用文献】

Maffesoli, Michel, *Le Temps des tribus. Le déclin de l'individualisme dans les sociétés postmodernes*, Paris: La Table Ronde, 2000.

Maffesoli, Michel, *Qui êtes-vous, Michel Maffesoli? Entretiens avec Christophe Bourseiller*, Paris: Bourin Éditeur, 2010.

Maffesoli, Michel, "L'Initiation au présent", *Les Cahiers européens de l'imaginaire—Technomagie*, Paris: CNRS ÉDITIONS, 2011.

现代性向后现代性的转变

——网络科技对现代社会的解构

【内容提要】马菲索利的后现代理论实际上是一种对理性至上和个人主义价值观的批判，与西方后现代理论有很多共通之处，这就是对理性产生的根源（逻各斯、天父）的唯一合理性提出质疑。但马菲索利的理论更注重被理性文化压抑的感性文化，尤其在网络科技一统天下的今天，这种感性文化不仅通过古老的部落形态焕发出勃勃生机，而且潜移默化地溶解着饱和的、钙化的理性观念和社会建制。非功利性的感性文化、多元主义、包容共存的理念已经成为重建数字化时代文化的新范式。

【关键词】现代性；后现代性；个人/历史/理性；多元价值；部落主义；解构

米歇尔·马菲索利对当代的科技给人类生活带来的变化非常敏感，主张在网络科技环境下考察人性，提出"古老事物与技术发展的协力体现"的后现代性核心观点（Maffesoli，2010a：170），并依此发掘出很多适用于当代的、尘封已久的部落情态。

马菲索利的研究思路与一般学术界不同，他是从当代人的生活方式入手研究后现代社会的文化现象的，特别关注科技发展对社会的影响，而不是从抽象的理性出发研究社会的存在。在马菲索利看来，法国知识界，尤其是大学一直以来就是要将理性的公共观点作为衡量一切的尺度，而且不断将其理智化（démarche intellectuelle），最后变成一种教条，这种教条与社会大众语言格格不入，是非常程式化的东西，与普通百姓的生活和社会现实严重脱节。（Maffesoli，2010b：56）实际上，在都市文化和网络文化繁荣的今天，理性的教条早已不适用当今社会的发展，新的文化形态在默默动摇着传统规范和建制。在马菲索利看来，现在的科技时代实际上是后现代时代，它超越了现代社会建立的规范，传统的个人主义观念在后现代社会已趋于饱和，社会和人的观念不再是单一的，而是多元的；人际间因网络而形成的关系更趋于部落化，以理性为核心建立的社会范式依然有效，但也应当注重感性在社会生活中的作用，理性不应当是排他的，而应融入更多的感性因素。个人碎片化成复数的人，为平庸的日常生活正名，崇尚身躯和酒神激情，政治转型，情绪及感性的回归，这些才是理解后现代社会和文化的关键。（Maffesoli，2010b：38）

实际上，不论是对新科技环境下部落现象的研究，还是对人与自然、文化与自然关系的探讨，马菲索利的研究都是围绕着现代性向后现代性转变论题展开的。可以说，这一脉络是理解马菲索利思想的关键。

那么，从社会沿革的角度看，现代性是如何形成的？现代社会建制及其意识形态又是如何建立的？而都市和网络文化催化下的后现代性又有哪些特征呢？下面就马菲索利在这方面的思考做一梳理和述评。

其一，现代性的社会建制。

马菲索利认为，现代性是中世纪后逐渐形成的概念，因此他将后中世纪性（postmédiévalité）也称为现代性。欧洲中世纪由于封建爵位及其领地的制度，形成了地域的归属感和领地的多样性，因此整个社会处于等级制度下的分割状态。18 世纪的欧洲资本主义的兴起，到 19 世纪中叶欧洲革命，国家和民族的情感席卷欧洲，原来不同区域的特征，地方特色，不同方言以及日常生活的习俗时尚，甚至省郡的管理方式和诉求为了民族和国家的利益也被渐渐地清除消灭，取而代之的是"普世化"的价值和以理性为根基的社会建制，也就是奥古斯特·孔德所说的"世界一切化归为一"（reductio ad unum）。（Maffesoli，2003：21）世界及其表现形式都要一致，这样的观念逐步得到确立，形成体系，尤其在政治、社会和意识形态领域得到充分应用。公共财产要统一管理，过去不同根系和传统的属地管辖也要趋于统一。通过对社会习俗的清理和驯化最终达到一种社会的定型，也就是说，整个社会应像机械一样地运转，并可按照预期完美塑造，这种社会形态本质上说是理性化的，即韦伯所说的"存在的泛化理性"。（Maffesoli，2003：23）这种泛化的理性渗透到社会最基本组成元素的家庭，衍生出就业、教育、社会工作、健康等机制，19—20 世纪各种社会建制愈加丰满，在不断修正经济发展及相关生产机制的弊端的同时，社会给予大多数人基本的社会保障，同时把一些遥远抽象的诉求转移给社群，促使他们管理好他们的共同财产并保障集体之间的联系。由此造成所谓"整体的强制作用"，这样的社会改造使更接近日常生活的有机团结逐步趋向于机械性的团结，社会结构更依赖于技术管理，以保证社会生活有效运转，这就形成了所谓的专家治国，其基本思路就是遵循"本该如此"的逻辑，在这种逻辑下，人们生活的世界就变成了陌生的异样的世界。（Maffesoli，2003：23 - 24）

其二，现代性的社会意识形态。

按照马菲索利的定义，所谓一个社会意识形态就是"一个时代描述自身的各种表现的总和"。（Maffesoli，2003：24）而现代性的社会最大的特点就是不断扩张的同质化倾向，这让人们想起列奥塔所说的"参照体系的宏大叙事"，这与中世纪神话、故事、传说的构成的多元的、零碎的叙事截然不同。19 世纪后半叶兴起的弗洛伊德主义和功能主义等都是以一种实证的、终极论的、唯物的视野看待人类发展的，这些学说都是建立在因果链上排他且持续排他的单一体系之上的。所谓"排他"是指所参照的原因是确定的，霸气的，统一的；而持续排他强调的是，解释世界的方法别无其他，只有那种已经确定的原因。由此衍生出充满五花八门的教条、狂热崇拜和经院式的信仰主义。

这种国家的、建制的、意识形态的同质化最终发展成现代社会新的"三位一体"，即：个人、历史和理性。

按照马菲索利的说法，个人或个人主义是这个时代最本质的特征之一，正是个人的概念兴起才真正开启了所谓的现代性社会。从宗教改革，笛卡尔的"我思故我在"以及启蒙时代倡导的个人为主体的自主性，到后来的各种思潮，不断地强化个人在历史中的作用，个人不仅仅是自身的主人，也是自然的占有者和统御者。马菲索利用法国著名的剧作家高乃依《西拿》中的一句台词来形容崇尚个人的哲学："我是我的主人，就如同是宇宙的主人。"（Maffesoli，2003：26）由此演变出自我的概念和世界经济的模式，而且发展得蔚为壮观。个人成为驱动世界运转的"世界之轴"（axis mundi），社会的一切都与个人主义相关联。

历史的发展正是以个人为轴心的，它势必趋向一个终极目标，而这一过程也就是所谓的人类进步，这种进步就是在一种绝对精神指引下实现人类社会的和谐。不管形式如何，都是要将人类从蒙昧的野蛮进化到最文明的生存状态。政治、教育、经济的发展无不如此，人类的存在，不论是个体的还是集体的，都要投向一个目标，否则毫无意义。而这就是马菲索利所说的生活计划的"终极理性"（ultima ratio）。

理性在现代社会发挥了极其重要的作用，因为正是理性才赋予世界以意义。"理性证明了个人是世界的主宰，而历史恰恰是个人施展其行动的舞台。"（Maffesoli，2003：28）现代理性只是人类理性的一种形式，它具有很明确的指向性、目的性，实际上是一种所谓的"工具理性"，它可以衍生出多种形态，但万变不离其宗，都必须是有用的，就如同我们的餐具一样。另一种理性则是技术结构的理性，它要从外部填补人类的不足，修正社会弊端，简单地说，就是完善人性中的未尽人意的部分。不论哪种理性，毋庸置疑，都促进了科技的发展，建立了现代社会的各种体制，但科技发展反过来也对现成的建制，理性为核心的意识形态的适应性提出了挑战。现代性的观念及其建制是现代社会的产物，理性文化在后现代社会，尤其是网络科技社会中显得不足以适应社会发展的需求，但这不意味着理性文化完全失灵，而是饱和，不是要推倒重来，而是要对理性社会进行重构，使其更加适应科技环境下人类社会的发展。

其三，后现代性产生的条件。

后现代社会进入我们的生活是静默的，我们并没有感到革命性的变化，似乎也没有发现什么新的理念，而仅仅感到网络科技延展了我们的感知力和视野，唤醒了人性中一些最原始的秉性，同时也默默地改变着我们的意识形态。马菲索利有关后现代性的一系列理论正是观察这种社会现象得出的，按其简明扼要的说法，后现代性就是"古老事物的现象与技术发展的协力体现"。（Maffesoli，2003：30）这一理论的提出并不预设理论蓝图，而是根据简单的日常生活经验得出的证明，有情感的，职业的，市井的，简单而明了，与知识界那种动辄拿出"硬通货"似的"先定假设"格格不入。马菲索利始终认为，老百姓的日常生活，虽然卑微，但是构成真正人性的腐殖土，没有这种根植于人性的东西，那些高大上的抽象的理论是无法解析人性的，更谈不上实践人生了。那么，相对于上文述及的现代社会建制和意识形态，后现代社会又呈现出什么特征呢？

其四，后现代社会的特征。

马菲索利认为，技术的发展，特别是网络社群的发展打破了之前现代社会的大一统的意识形态。最明显的两个趋势就是"部落的回归"和"神话的拼凑"。

重拾部落概念应当说对理解后现代多极世界、多元社会形态是有帮助的，从国家层面上讲，自治、主权、去中心化、地方主义等概念基本上都可以从部落形态中找出对应的因素。后现代社会部落的生成是同质化社会向异质化社会转变的过程。不论部落规模大小，它都有一种很强的归属情感，呈现出情绪分享的需求，大到国家形态，小到兴趣聚合的社会及网络社群，都具有"地点产生联系"的本质特征。这种部落式的，尤其是社会和网络层面的聚合不是靠一种宏大遥远的理想而成的，而是基于传统的习俗和价值，如语言、习俗、烹饪、形体姿态等，这种日常生活中的具体事物，看起来不起眼，但却是看得见摸得着的物化的精神。按马菲索利的说法，这种地域性的物质主义情怀（精神）逐渐地以多种形态渗透到政治领域。（Maffesoli，2003：32）

现代社会建制变得越来越抽象和僵化，已经逐渐脱离了维系"近邻关系"的初愿。在当今高楼林立的大都市，人际间的疏离感和陌生感越来越强，因此需要团结和保护的诉求也越来越强，而部落情怀恰恰可以缓解这种情无所依、群无所归的迷茫和失落。社群的选择和亲近感正是无数小社群组织建立的根基，党派、大学、工会及其他各类组织也无不如此，它们运作的基本规则就是泛化的共济会式的团结。宗教、文化、体育、音乐和情爱的部落也是一样的：互相帮助、情感分享、感情氛围是最重要的。这种碎片化的社会生活的自然游聚，呈指数形态发展，云雾一般，看不清摸不着，既无确切的中心也无明了的界限。"由此衍生出建立在环环相扣基础上的社会性，而在其中每个个人并不重要，唯有他人才是最关键的。"（Maffesoli，2003：33）他人不仅是部落团结的黏合剂，更是一种共同思想和意趣形成的关键，"我"在其中被融化成"他"，而无数部落中的"他"，便构成了"我们"，构成了马菲索利所说的部落第二个特征"神话的拼凑"。

这里指的神话实际上就是由部落形成的个性化的意识形态，后现代社会中宏大叙事及意识形态并未终结，但却变形了。它被改造成某一领地的特殊而有局限的话语，形成部落独有的意识形态，比如派生出的年轻人的语言，方言的回归，哲学或宗教再度成为热议。这种现象在后现代社会的网络时代处处可见。当然还有把创建者当作英雄并维护其纯洁性的各种学说，如社会学、政治学、心理分析等。

现代性的宏大叙事所追求的绝对真理碎片化了，变成了若干局部性的真理，大乌托邦变成了小乌托邦，形成了异质多元的共同生活的形态（être-ensemble，vivre ensemble）①。"有多少部落就有多少意识形态，这就是话语、历史、神话、再现、幻念的多元性，由此构成另一种社会联系的形式，它既是碎片化的又是和谐一致的。"（Maffesoli，2010b：66）部落的神话结构的形状被勾勒出来，每个社群或领地，不论是现实的还是象征的，都或多或少分泌出自己独有的表现形式和语汇，潜在的各说各话实际上在祈求全球化的同时又加以拒绝，在经济、音乐和消费领域确实有世界一致化的趋势。但这些部落的真实的想法又是什么呢？难道真正意图不是要寻找和自己部落神话因素相符的东西吗？就此，马菲索利认为，互联网就是一个很好的例证，它促使人们重新思考黑格尔哲学的"具体的普遍物"的思想，后现代性的意义就在于此。

---

①　这是马菲索利的重要概念，即认为尽管世界是多元化的，矛盾重重的，但必须要共同依存，由此提出对立耦合（coincidentia oppositorum）概念，即要学会将对立的事物并置相容，从而达到一种冲突和谐（l'harmonie conflictuelle）状态，而其紧张的状态正是维持对立事物之间平衡的条件。这种观念的哲学基础就是"矛盾律"（la logique contradictorielle）（Maffesoli，2016：107）。

部落或地域衍生出来的小神话恰恰构成了一种新的认知，现代性的个人、历史和理性让位于此时此地由共同形象激发出的情感融合。个人的概念已不再确指主宰自然和自主的个人，而是多元（复数）的个人，同时拥有不同维面的个人，身份是碎片化的，是不断变化的、多重的。音乐、体育和大型消费类的活动就是证明。在这些场景中，个人实际上是淹没于他者之中，每个人都是在他者的目光中才真正存在，这个他者就可以理解为部落中的亲密者，可以理解为周边自然，甚至神性。总而言之，他者是自我之外的一切相关人或事物。马菲索利举了个最明了的比喻，就是酒神神话。酒神是希腊神话中一个纵情豪放的神，不拘一格，融各种情态于一身，顺势而为，打破自我封闭的限制，将自我看作一个开放的、容纳异己的神。这种酒神的状态就是马菲索利所说的老百姓生活现实，这就是：顺应环境，模仿他人，融入群体，包容异己。"总之，将我的法则凌驾一切的自主性已不管用了，而异主性才是应世之道：我的法则就是他者。"（Maffesoli，2003：36）

历史的概念也发生了根本的改变。过去历史的概念是纵向性的、线性的，是要预示并引导世界朝向一个宏伟目标发展，而马菲索利的后现代的历史观则看重的是此时的现实，就是我和他人此时此地共同的生活体验。这样一种"现时主义"在年轻人中很快蔓延开来，这从年轻人对现实生活的体验和再现中随处可见。活在当下，及时行乐（*carp diem*）已形成泛化的享乐主义，享乐与"明天会更好"的企望无关，享乐与未来天堂憧憬无关。从这个角度理解后现代现时主义，就会理解所谓抓住机遇，珍惜永恒的瞬间的意义。由此，马菲索利导出历史的正剧和悲剧的概念，所谓正剧是指在现代性主导的社会中，一切事物都有相应的解决方案，历史发展是有其美好前景的，这也是构成历史进步的原因；而悲剧概念是指，历史发展处于悖论两难的境地，不寻求也不指望得到一劳永逸的解决方案，历史永远处于异质因素杂陈的紧张状态，矛盾、龃龉的现象是常态。因此，再用已饱和的未来"应当如此"和历史终极目标的观念来解释后现代社会是很难奏效的，所以马菲索利说：后现代性不会给所谓"进步主义"带来新的东西，但会更加看重进步的智慧，这就是在这种矛盾社会的张力中，抓住当下，实现自我，绽放人性之光。进步的概念不是设定一个一成不变的终极目标，而是在社会演进中接受新旧更替，明白事物的调整、改进和适应是因时下需求而定的动态过程，因此谈及进步的概念，进步性也许比进步主义更加贴切。（Maffesoli，2011：16）

最后一点要说明的是，理性至上的观念在后现代社会已经过时了。理性的抽象性和排他逻辑一定程度上阻碍了人们对世界真相的认识，而形象和想象才是认识世界的关键要素。马菲索利喜欢韦伯的说法，"认识现实要从非现实入手"。（Maffesoli，2003：40）正是由于技术的发展，感性的直观特性，以及瞬间捕捉事物真相的可能性才得到了强化，后现代社会广告形象、电视形象、虚拟形象已成为人们感知和认识世界的基本方式，不论形象如何生成（象征、虚拟、非物质的存在、想象物等），它都是人们认识世界的中介、窗口，是与社会联系的最基本的要素。通过形象认识的世界是人看到的世界，而不是推理得到的世界。而这种形象恰恰可以通过虚拟的、游戏的、梦幻的形式加以表达，它们不再囿于私生活和个人圈子，而成为人类共同生活的基本元素。社会认知由此扩展，形成包含人性各个层面的整体视野，这也正是以往理性主义不屑一顾的。"因此形象的表达是关注复杂社会和有机团结的另一种方式，这种方式，按照波德莱尔的意思，正好启动了社会和自然环境中所有因素的相互呼应。"（Maffesoli，2003：41）

网络科技的发展唤醒了人类的原初本性，更容易激发人类的想象，从而改变思维范式。僵化的理性在新科技的后现代社会中显得力不从心，难以解释或涵盖后现代社会的部落现象。因为部落现象超越理性，是一种返璞归真的生存状态，是人类共同生活的重新组合。世间的事物没有一成不变的，任何一个时代的文明都注定要隐退，而沉淀于日常生活中的一些古老价值却有可能延存下来，甚至构成新文化的基质。正像马菲索利指出的："在现代性发展的时代，技术发展曾经很长一段时间使世界失去愉悦魅力。而现在人们可以说，在后现代性初起的时代，正是技术使世界重新焕发出一种真实的愉悦魅力。"（Maffesoli，1998：20）

通过上述，可以看到，马菲索利的后现代性的理论与20世纪后现代理论有共通之处：其核心就是对传统的二元论和逻各斯中心主义进行"解构"（德里达）；对所谓宏大叙事的合法性提出质疑（利奥塔）；主张文化的多元性，接受异质性的存在（巴特）。但马菲索利的后现代性理论却有其独到之处：他没有采用后现代派理论家的抽象解构方法，而是从日常生活现象着手，追溯后现代现象产生的部落源头，同时从历史文化的角度阐释个人主义的衰落如何导致现代社会建制的饱和。实际上，后现代现象并不是知识界、文人墨客高雅的、专属的论题，老百姓可能不知道什么后现代性之类的术语，但是他们在现代大都市和网络生活中时时刻刻实践着、体验着学者所说的后现代的生活状态，而马菲索利后现代性的研究恰恰是来自民间，来自与老百姓息息相关的社会变化，来自日常生活的习俗和对世界的无穷的想象，总之，来自马菲索利所称的"肚子里的思想"，因为"这是一种知道如何承载共同的意义、激情和情绪的思想"。（Maffesoli，2000：XVIII）正是从这种顺势而变，而且具普遍性的"肚子里的思想"中，马菲索利发现，在民间人们本来就不是靠着抽象的理性指导日常生活的，更不在乎"应当如此"的道理。老百姓对生活的感悟是顺乎自然的，现实本身是多维度的、复杂的、矛盾的，但又是可以和谐共存的。这种顺乎自然的情形正是马菲索利的后现代性所要还原的状态。还应看到，马菲索利的解构并不单单是沿着本体论（ontologie）的逻辑进行反向拆解，而是借助东方本体生万物（ontogènese）的思路进行的（Maffesoli，2000：XVII）。他看重的不是本体论的内在推演，而是东方思想的外延，涵容并蓄和万物共生的特性。现代社会建制的饱和与个人主义的衰落，恰恰说明本体论的内卷式思维方式很难解释科技发展给社会带来的变化，社会和文化正在朝着部落化的大众社会方向发展，外延式的多元文化正在形成，而马菲索利的解构正是朝着这个路径展开的。马菲索利引用古代炼丹术的一句谚语："秩序脱胎于纷乱无序"（Ordo ab chaos）（Maffesoli & Fischer，2016：132），也许所要立的新秩序恰恰就来自古老的部落情怀。解构就是对人性自然的还原，使不自然的事物自然化，还原日常生活的本来面目，就是要顺势而为，用相对主义的整体视野应对千变万化的世界。

同时，马菲索利观点的意义还在于，当今网络科技不是简单改变了沟通方式，营造出一个去中心的虚拟世界，更重要的是网络科技所创造出的各类应用恰恰是迎合了人们原始需求，不管是有意识的还是无意识的，每一个社群或网络应用就像一块磁石吸引着具有相近的情感、意识形态和兴趣的人群。其实在现代大都市的生活中，不论是体育、音乐、节庆、年轻人的时尚、中老年人的广场舞，甚至民间习俗，还是各类社会团体、专业团体、组织社群等，都不同程度显示出再部落化的倾向。而互联网的出现，使现实中的再部落化倾向更易实现，人们更容易能释放自我，更容易聚合，更容易在法律许可范围内呈现未被过度理性化的人性，摆脱一切以经济利益为先的工具理性的束缚。后现代性之所以在科技环境下重获新的生命力，就在于它给予人性返璞归真的可能，创造出人类共存的虚拟但真实的形式，部落形态奇迹般地在网络沃壤中显形繁衍，成为后现代文化的新范式。

【引用文献】

Maffesoli, Michel, De la "Postmédiévalité" à la postmodernité, Yves Boisvert, ed. *Postmodernité et sciences humaines*, Montréal: Liber, 1998.

Maffesoli, Michel, *Le Temps des tribus. Le déclin de l'individualisme dans les sociétés postmodernes*, Paris: La Table Ronde, 2000.

Maffesoli, Michel, *Notes sur la postmodernité. Le lieu fait lien*, Paris: Éditions du Félin, 2003.

Maffesoli, Michel, *Le Temps revient. Formes élémentaires de la postmodernité*, Paris: DDB, 2010a.

Maffesoli, Michel, *Qui êtes-vous, Michel Maffesoli? Entretiens avec Christophe Bourseiller*, Paris: Bourin Éditeur, 2010b.

Maffesoli, Michel, "L'Initiation au présent", *Les Cahiers européens de l'imaginaire—Technomagie*, Paris: CNRS Éditions, 2011.

Maffesoli, Michel & Fischer, Hervé, *La Postmodernité à l'heure du numérique. Regards croisés sur notre époque*, Paris: FB, 2016.

数字文化的哲学

——《数字化时代的后现代性》述评(一)

【内容提要】数字化社会的发展深刻改变人们的生活和思维方式，由此引发他们对人与社会的再思考。欧洲 17 世纪以来的理性至上思想已进入饱和状态，个人主义逐渐走向衰落，从 20 世纪中后期开始，科技迅猛发展，数字化社会逐渐形成，人类原始认知结构中的多元性和集体思想被唤醒。在网络社群中重新聚合，世界不再是"一神论"主宰的世界，而是"对立耦合"及多元文化相互包容、共存的世界。而网络"部落"的趣好分享、情感归属、多元理念、精神物化、非功利性欲望等现象则被马菲索利称为后现代特征，并逐渐游离出以一致性和二元对立为核心的理性观念。数字化世界不仅开创了大众媒介时代，也满足了网民多种非功利性的文化需求。要使数字化社会稳健发展，在法制的前提下，顺其自然是一种智慧的策略。

【关键词】数字化社会；后现代性；多元价值；部落；一神论；多神论；对立耦合

数字化社会的到来超出人们的想象，各种网络媒体、移动终端、数字化产品铺天盖地，充斥着我们社会的各个角落。我们的生活、我们的精神被虚拟的空间和内容所裹挟。数字化社会的人拥有了两种名分：现实社会的人和虚拟社会的人。网络社区兴起，大众平等发声，多元文化碰撞，构成数字化时代的特征，传统的理性思维和个人主义理念受到空前的挑战，悄然兴起的多元价值的包容共存和部落文化的理念正在成为数字化社会的行为规范。面对社会大规模数字化再造，需要一种新的哲学重新描述社会和人。

马菲索利和菲赛尔是西方两位关注数字化社会的思想家。前者是法国笛卡尔－索尔邦大学的社会学教授，其后现代理论影响颇为广泛；后者为加拿大的艺术家和哲学家，增量意识和神话分析理论是他审视数字化社会的基本方法。本文将对两位学者哲学观点的交锋及其对中国社会数字化进程的借鉴意义展开述评。

网络数字文化正在改变着人类的认知，改变着几个世纪以来形成的人的价值观，以及思维范式（paradigme），由此产生大量新的现象值得关注。为此，2016年法国法郎索瓦·布兰出版社邀请米歇尔·马菲索利（Michel Maffesoli）和爱尔威·菲赛尔（Hervé Fischer），以对话形式讨论数字化时代给人类带来的新变化。

马菲索利是巴黎笛卡尔－索尔邦大学的社会学教授，学问不拘一格，涉猎甚广，用他自己的话讲，史学、哲学、人类学和心理分析学都可以成为看问题的视角。也许将其理论放在文化学研究领域更适合。马菲索利是双科博士，一是社会学博士（1973），一是文学博士（1978），后者是国家博士。马菲索利的研究聚焦于这样一个问题：在理性和技术主导的社会中，人的本性，或者说人与生俱来的活力，是如何从理性束缚中释放出来的？围绕着这一问题，马菲索利归纳出多种"后现代性"特征。他的大部分著作都是围绕着后现代性这一主题展开的，由此导引出酒神精神、部落主义、游牧主义等后现代性概念。日常生活的种种现象始终是马菲索利研究关注的，为此他专门发起成立了"当今日常生活研究中心"实验室，聚焦于新的社会形态及相关衍生想象的研究。马菲索利著作颇丰，专著和合集达三四十种之多，虽在法国有不少争议，但海外影响很大，马菲索利获得多个大学名誉博士头衔，其著作被翻译成十多种文字。

菲赛尔早年生活在法国，曾在巴黎笛卡尔大学做讲师，后因受约束而辞职，移民到加拿大魁北克，成为自由职业者。1970年后菲赛尔主要从事两个方面的工作：一是艺术创作，一是社会哲学研究。进入数字化时代以来，菲赛尔利用数字化技术创作了不少美术作品，并在1985年与朋友一道创建了蒙特利尔新技术与艺术城，展出大量反映未来形象的数字作品，该城后来成为数字艺术历史研究的重要参考。菲赛尔强调数字化时代的意识多元性，以及由此导致的"增量意识"。传统线性思考模式无法处理大量交织复杂的信息，需要去伪存真，对其进行价值评判，因此建立一种新的伦理观是必要的。2000年以后，菲赛尔的研究主要集中在数字化与艺术发展的关系上。[①]

马菲索利和菲赛尔的讨论共分三个部分：世界发展趋势、部落时代以及伦理和道德。前两个问题多集中于哲学层面，也是本文述评重点所在。

一 数字化时代个人主义的衰落：从一神论到多神论

数字化社会改变了人类社会的行为范式，传统信息传播的"古腾堡星系"[②]已经失灵，马菲索利将这种本质性的颠覆称之为

---

① 《未来的神话分析》（2000），《虚拟世界的挑战》（丛书，2002），《数字浪漫主义》（2002），《虚拟的普罗米修斯——数字化时代的本能力量》（2003），《超级星球——从线性思维到阿拉伯图案式的思维》（2004），《好莱坞帝国的衰落》（2005），《我们是神》（2006），《沙发上的社会——神话分析元素》（2007），《艺术的未来》（2010），《未来的发散性》（2014），《网络的神奇思想》（2014）等。

② "古腾堡星系"泛指传统的信息传播方式，著名的文化学者马歇尔·麦克卢汉曾以此命名他的重要著作《古腾堡星系：印刷时代人的形成》（1962）。在此书中他分析了大众媒体，特别是印刷机对欧洲文化及人类意识的影响。他普及了地球村的概念，认为大众媒体可以将整个世界作为一个村子来看待，而古腾堡星系是指人类艺术和知识的积累及记录，特别是书籍。

"后现代性"。从社会发展角度看，"后现代性"是相对"现代性"而言的，而这种转变恰恰是由技术高度发展完成的。马菲索利是这样描述这一发展进程的：17世纪到20世纪上半叶整个社会是以"愿望/权力"为本质特征的，人要控制一切（即笛卡尔的理论：人是自然的主宰和占有者）。这段跨越三个世纪的时期经历了17世纪笛卡尔"我思故我在"、18世纪启蒙哲学，以及19世纪至20世纪上半叶各种社会建制形成的阶段。而20世纪下半叶后期，根植于互联网中的后现代性逐渐显现出来，以往那种要控制经济、社会和政治的观念达到了饱和状态。在网络时代"现代性"中最核心的个人主义价值观逐渐衰落，"部落"的意识形态、网络社区、论坛、社群式的网站悄无声息地推动着人们观念的改变。个体的人不再像过去那样自恋式的思想，更不是以"我"为主地统御一切："总之，将我的法则凌驾一切的自主性已不管用了，而异主性才是应世之道：我的法则就是他者。"（Maffesoli，2003：36）个人在网络环境下更多的是被思想，是周围的人们在思想作为个人的我。这一转变的核心是个人的自主性（autonomie）被个人的异主性（hétéronomie）所代替，每个人都从属于一个其本人就在其中的团体。这种从"我"到"我们"的转变是现代社会最本质的变化。

这种变化并不是文明的断裂，而是人类社会一种螺旋式的发展：因为太阳底下没什么新鲜事儿。在科技改变世界的同时，在纷纷攘攘的互联网信息中，总是离不开对哲学、宗教、情色的关注，而这些"老话题"恰恰是我们这个社会最原初的、最基础的事情，这些议题本身就具有"完整的社群共性"。由于数字化技术的广泛应用，人们的交往形式变得更容易、更亲近了。马菲索利举了一个"当代事物与日常生活研究中心"的研究案例，两个技术相同的电声乐队，正是靠着互联网得以认识，结下了类似于古代部落的友好关系，并且相互交换各种物件。这类原始的交换体验表现出人性中"根部的活力"。互联网正在重新建立社会联系，社会基质中的集体思想作为"基本关系模式"在数字化时代被激活了，以前对个人主义的崇尚被相互关系的思想取代了。这里"关系"一词是核心要点，因为个人永远生活在与他者和环境形成的关系之中，关系至上（primum relationis）是交流互动的系统（Maffesoli，2007：269）。因此，从社会发展角度看，后现代性可以定义为"古老事物与技术发展的协力体现"（Maffesoli & Fischer，2016：27）。

数字化社会不仅激活了人本性中的集体意识，还深深影响着人类认知能力。马菲索利认为，数字化技术实际上将人们的"求知驱动力"和"情感驱动力"结合在一起，以往笛卡尔的思想是一维性的，是要统治世界，而当代思想则是出自整体全面的观念，是围绕着反馈和可逆性而生成的。当代数字技术应用本身就要建立起一种互动机制，而在互动和反馈的过程中，集体的智慧和意识重新聚合起来，由此人们重新找回了人类学最初原型的知识。

其实马菲索利并不是一味地排斥理性的知识，而是不喜欢理性至上的排他特性，不喜欢那种纵向直至演绎到上帝的思维方式。马菲索利借用了波德莱尔的一句话："上帝是最大的偏执狂。"理性的终极推导最终归结为一种神性，而在知识分子纯粹理性态度中就有这种偏执狂，他们扮演的角色就是这种神性的变体（l'avatar de la déité），似乎"小上帝"会告诉他们应当怎样想，应当怎样做，这就是所谓的"应当如此的逻辑"，这种统治在大学小圈子中的攻击性和令人生厌的东西只能产生这类的偏执效果。其实世界是丰富的，不仅有理性，还有很多衍生的思想。基于理性的偏执最终会导致海德格尔所说的"世界的浩劫"，而这正是多少年来进步神话逻辑推演的结果。在马菲索利看来，真正的"进步性"就是要说明理性和感性是如何共存不悖的，二者又是如何融为"感性化的理性"的。当代网络文化背景下，年轻人与这种偏执理性大相径庭，充满着富有生命力的朝气。

在讨论后现代性问题上，菲赛尔赞同马菲索利对以理性为中心的个人主义逐渐衰落的描述，也注意到以不同关联为主的多元化现象。菲赛尔认为，数字化时代是一个多种文化交织的时代，衍生出阿拉伯图案的思维方式，也就是多元的、异质事物并存的思维方式。它与西方传统的线性思维方式不同，不是遵照因果逻辑关系演绎的，不再具有那么强的证明的目的性。在互联网时代，重要的是浏览时在不同性质的信息中产生关联，而这种关联极具创造性，对出生在数字化时代的年轻人来说，他们更青睐于阿拉伯图案式的思维方式。

西方文明最显著的特征就是承认这样一个公理，即上帝是万源之本（因），由此导出线性思维的因果论逻辑。而这种线性的理性思维逻辑，或言传统的思维范式（paradigme）在数字化社会中逐渐瓦解了：线性的一元文化让位于多元文化。

马菲索利引用库恩《科学革命的结构》（2008）的论述，来佐证一神论线性思维为何长期统治世界：欧洲17世纪以来知识的形成显示出明显的功效性，为了证"因"求"果"，不免抛弃一切无用的"累赘"，诸如梦幻、节庆狂欢、游戏等因素，只有直奔主题，才不会降低理性思维的效率，才不会阻碍科学的发展。而几个世纪以来科学和技术的发展正是理性思维的结果，现代社会也正是这种理性极盛的产物，由此形成了理性为主导的思维范式，这就是马菲索利所说的一神论。理性思维在科学技术发展中确实起到了主导作用，但社会不仅仅只有科学和技术，还有大量日常生活的知识和事物，也就是所谓"人类存在的基壤"。进入以后现代性为特征的数字化社会，尽管理性仍然是科技发展的主导，但科技创造的互联网使人类生活逐渐摆脱了一神论的思维形态，摆脱了"一果一因"的思维模式，出现了"价值多元化"

"一果多因"的现象，这种思考问题的相对性（相对主义）与互联网连接各种信息、多元文化和多元价值观有直接的关系。实际上数字化社会的出现正好唤醒了人类社会"多神论、多因论的古老范型"，这也是我们正在经历思维模式变革的根源。数字化社会实际上是一个开放型的社会，是一个新旧交替充满变革的社会，一神论的文化形态已达到饱和状态，人们不必像以前那样一定要达成世界的某种目的。在一神论走向解体的同时，又孕生出另外一种或多种文化形态。按照马菲索利的观察，与犹太－基督教的思维方式相比，远东的非持久性和连续性的思想更贴近虚拟文化的特征：西方重视本体论，而东方侧重本体而向外扩展的思维（l'ontogenèse）（Maffesoli，2000：XVII），不重推演而重融合，思想的演绎永远大于一，东方的思想更接近于多神论的视野。实际上知识呈现的形式从不同角度看，本身就有非持续性的、多维延展的特征，而对世界和科学的影响也同样具有这样的特征。互联网作为包容不同色彩的虚拟文化就是一种对立耦合（coincidentia oppositorum），说到底，这种虚拟文化就是一种多神论的呈现，而这种多神论招致的最大问题就是相对主义，真理似乎处于相对的状态，此为"真"是相对于彼而言的，相对化的过程就是协调关系的过程。因此，马菲索利说，"我们今天正在学习如何应对多元文化主义和多元因果主义"（Maffesoli & Fischer，2016：46）。相对主义很容易使我们联想到无政府主义，而无政府主义按照马菲索利引用 E. 瑞克鲁斯的说法，不就是没有国家、没有纵深诉求的秩序吗？马菲索利在此强调的不是有序无序的问题，而是用多元化的、相对主义眼光看待秩序的问题。在他看来，调整世间万物时不必总要究其成因，这才是构成他所说的"共生生存"的必要条件。

一神论与多神论之别反映在现实社会中，则不可避免地涉及价值评判的问题。菲赛尔和马菲索利在此问题上分歧不小。菲赛尔一方面承认阿拉伯图案式的多维思维方式是数字化时代的特点，另一方面认为所有的价值观念，包括由上帝创造的真善美，都是虚构出来的理念和叙事，对其所作的解释则是依据文化的不同而有差异，其中包括对科学的实证主义的叙事。正是根据这种假设，菲赛尔提出了他的神话分析方法论，并对科学、民主、数字化社会、进步等观念进行分析：将各种神话和想象放在关系的网络中，并加以比较，从中发现它们之间的隶属或矛盾的关系。在这种分析中，神话分析家不可能保持中立。"因为他要证明在这些虚构概念中哪些是对人类有毒的，哪些是有益的。"（Maffe-soli & Fischer，2016：51）数字化时代造就了很多新人、超人，应当出现一种超人道主义，因为互联网使人们有了更多的联系，更多的超数字化联系，在这种情境下更应当建立一种新的价值规范。菲赛尔用一个比喻说明数字化时代人们所处的境况：我们在同一架飞机上，没有飞行员，没有导航员，也没有航行图。我们必须共同学会驾驶飞机，决定朝哪个方向飞，因此也就决定了我们的价值观念。知识分子应当像加缪、福柯和萨特那样关注人类的境遇并积极介入，而不是屈就于马菲索利所说的"事物的秩序"，即社会基质的物质性，因为这种观念里隐藏着一种古老的命定性。

在马菲索利看来，菲赛尔做价值判断的思想从根子上说来源于"进步"的概念。进步主义不过是救世主降临说的逻辑演绎，根子上源于这样一种思想：世界不好，必须要寻找并期盼一个好世界。这就是19世纪发展起来的人类解放的理论基础。奥古斯丁所谓"上帝之城"的美好愿景实际上是虚幻的，人类要穿过"泪谷"达到天堂。这种愿景后来演变成通过人类解放的理论而达到地上天堂，即达到一种完美的社会，随之形成了"拯救经济"，而这又变成了名副其实的经济。这种追求社会进步的思想本质上可以追溯到一神教的意识形态。每一种宗教都有其理想社会的范型，都有其偏执和狂热的一面。现在世界带有宗教色彩的战争不断，都与只承认一个神、一种理念、一种原因有关。历史上犹太人多次遭屠杀，现在圣战者对所谓异教的屠杀，本质上都可以追溯到排他性的一神论。价值评判和责任恰恰出自进步主义的观念，问题是以一种理念解释世界往往是行不通的，所以才有今天的相对主义和多元化思想的出现。因此，一神论和多神论之争对认识当前世界是有所启发的。而当今数字化时代多神论的思维范型也恰恰是后现代主义的特征。

反映在现实社会中，多元化的思想正在潜移默化地改变社会意识和政治形态。菲赛尔用巴贝尔塔形容互联网给人类社会带来的影响，互联网宽容各种语言和文化的差异，同时，数字化也给社会带来前所未有的透明，不论何种体制，数字化形成的民主成为一种制衡力量，政府的行为一定程度上受到制约，政治、腐败、社会、种族、生态等问题均可能在网络上披露出来。在强势的"大众媒体"控制下，"自媒体"应起到一种舆论民主的作用，而不是滥用。

马菲索利则从另一个角度透视数字化社会如何改变政治形态：以往是由社会精英或者智者引导幼稚的老百姓如何走向完美社会，这种寻根溯源的说教实际上就是现代的理性主义，而所谓理想的民主就是那些拥有知识和权力的先锋分子、职业革命家或精英对世界"应当变成"什么样发号施令。当今的"虚拟文化"则深刻地改变着"纵向"的理性思维，而逐渐形成了越来越显示出价值的"横向"思维，当前很少有政治家意识到这种变革，因此与现实社会完全脱节，不接地气。社交网络、网络论坛、圈子以及大家公认的好东西又回到了最原初最本质的状态：所有人更紧密地共生共存。自然环境与社会环境从来没有如此紧密地结合在一起，正是通过互联网这种中介强化了各个层面上的联系。而这种沟通正是通过马菲索利1988年提出的"部落"的比喻实现的。"只要政治家不重视我所称的'社群理想',老百姓与精英之间的鸿沟就会继续加深。因为,数字化时代的现象不再将局限在教育范畴,它使我们不得不思考人类思维最初的明显横向特征。"(Maffesoli & Fischer,2016：62)

笔者认为:从哲学层面上讲,有关社会多元性的讨论本身就是后现代性的重要话题,马菲索利批判理性至上及一神论的合法性方面与解构主义如出一辙,无非就是所用术语不同罢了。德里达、利奥塔和罗兰·巴特质疑的是理性根源(逻各斯,天父)的唯一合理性,而马菲索利则对一神论和支持个人主义的理性在当今的数字化时代的效能表示怀疑。

二 数字化时代的 "部落" 回归

"部落"概念是马菲索利提出来的,这个概念被他视为后现代的重要特征。它与以土地和血缘为特征的传统人类学部落概念有本质的区别。后现代部落的比喻实际上关注这样一个判断:"一致性的社会、一体化不可分割的共和国以至著名的社会契约,这一切都达到饱和状态。"(Maffesoli & Fischer,2016：65)18世纪以来,社会契约在欧洲特别是在法国长久以来一直是现代性创造的动力,而后,士兵的刺刀、商船和传教士将这个一体化社会和社会契约概念传播到全世界。但近几十年归属情感、集体情绪及其影响日益彰显,于是后现代部落出现了。后现代部落主义基本特征之一就是"趣好分享",不论这种趣好是性爱的、音乐的、宗教的、体育的还是消费的。数字化社会对事物的判断很难再简单划一,而相反社会形态呈现出马赛克的形式。社交网络和社群类网站造就了古老的生活方式与现代技术结合形成的虚拟文化,并将部落趣好与人分享。享乐主义、部落主义和游牧主义通过网络又回到了现代生活。70%的互联网访问是在宗教、色情、哲学,或与个人发展相关的网站发生的。人们可以由一个团体"冲浪"

到另一个团体，由一个部落转到另一个部落。现代社会的概念是建立在分割和二元对立的观念上的，《圣经》开宗明义：上帝将光明与黑暗区别开来，这正是自然与文化、身体与精神、物质与精神等一系列二元对立的根源。后现代的数字化社会则漠视这种二元对立，倾向多元理念的融合。这种现象在年轻网民中尤为明显：他们崇尚神秘的躯体，精神普遍物质化，对世界的认识往往也是矛盾的，这些现象都带有后现代部落的特征。

　　菲赛尔对部落概念是认同的。但同时指出，现代社会不是以阶级划分的，而是大众型社会。虽有部落，但实质上大众社会碎片化了，以往梦想的社会化的团结已不复存在。公民变成了互不相干的分子，生活在孤立的境况中，即所谓消费和娱乐的社会中，完全受商业广告操控，在这种境况下过去熟知的利他主义难以为继。在这种碎片化的虚拟环境中，与他人分享互动的需求越来越旺盛，通过社区，人们重新找回了久违的人间温暖。人们可以借助网络逃避艰难的赎罪现实，而在数字世界中得到补偿。网络不仅是一个"羊水世界"，人们可以受到安全的抚慰，而且是一个可以拥有众多朋友，将自我变成一个得到认可的他人，甚至拥有一个重要的社会存在。使人毫不费力地获得欣悦感的数字化世界简直就是一个天堂，人们恍如进入微微的全身麻醉、飘飘欲仙的状态。相比这种想象中的避难之地，返回现实是令人沮丧而且恼怒的。一方面网络象征着孤独，另一方面它又是一个社会组织的新现象。因此，有必要理解这种想象的世界，这种乌托邦的梦想。作为补偿，数字化世界使人们在现世基督救赎神话中看到了另一个完美的虚拟世界，柏拉图的理想神话重新启动。网络营造的世界不再是上帝之城，而是由谷歌、苹果和脸书操纵的虚拟世界。数字化的世界不仅提供了神奇的愉悦，创造了大量的新增加的意识，而且提出了相对于现实世界的新的伦理责任。

　　马菲索利在讨论后现代部落时，更看重人性中隐形的力量和由此形成的仪式。数字化社会中最大的变化就是个人主义的价值和内涵改变了，当谈到部落时，"我"已经远远超出了其本意，变成了"我们"。所谓的个人主义实际上是一种约定俗成但过时的概念。从历史上看，个人主义的发展经历了四个阶段。第一阶段是笛卡尔的"我思故我在"。第二阶段是新教改革，圣经被翻译成一般性的语言，印刷术的普及使得每个人都可以接触到上帝，不需要作为中介的牧师解释圣经文本。第三阶段是启蒙时代，他举了卢梭的《爱弥儿》这个例子，这部小说传递这样一种思想："教育能够成功地将一个动物，也就是那个野孩子驯化成人，文明化的野孩子变成了一个自主的个人。"（Maffesoli & Fischer，2016：77–78）自主意味着他本身遵循着属于他本人的法则。而在发现上述三个阶段个人主义之后，欧洲社会进入现代阶段，"社会契约"代表着个人主义发展的第四阶段。社会契约基本思想是：个人有能力创造自我的历史，去和其他自主的个体订立契约，从而创造世界的历史。"这种个人主义构成了社会机体的骨架，基于此形成了由理性至上、'社会契约'和进步思想铸成的社会结构。"（Maffesoli & Fischer，2016：78）这种个人主义的发展最终形成了著名的一切以经济为逻辑的"现实原则"：一个孩子想学艺术，大人就回答他：还是学法律或者医学。现实原则只关注能够带来实在薪水的正经工作。"由此，个人主义将现实生活（Réel）只压缩到经济、政治或社会层面。而现实生活要丰富得多：它蕴含着幻想、诗歌、幻象、梦境……"（Maffesoli & Fischer，2016：78）个人不再是我是这个或者那个，而是我是这个和那个。在互联网环境下个人终于找到了适合自己的表达，梦想、幻象和思想得以酣畅淋漓表露。马菲索利试图说明，现实生活中有很多非经济性的行为，它比"现实原则"要丰富得多，它包含着人类原初行为的模型，并发明了与之相关的仪式。个人主义的概念实际上是一个讲究效率的概念，是以经济为逻辑的自我管理的概念，由此形成的神话和仪式更注重事实和数字。除此之外，民间文化中还蕴藏着大量的消耗时间和生命的无为之为：为了挣生活而消耗生命，所以上班的路上停下来到酒馆喝杯白葡萄酒或咖啡，这种"小白葡萄酒"的仪式就是面对每日工作，光阴不再而采取顺其自然的态度（homéopathiser）。在互联网中，我们面对着大量的仪式，也有一瞬而过的仪式。仪式是针对人类存在整体而言的，而不单指向理性知识。很多被功利性仪式排除在外的民间仪式又在互联网中出现了。仪式就是要把部落、团体和社区这类看不见的东西变成看得见的东西。"仪式代表的是一种随性而发的本能形式。它是通过感觉体验事物的。如果我们不遵循这些仪式，就会被排斥在社交网络中的部落和群体之外。"（Maffesoli & Fischer，2016：80 - 81）

数字化世界的仪式在社会领域尤显重要，它使看不见的东西显现出来，在网络中重复和烦琐的动作，却使网民感到了每天经历的永恒瞬间，这种永恒不是天上或人间的天堂，而是一种"巧遇"。由此，周而复始的仪式在网络社区中重新获得了一种不可否认的力量和生机。

三　关于中国网络生态的思考

中国网民的规模已构成一种新的社会生存状态，其最显著的特点就是网民的群落化、社区化、参与性高，数以亿计的网民获得前所未有的社会发展的参与权，锐话题往往受到不同群体的关注，使得社会舆论趋于一种稳态的平衡。

网络中的互动与社群的常态化，使得老百姓强化了对社会生活的参与感。不同的情感归属，不同的价值取向，不同的思想碰撞在传统媒体时代也是有的，但那些媒体只是少数精英发声阵地，大众往往是被思想，被代表，被诉求。在数字化时代情况则大大不同，数以亿计的普通百姓不同的声音使社会回归到本来的面目，社会不仅有精英和主流意识形态，还有大量对各种社会问题和现象的不同理解、诠释和澄清。马菲索利的观点给我们的启迪和借鉴就在于，由于网络的出现，人性中原初认知结构的多元性诉求被重新唤醒，而这正是我们倡导的"和谐社会""包容性发展"的理念所必需的。

需要说明的是，马菲索利反复强调不对事物做价值判断，笔者理解这并不是针对事物本身，而是强调看待事物的方法，强调非排他性的多元和相对主义理念。针对同一事物，不同宗教文化背景的判断会有差异，甚至对立，但如果采取兼收并蓄、相互理解的态度，包容共存就不是不可能的事了。这就是中国人常说的"求同存异"，在马菲索利看来，宗教冲突和战争最根本的祸源就在于"一神论"，就在于冲突双方偏执的排他性。不同文化、文明之间也存在着同样的问题，有对立性，但也有趋同性。在全球化的大背景下，东西方文化之间，或不同文化之间的交流实际上更应采取包容的态度，也就是马菲索利所说的"对立耦合"的立场。互联网的数字化世界最大的好处就在于，"部落"之间、人与人之间形成了常态的联系纽带。在网络中生存首先要协调如何与他人相处，"部落"要学会在整个社会中如何平衡与其接壤的人、群、事的关系，要学会包容共存的处世之道，也就是马菲索利所说的"顺势而为"。数字化世界开创了一种多元化的时代，人们秉持这种心态和理念，长期并日复一日地在网络上交往，就会逐渐地形成开放、接纳、容忍、共存的意识。矛盾和对立是否能够真正的消解并不重要，重要的是包容共存，在这个过程中，融合交替、相互改造也许会给我们带来一个新的愿景。马菲索利所提倡的包容共存有点"此处无声胜有声"的意味，也可算作一种价值判断。

另外，由于数字虚拟文化的迅速发展，网络再度凝聚人群，"部落"出乎意料地重现于现代社会。这不仅使网民更具存在感和舒缓感，还给文化产业带来前所未有的发展空间。趣好分享，情感归属，挣脱理性的想象，马赛克式的文化冲击着以理性为核心的价值观念，人类非功利性的狂欢本能（l'orgie）①得以释放。人由此获得两种生存名分：一是现实中的人，需要面对现实的经济原则而生活下去；一是活在虚拟空间的人，要通过虚拟想象物来满足各种非功利性欲望。马菲索利的"顺其自然"的观点则是数字化部落生存的核心，这个观点与中国道家"无为而治"颇有点相似。有多少种情感和欲求就有多少种部落，从这些年中国数字文化现状看，微博、公众号以及趣好网站（政治、文化、财经、影视、艺术、体育、教育、娱乐、宗教等）数以千万计就能说明问题。其实，只要在法制化的管理下，充分保障个人隐私权和基本权利不受到损害，这种网络社群（部落）疯长并不是什么坏事。因为，各种网络社群及应用形态可释放非功利性的文化需求，既满足了人性的多样性的欲望，又为文化消费市场的发展提供了机遇。同时，我们还应当看到，人的各种欲望的合理释放本身就是社会稳定发展的根本。我们通常所说的民生，不仅包括物质生活，还有精神生活。而今天老百姓的精神生活更多的是通过数字化网络实现的，所以数字化的精神产品已经成为我们社会存在的基壤，一天无网的生活已变成不可想象和不能接受的假设。因此，重新审视数字化生活的形态，考察顺势而为的社群生存法则已成为一个重要的哲学问题。总之，虚拟部落构成的精神世界看似无序，却构成一种正在悄然而生的顺乎人性的新秩序。

【引用文献】

Maffesoli，Michel，*Le Temps des tribus. Le déclin de l'individualisme dans les sociétés postmodernes*，Paris：La Table Ronde，2000.

---

① 参见马菲索利的《狄奥尼索斯的影子》，在此书中，马菲索利强调人类与生俱来的纵情本能，并将此比喻成酒神狄奥尼索斯。此书的副标题是"纵情社会学专论"（Michel Maffesoli，*L'Ombre de Dionysos. Contribution à une sociologie de l'orgie*，Paris：CNRS Éditions，2010.）

Maffesoli, Michel, *Notes sur la postmodernié. Le lieu fait lien*, Paris：Éditions du Félin, 2003.

Maffesoli, Michel, *Au Creux des apparences. Pour une éthique de l'esthétique*, Paris：La Table Ronde, 2007.

Maffesoli, Michel & Fischer, Hervé, *La Postmodernité à l'heure du numérique. Regards croisés sur notre époque*, Paris：FB, 2016.

原载《江西社会科学》2017 年第 1 期，作者略作修改

数字文化的道德伦理

——《数字化时代的后现代性》述评(二)

【内容提要】道德和伦理在每个时代都有其特定的内涵。传统的道德和伦理随着数字化社会大规模的再造，也在悄无声息地发生变化。多元文化和网络中的部落形态正在改变以一致性和二元对立为核心的理性观念，以往道德和伦理的界限模糊了。包容共存的理念被越来越多的人所接受，逐渐成为数字化社会具有道德含义的行为准则，而网上部落社群的兴起也随之带来不同伦理之间共处的问题，以"对立耦合"的视角看待数字化社会的矛盾现象不失为一种智慧的策略。《数字化时代的后现代性》的作者米歇尔·马菲索利和爱尔威·菲赛尔对上述社会和文化现象的分析具有借鉴意义。本文主要介绍和评论该书有关道德伦理的观点。

【关键词】数字化社会；后现代性；道德与伦理；包容共存；顺势而为

一 疏胜于堵： 一种新的数字文化的道德伦理

道德伦理在互联网时代是一个非常敏感的话题，涉及面广。实际上道德和伦理两个概念是有区别的。道德是普遍性的，在任何地点、任何时间都是适用的，伦理则是特殊的，具有部落的属性。当今数字化的网络使信息极易传播，个人的隐私很容易暴露在易受攻击的环境中，同时，网民和各类社会群体平等发声，参与各类事物的讨论甚至争论，这些都在潜移默化地改变人们对道德伦理的理解。古老的命题在新的数字化环境下需要重新审视，尤其要审视与之相关的新的社会现象。

数字化社会突然来到了我们面前，虚拟文化营造了一个乌托邦的世界，崇尚软实力的背后隐藏着一种网络暴力。菲赛尔认为，科学技术无限进步使人过分崇信科技，形成现代的超人类和后人道主义的思潮，长期以来的自然统治世界的观念无法为继。现代科技创造出的虚拟世界又是极其模糊的，却成为人类进化的动力。科技进步在 21 世纪变成了一种占统治地位的意识形态。人们跟着这种无节制的进步走下去，导致科技蛮力逐渐取代了人类进步的神话。面对于此，必须要对数字化社会带来的种种问题亮出明确的批判态度，而不是像马菲索利主张的"遵循事物本身秩序"①，任其自流。其中最大的问题就是个人权益受到侵害：一方面，如斯诺登所揭露的政府利用反恐名义非法获取公民的个人信息，有损公民权益；另一方面，网络暴力，如性骚扰、网络犯罪、网络社区公开的同性恋或骚扰频繁出现。社区网络成了天使和邪恶的双面人（如脸书）。

马菲索利对此问题的看法较为温和。他认为，任何一种新兴文化诞生时都具有矛盾的特性，对信息大量传播而损害个人隐私没有必要惊恐。要用相对的态度看待这个问题，信息泛滥实际上也等于在消灭信息。另外，个人隐私实际上是现代资产阶级的概

---

① 此处是针对马菲索利 2014 年出版的一部著作而言的，其书为《事物的秩序》（L'Ordre des choses）。本书一承马菲索利的观点，对过时的理性主义、进步主义等观念进行了质疑，更多地强调来自民间的力量和智慧，强调日常生活中呈现出来的自然神性和集体激昂的情绪，这种随物而为的情绪与僵硬的一神论意识形态（理性主义）形成对立，往往使人产生悲剧情感。当今社会的社群化倾向日益凸显，如何看待社群形成的无形力量，是调整社会结构、重新构建新的知识体系的关键。

念，用一种通俗的说法就是：私生活之墙。墙后建立的是家庭生活和隐秘之情，而数字化社会中"个人私生活越来越多地与公共生活交织融合在一起，这也是后现代性的一个重要表现"（Maffesoli & Fischer, 2016：90）。17 世纪以来，由于追随理性而发展起来的技术使世界出现了去悦化的现象，另一种说法是"世界的解神秘化"现象；当今技术发展却大大地参与了世界再悦化的进程。今天的技术恰好是建立在事物可逆性和互动性基础上的，数字世界致使社会异常活跃，为此，没必要诚惶诚恐，面对这种大量信息图像快速广泛流转，必须要面对挑战，学会适应，这也是后现代性的一个重要特征。

这种挑战首先是来自道德层面的诘问。马菲索利认为，批判是一种辨证是非或规范某种事物的态度，是一种非要说出好坏的做法。而要想真正澄清问题，应当刨根问底，即深入事物"根基"。在马菲索利看来，使世界神奇化的技术在我们和技术物件之间形成了一种类似原始社会的部落关系，即通过科技手段我们或多或少融入了一个部落之中，而技术物件扮演着一种图腾的角色，爱恨情仇乃至暴力都凝结在这种技术魔幻之中。说到暴力，尤其是数字化时代的暴力，马菲索利有独到的看法：当社会排除掉暴力的仪式化表现形式，要命的忧愁就无法排解。"实际上，当人们不知道怎样将暴力通过某种仪式排遣出来，这种暴力就会变得乖戾任性。暴力就会变成血腥和不可控的事件。"（Maffesoli & Fischer, 2016：97）平衡的社会应当是自然而然地懂得如何通过精神发泄而达到净化自身。构成我们内在的这种攻击性，这种阴暗的部分，这种可诅咒的部分，必须排解出来，排解不出来就会逼迫它们为所欲为。人类首先是动物，要学会管理这种不管是个人的还是集体的暴力能量，也就是这种喷薄的活力。因此，互联网什么都有并不是毫无用处的，它可以排解人类的这种能量。亚里士多德的哲学就懂得如何将老百姓的智慧为我所用，来排解这种精神能量。互联网出现些五花八门的东西不是什么坏事，疏解并因势利导（homéopathisation）就可以避免暴力能量发展为行动。而这也正是狄奥尼索斯（酒神）神话的精髓。马菲索利用这个希腊神话来比喻互联网以疏导为主的管理方式：希腊底比斯最初是由庞德（Penthée）这个专家治国者管理的，城邦四平八稳，井井有条，结果城邦里的人不再饿死但会愁死。后来在阿卡维（Agavé）的带领下，女人们将狄奥尼索斯找来了，他是个双性两面神，地地道道的外乡客，不是天神而是接地气的地神。酒神接手后全城纵酒狂欢，以往残酷的流血减到最少，专家治国者庞德被处死。城邦又找回了灵魂，恢复了以往的活力。（Maffesoli & Fischer，2016：98 – 99）这个例子告诉人们社会治理要因势利导，互联网的管理也要遵循这样的思维方式。现代理想的民主从所谓替天行道、为民负责的角度看已经饱和，达到发展的尽头。人们带着恐惧和颤抖参与到理想的社群建设中，逐渐形成互联网式的团结和宽容。各种网站相互呼应、对话。要在这种共同生活的网络空间下，保持一种宽容的心态，而宽容是一种海纳百川的包容，就是一种新型的道德概念。

马菲索利最后总结说："我刻意夸大了，但必须要容忍，这样整体才可达到平衡，才可相对而立，才可避免专制的一家独大。一种建立在多种伦理基础上的新型的共存方式正在数字化时代诞生。"（Maffesoli & Fischer，2016：99 – 100）

二 多元文化中 "共同生活" 与 "分享的审美伦理"

不管情愿与否，数字化时代已经形成了新的道德伦理规范，17 世纪以来形成的普遍道德观、理性至上的文化在当今遭遇到了前所未有的挑战，以"应当如此"逻辑为核心的理念及其泛化的意识形态，说到底是一神论的延续。而在当今包容和多元文化的世界中，传统的道德伦理观念需要重新加以审视。在马菲索利看来，道德源自品德，具有普遍意义，伦理则是特殊的，这个词最初来源于希腊语 ethos，是纽带或连结物的意思，就是将人们共同连接在一个居住的地方，有"地点产生联系"的含义。举例说明：城郊的匪帮从事性交易等无恶不作的勾当，是有违道德的，但他们在个人之间构筑了一种牢不可破的纽带联系。可以说，这是讲究帮派伦理的不道德行径。道德只有一种解释，但伦理有多种形态。宗教概念因其本身千差万别具有伦理的属性。当今社交网络如同超市，进去后既可发现巴西康东布雷教①的影子，又可找到禅宗、密宗和瑜伽的东西。互联网正在创造一种新奇的环境，人们在网络上浏览的感觉可以用"体觉"（coenesthésie）这个词来形容。17 世纪的医生用体觉这个概念主要是指皮肤的感触，描述器官之间转换，以及流体向固体转换所得到的感觉。19世纪心理学家用这个概念主要是描述孩子学步：孩子被某种闪光的东西吸引，踉跄哭闹，而后突然有了空间和其他所有感觉，学会了走路。这个概念挪用到数字化领域和后现代性上，就是我们正在学习如何共同生活，如何调整不同部落之间的关系，也就是调整相互之间的小伦理。在这一过程中可能会有两种结果：一种是灾难性的，一切归于毁灭，结果是数字化面临死亡，日渐衰落，最后走向野蛮。另一种是理想的，即马菲索利提出的"对立耦合"。所谓对立耦合就是要学会将各种对立的事物并列而置，最终会达成一种冲突的和谐。哥特式拱门就是建立在石块与石块密实对立之上的，这种不协调反而达成了一种平衡。对立永远不会超越整合范畴，这就是"矛盾逻辑"，运用到数字化时代就是："矛盾逻辑承认在我们之间，在部落之间，在群体以及不同的伦理之间存在着紧张状态，但是主张人们用冲突和谐的态度去看待这些问题。这也是后现代主义建筑的原初直感。"（Maffesoli &

---

①　流行于巴西的一种宗教，宗教活动中常常舞蹈，名曰为上帝起舞。康东布雷教在拉丁美洲很流行。其教义吸收了天主教的元素。

Fischer，2016：107）

从20世纪70年代后现代主义兴起，人们的思维方式和社会生活就发生了根本性的变化。正像利奥塔在《后现代状况》中所说，宏大叙事的时代结束了。在数字化时代，社会演变成了多元多彩（patchwork）、碎片化的形态，部落以及各类人群形成的各种伦理层出不穷，社会观念在一定程度上还原到久远的生活和思维方式。这一演变被马菲索利称之为"生机勃勃的寻根"（Maffesoli & Fischer，2016：108）。一个时代的结束必然导致社会范式的变革，必然导致对道德、伦理和宗教的新的认识。马菲索利总结说，利奥塔、鲍德里亚（Jean Baudrillard）和他本人多年来所做的工作正是要从社会范式形态改变中提析出结果，而法国知识界却很不情愿做这样的事，他们完全与社会现实脱节、割裂。

多元文化形态和互联网给予的自由在很大程度上形成了一种真正发自民间的力量，这种民间力量从本质上说是由多种不同伦理形成的，不同社群、不同部落像墙面上的马赛克一样，五彩斑斓，共同生活在互联网中。以往看待世界的那种单一的、仅符合西方思维的模式行不通了。因为在数字化的今天，人们面对的是更多的不同情境和生活时刻，任何一种泛化的道德都不可能是灵丹妙药，要想切合实际地去思考问题，去做些实在的事，就必须学会如何协调矛盾的境遇。"在这种情况下人们注意到，纵向的权力效能已经饱和。相反，可以清楚地看到社会基层力量正在重新崛起"（Maffesoli & Fischer，2016：115）。在西方社会，当民间力量与政治权力的诉求一致时，民主社会运转正常。但目前的情况是，在脱离现实生活的权力与民间力量之间出现不一致，因为民间力量对选举并任命的精英不认可。尤其是社会中的年轻人，他们当中很多人不参加投票选举，不参与公共事务。但他们在网上异常活跃，表达诉求的方式也不尽相同，依靠互联网，哪怕一个人、一个团体也能搅乱世界。而精英们脱离现实，面对新的局面束手无策。世界的一种新的循环开始了，现在需要做的是从中提析出一些结果。马菲索利认为，互联网这种新生事物给人一种自由驰骋无政府状态的感觉，但这种无政府状态正是从底层，是从那些无所顾忌地用抗议表达不满的小团体中产生出来的。实际上，"'无政府状态'原本的意思是对事物的梳理，反映的是没有权力的基层力量。而互联网发展的正是这一层面的东西"（Maffesoli & Fischer，2016：117）。

互联网的广泛应用使人们重新认识伦理观念，马菲索利认为，"共同生活"的概念不仅构成了千差万别的伦理观念，同时也深刻揭示出这些伦理的审美共性。审美（美学）最初的生理学含义是表达我们整体感觉的内在一致性，在希腊传统中，审美表达的是欣赏一幅绘画、一座雕像、一段音乐时体验到的与人分享的情绪。19世纪时，审美指的是情绪所释之物，比如雕像、庙宇等。而数字化时代审美含义中的情绪分享和情绪共鸣的成分受到空前的重视，马菲索利认为这正是得益于数字化技术的发展。在他领导的"当代事物与日常生活研究中心"中，很多人专门研究如何利用手提电话、社交网络、脸书和通常所说的虚拟文化，将有政治动机或游戏动机的人撮合在一起，或如何将既有游戏动机又有政治动机的人聚集一堂。审美的趣味正是在数字化网络平台上才得以扩散，情绪才得以分享。情绪分享与审美共鸣不是简单的口号，它在体育、音乐、宗教甚至游行中表达得淋漓尽致。马菲索利举了布列塔尼红帽运动的例子①，说明情绪化冲动如何瞬间聚集大量示威者走向街头，并认为这种现象就是他所说的"审美伦理"。马菲索利总结道："这就是后现代性跳动的心脏：正是有了共同的地点，归属情感，

---

① 法国布列塔尼地区2013年10—11月爆发抗议总统奥朗德新征收"生态税"的示威活动，示威者戴着象征17世纪抗税运动的"红帽"走上街头，反对总统奥朗德的新税和经济政策。

情绪骚动和情感分享，才可能产生一种冲动的，随性而发的共同体验。"（Maffesoli & Fischer，2016：125）

尽管数字化社会的发展导致道德和伦理发生一系列变化，尤其是人类的行为和生活方式的变化，但不是断层式的变化。马菲索利认为，人们之所以感到变化很突兀，是因为进步主义或者进步神话的理念作为意识形态已经根深蒂固，西方现代主义历来都是以个人主义为核心的，而数字化时代恰恰削弱了这种核心价值观，取而代之的是以部落共同生活（体验）为特征的人类新型的数字化生活方式。由此虚拟文化和部落传统潜移默化地结合在一起。社会正在转型：纵深的、等级的、以权力为核心的社会正在向更平面化、更合作化的方向转变，社会的力量正在取代经济社会的权力。

菲赛尔对数字化社会的认识侧重于它的开放性。他认为，数字化发展最大的优点就在于，互联网作为工具可以为各种文化所用，最落后的地区和国家人民也不例外。数字化网络就如同巴贝尔之塔能够包容人类的各种差异性，鼓励各种文化散发其生命活力，它已变成人类普遍拥有的权利，能够创造民主和提供表达自由的平台，能够为人们提供证明自己的机会。

在这种大的格局下，两位学者对数字化发展前景做出各自的判断。马菲索利认为数字技术的发展为人类提供了一种新的团结和包容的形式，与古老的思维方式接近，正在趋向于无限繁衍的状态。新型的联系不断创生，不管是爱情的、性爱的还是友情的。好客友好的概念重新发扬光大，同在一个屋檐下的"合"（co）的概念深入人心，合住、合伙工作、合租汽车比比皆是。巴黎地铁"144000人在巴黎合租房屋"的广告就是证明。而这种分享现象级的变化远远超出经济的维度。这种现象是否能够改变世界不好说，但是年轻一代的活力在互联网中充分显现出来，空气中洋溢着年轻人的热情。"'秩序出自非秩序'，古老的炼丹术的

思想又浮现在当今的黄金年代。"（Maffesoli & Fischer，2016：132）

菲赛尔对数字化社会的未来持乐观态度，非常看重年轻一代在互联网中显现的非凡活力。同时他认为，面对年轻人追求世界变化、崇尚超自然的强大意志力，有必要提出一些解决方案并且对未来发展负起责任。因为这些能量有时是创造性的，有时则是负面的、毁灭性的。

三　启示与思考

从这两位学者的讨论中，我们看到互联网的应用所反映出的问题具有很强的共性。

首先，个人隐私泄露、网络谣言恶意中伤、社群中的言论冲突、观点的纷争等现象较普遍。互联网一方面聚集能量，另一方面又在释放能量。马菲索利提出的因势利导、疏大于堵的思想是有益处的，我们不能设想再回到无网络的时代，我们面对的只有适应和学习，只有适应冲突（矛盾）且和谐的常态。马菲索利的观点让我们想起中国传统的无为而治的思想。互联网中的能量之所以能够相互冲消，又互相推进，正是因为互联网给予人们互动功能，能够反馈，能够释放，能够疏解，人们拥有前所未有的积极参与不同类型事务的机会。思想的碰撞达到能量的释放。社会事件引发的争论在网络环境中扩散，在发酵一定时间后，自然会冷却，会得出一些结果。网络是最大的投票箱，相信人民的智慧会对事物做出判断和选择。现在倡导的包容共存的理念很符合当今互联网发展的趋势，相对主义和多元文化应当成为当代人的最基本的思维方式，或言范式（paradigme）。互联网发展到今天是个不可逆的事实，而且规模和应用范围还会越来越大。以包容共存为核心的数字化时代的新"道德"正在为广大网民所接受。

其次，我们看到，马菲索利反复强调的"共同生活"的概念，还是很有说服力的。这也是数字化时代已经形成的新道德伦理。共同生活原本就是人类最初的生活形态，马菲索利所说的酒神式的纵情或热情（l'orgie）恰是维系共同生活的基础。（Maffe-soli，2010：57 - 66）而数字化时代正好揭示出这种共同生活的形态和与之相关的冲动。数字化时代正在削弱个人主义价值观，取而代之的是以部落"共同生活（体验）"为特征的人类新型的数字化生活方式，这就是团结和包容。我们看到，不论是在西方还是在东方，数字技术的发展都在深刻地改变人类思维方式和人际关系，大量的数字化应用，网络社区的交流都具有跨文化的共性，分享经济已经成为东西方共同接受的概念，脸书、推特、微信等社区网站实际上已经成为人们情感、信息、趣味等交流、分享、聚合的平台，是人们通往世界的入口。Airbnb、Wework、滴滴出行、Uber、美团等则更是体现分享的理念，如马菲索利所说，参与和合作已成为当下最被认可的经济形式，而其动力就来自分享（Maffesoli & Strohl，2019：159），除经济利益的因素外，其间更体现出一种自古以来的与人为善的好客情怀，而且还有一种不断涌现的激情在支撑着共同生活的理念。合住、合伙工作、合租汽车风靡全球，现象级的变化已成不争的事实。分享经济有如此大的发展前景，其中很重要的原因就是现代数字化技术唤醒了人类原初的"共同生活"的思维方式，年轻一代的活力通过分享模式充分激发出来，并由此繁衍出人类多种新型联系，这一切变化正在导致社会结构重新组合和新道德伦理的建立。

最后，还应当关注的是数以亿计的网民（互联网和移动互联网）的行为和趣向以及群落所形成的无数"小伦理"。我认为，只要在法制化的管理下，社群和部落小伦理的存在就是合理的。实际上，正是这些难以计数的部落及其伦理的存在，才真正满足了人性的不同需求。以前那种唯理性至上、唯意识形态至上的思维模式，在很大程度上忽视了这种思维模式之外的情感、认知、兴趣、幻想、梦境、狂欢等的存在，即或有，也是经过固定思维模式过滤的。但这种看似"不入流"的东西并不因为不受重视而不存在，因为这些与生俱来的人性欲求本身就是人类存在的基壤。互联网伟大之处就在于能使人性的基本面，或者说基壤面充分地展现出来，人在数字化时代显得更加真实，更加丰满，更加全面。矛盾是正常的，差异也是必然的，在互联网的环境中，各种趣味、各种声音、各种情感在相互尊重、符合法律的前提下都可以释放。合大于分、争而不斥逐渐成为数字化时代的人与人、群与群之间相处之道，进而形成新的道德伦理。

用发展眼光来看，在互联网形成的自治域中，"矛盾和谐"的现象最能真实地反映网民的需求和百姓的意愿，因此，理解他们的诉求和行为模式，维护网络和谐的生态，营造万象共生的网络环境，使人们的意识真正回归到平等、相互包容的状态，既是数字化发展之道，也是社会稳定的新的制衡因素。

【引用文献】

Maffesoli, Michel, *L'Ombre de Dionysos. Contribution à une sociologie de l'orgie*, Paris, CNRS Éditions, 2010.

Maffesoli, Michel, *L'Ordre des choses. Penser la postmodernité*, Paris：CNRS Éditions, 2014.

Maffesoli, Michel et Fischer, Hervé, *La Postmodernité à l'heure du numérique. Regards croisés sur notre époque*, Paris：François Bourin, 2016.

Maffesoli, Michel & Strohl, Hélène, *La Faillite des élites. La puissance de l'idéal communautaire*, Paris：Les éditions du cerf, 2019.

原载《外国文学》2017 年第 2 期，作者略作修改

当代文化中的后现代人"透视"

——评马菲索利的后现代性理论

【内容提要】作为西方现代社会建制的核心，理性主义和个人主义观念在数字化社会中日渐衰微，马菲索利所谓的"后现代人"正在以全新的面目出现在我们的社会中：直觉文化、以合作为基础的劳动价值观、多元价值共存以及相对主义的视野正是"后现代人"的明显特征。数字化社会为后现代人提供了释放人类潜能和多元共存的机会，使整个社会更加趋向共同生存与繁荣的共识。

【关键词】后现代人；契约/约定；理性文化/直觉文化；普罗米修斯/狄奥尼索斯；完美的人/完整的人

马菲索利最重要的理论就是对后现代社会的研究，有关后现代性的讨论不是新鲜话题。从 20 世纪 60 年代起建筑领域出现所谓后现代特征后，几乎在文化各个层面都反映出一种对现代理性质疑，甚至颠覆的热情。罗兰·巴特从文本角度出发，对文学介入社会的理论进行了批判，认为文学本身具有内在的、自我生成的符号系统，所衍生出的意义是复数的，非固定指向性的；雅克·德里达从解构的视角对传统二元论和逻各斯中心主义发难；法朗索瓦·利奥塔则对控制意义的宏大叙事的合法性提出质疑。

这些后现代批评大多从思维和叙述方式入手，从认知层面对西方文化作重新解释。马菲索利的后现代理论应当说也带有"解构"的意味，但更多地还是关注这样一些问题：在网络科技环境下，直觉文化如何在理性文化的坚壳下破土而生？数字化时代如何打造出一种新型的社会关系？传统的个人及社会价值观是如何解构的？我们的社会到底需要完美的人性，还是完整的人性？总而言之，后现代人在马菲索利笔下被描绘成怎样的形态？下面通过几个后现代社会的特征来阐释上述问题。

一 从理性文化到直觉文化

理性文化是相对 17 世纪以来主导西方理性文明而言的。几百年来的理性文明发展在社会各个层面上建立起不同类型的契约关系，整个社会与文化都是在理性思维的控制下，在预先勾勒的蓝图下发展成长的。理性化和社会契约化下的个人成为经济体系和政治体系运转的基础。（Maffesoli，2012：11）而直觉文化在马菲索利看来，则是一种"内在的视野"，是整体社会的驱动力，是隐形的社会力量的聚心力。（Maffesoli，2000：VI）在 21 世纪数字科技的冲击下，以理性文化为基础的稳定的社会建制逐渐松动，甚至呈现出饱和状态，而数字化网络使人有更多的参与社会事务和表现自我的机会，平等和自由的概念不仅仅停留在社会建制上，而且成为普通人可操作、可实现的权利。人们终于可以直抒情怀，听命于直觉来表现自我。这就是马菲索利所说的直觉文化，也是他的后现代性理论的重要基础。在这种直觉文化中，情绪和瞬时感知占主导地位，我们在网络世界中可以看到大量偶然和不确定的东西涌现就是最好的例证。在当代数字化社会中，差异性和特殊性已经构成知识的普遍特征，网络呈现的世界是平面的，万象丛生的，一板一眼的理性化的思维方式，事事要求统一的逻辑、统一名分的做法渐渐被弱化。情绪化的情感表述，未经理性过滤的直觉感受成为当今文化的一个重要现象。

这种直觉文化包括了日常生活的方方面面，通过各种不同直觉和感觉的想象物呈现出来。直觉往往是科学发现的最初灵感，它不是散乱无序的，而是万花筒式的拼图。虽然事物的差异纷呈，但是从总体上看还是有某种内在相适性的，是一种聚合（concaténation），按马菲索利的说法，这有点类似于印象派作画的方式，将各种差异现象组合在一起，从而达到某种和谐（Maffesoli，2012：170）。

可以看到，这种聚合是一种"集体无意识"，它包含人类的共同欣悦狂喜、梦幻体验和游戏表现，与潜在的人类原型结构息息相关，即马菲索利所说的"社会神性"。（Maffesoli，2000：VII–VIII & 75–88）① 它在与现代科技的交融中重现出人类原始交往的某些社会形态。这种现象被马菲索利称为"古老事物与技术发展的协力体现"（Maffesoli & Fischer，2016：27）。

直觉文化在现代社会中产生的直接影响，就是人以类聚的"部落"现象。马菲索利认为，它有三个特征：（1）地点产生联系：在虚拟世界中，后现代人最为关注的是近邻性（proximité），就是我的身躯、我的脾气、我与他人冲突的情绪等，这些都与地域性相关，也是共同生活、习性、社群需求的体现。这种虚拟的亲近感使人重视人类的疾苦和绝望，重拾原始情感中的团结、友爱、互助。这种万花筒式的聚合充满着寻根的活力。（2）趣味分享：网络上有大量音乐、体育、性、宗教社群或部落，情绪、情感、激情的交流是构成社会的"水泥"，通过网络上的交流，隐形的社会联系由此建立起来，而共同生活的欲望和乐趣也得到了激发。（3）回归永恒的孩童形象："现代社会明显的象征面孔就是成人

---

① 所谓"社会神性"是发自民间的，将民众与某个社会团体紧密联系在一起的一种社会力量，是社团共同生存的基础和支撑，具有宗教性质。在社会层面"社会神性"表现为"命运""归宿""星象""魔术""塔罗纸牌游戏""占卜算命""自然崇拜"等。

严肃的、理性的面孔，一切都是由此而生由此再生。成人面孔是一个传染性的面孔，它是思考和组织社会生活的度量衡。理性主义，劳动至上，社会契约，所有这些都根基于此。"（Maffesoli, 2012：16－17）而当今社会，孩童形象渗透到社会结构的各个维度，尤其在网络部落中更为突出，返璞归真的表达，尽管是碎片性的，尽管是分散的，仍不失为一种理想的部落表现。

我们理解，马菲索利的直觉文化恰恰是数字化社会的产物，直觉文化唤起了人类的原初友善、团结的本能，潜移默化地改变着人们的思维方式。人不再拘囿于金字塔等级和整合划一的状态，而趋向于复数的人、平等的人。人的众多欲望和本能可以不同程度地通过网络释放出来，更重要的是，这些以往很难焕发出来的直觉通过网络逐渐形成一种或多种习惯和消费形态，如游戏、音乐、各类私密的论坛等。感觉和感知以往尽管可以言表，但拘于传统的交往形式，即或表现出来也是经过过滤的，甚至扭曲的；而有了网络，情况就大不相同了，众多人可以通过自主的、个性化的表达，直接呈现内心的感受。网络社区，也就是"部落"恰恰是人以类聚、情趣分享的地方，正是由于部落创造了联系，才有趣味的分享，而在这种不谋面而倾诉胸怀的网络环境下，直觉性的东西，也就是马菲索利常说的部落中的"集体无意识"可以随性而发，久而久之也就形成了所谓的"直觉文化"。正是因为数字化时代打破了一统的理性文化，并为老百姓提供了平等发声的机会，因此也就形成了差异化且包容的多元网络文化，也可称其为"平民文化"。

二　从契约到约定

马菲索利认为，人与人之间的社会关系由过去的以理性为核心的契约关系转变为以情绪和合作为核心的约定关系。这种比喻十分形象，恰如其分地说明了社会转型过程中人与人之间关系的变化。契约的法文是"contrat",约定是"pacte"。两者的区别在于:前者是具有较强法律约束力的约定,也称为"合同",多用在个人与个人,或与商业机构之间的约定,重点强调商业上的权利义务;而后者常用于社团、流派,形式包括松散的约定、宣言、联盟等,也有在国与国之间的约定,法律约束力较弱。

这种契约到约定的转变正是现代社会向后现代社会过渡的缩影。契约实际上是指社会契约的概念。而社会契约的核心是在西方延续了四个世纪的以理性为核心的个人主义思想。个体的人变成了自主的人,自主意味着人遵循着属于他本人的法则。马菲索利认为,这正是社会契约形成的根源:"这种个人主义构成了社会机体的骨架,基于此形成了由理性至上、'社会契约'和进步思想铸成的社会结构。"(Maffesoli & Fischer, 2016:78)这种个人主义的发展最终形成了一切以经济为逻辑的著名的"现实原则",实际上契约已成为一种经济工具,以此为逻辑向外延伸,渗透到政治、经济和社会的各个方面。

约定则是松散的、无强制性束缚,而更强调合作的共识,"它更多的是某种发自情绪的东西"(Maffesoli, 2012:151),是情感型的趋同,也可称为社会情态约定(pacte sociétale)(Maffesoli, 2021:136)。在当今科技时代,人们不由自主地跟随着某些共同趣好而聚集在一起,个人变成了一个个"我们",在这种以"我们"为主的"部落"中,人们非功利性的思想和直觉感受可以得到分享,埋藏在集体无意识中的各种激情和狂欢(酒神精神)欲望(梦幻、游戏、音乐、体育、宗教、慈善、政治)有机会呈现出来。这种约定强调的是部落式的归属感,共同生活的愿望和彼此间互动的愉悦,在这种与团队分享、与自然交换的过程中,会产生出马菲索利所说的部落"裹挟感"(envoloppementaliste)。(Maffesoli & Strohl, 2019:80)

笔者认为,在现实生活中,"社会契约"和"约定"二者互为补充，缺一不可。实际上，马菲索利强调"约定"的内涵，并不是要排斥"社会契约"的作用，而是要说明个人主义和社会契约的理念已经饱和，人们需要重视社会中理性所涵盖不了的，人类原型结构中本就存在的东西，而这些东西在今天的数字化世界中不断被唤醒，膨胀，放大。从社会层面上看，不论在中国还是西方，当今多少年轻人是通过个人趣好、猎奇、创新意识而走到一起的，他们共同开创事业，或完成某一件事，他们的结合更多是平等的，是以志向兴趣为驱导的。在创新型公司中，员工和老板之间虽有规定权利义务的一纸契约，但他们之间更倾向于是合作者之间的关系。同时，在这类公司中，还有不少员工是以合作股东身份参与企业运作的。

而从几乎所有人都参与的网络层面上看，部落形成的趣好和不成文的规约聚集了不同的人群，形成了虚拟世界的多元性和无限性，通过网络中的部落，人们发现了理性和功利性之外的大量可感而未可现的"人类存在的基壤"（l'humus dans l'humain）。这些非功利性的东西，这些情绪化的东西，正是通过一定的"仪式"，也就是"约定"才得以表现出来。

我们应当看到，在数字化的今天，不管情愿与否，马菲索利所描述的"原始情结"已经奇妙地与网络科技结合起来，而且产生了一种繁衍迅速的新型人际关系，这就是以情绪为核心的"约定"关系。当然这种现象也为我们提出了一个不可回避的课题，那就是如何管理好社会情绪？如何因势利导，做到疏而不乱？马菲索利对此的建议是，倡导多元文化价值，让众多以"约定"形式聚成的部落和平共处，求同存异，以形成新型的人类生存整体（l'être-ensemble），可以说，这种数字化时代的多元价值观和兼容并包的生存法则是值得借鉴的。

三　从普罗米修斯到狄奥尼索斯

普罗米修斯和狄奥尼索斯这两个希腊神话人物代表着两种不

同人物的性格。普米修斯在希腊神话中是最具有智慧的神明之一，他不仅用黏土创造了人类，还想尽一切办法保护人类不受神祇的苛求，是用智慧和知识创造人类幸福生活和进步的象征。狄奥尼索斯是希腊神话中的酒神，从小到处游荡，掌握了有关自然的所有秘密以及酿酒的技艺，他所到之处，放歌狂欢。在治理希腊底比斯城邦的过程中，他不拘一格，打破四平八稳平静的状态，通过纵酒狂欢，改变了以前严酷的流血式的管理模式。在他治下，城邦恢复了以往的活力。

马菲索利在其论述中，用这两个希腊神话比喻两个不同时代的差别。"在19世纪，也就是现代性达到登峰造极的时代，占统治的价值观就是普罗米修斯主义，即崇尚劳动、理性和未来的理念。"（Maffesoli，2012：157）这种价值观强调的是劳动的价值，工作和人类存在的意义，是一种进步的观念：人类应当追求更加完美的社会，人类要穿过"泪谷"才能达到天堂，实际上这也是一种救世主降临说的逻辑演绎。这种愿景后来演变成通过人类解放的理论而达到地上天堂。

我们看到，这种以理性为核心的逻辑在一个多世纪以来得到充分的发展，尤其在经济和社会领域，功利和生存原则成为人们生存的第一原则，为此，人们可以压抑发自内心的真正欲望和兴趣，而屈就于所谓生存需要。这种理性至上的理念实际上造就了现代社会的建制基础：社会契约、进步完美的理念、国家一致而不可分割的概念、理性的人等。在这种框架下，人的生存实际上是一维性的，生存的内涵被过滤了，人是按照一种模子成长，按照一种模式"进步"，而整个社会也是单一的、一致性的、不可分割的整体结构。人们所做的一切都要有一定的目的性、功利性，都要符合"一因一果"的逻辑，而这种被马菲索利称之为"一神论"的思维方式在当代社会中已经趋于"饱和"（Maffesoli & Fischer，2016：43-47）。

以酒神狄奥尼索斯为象征的后现代性则大大超越了普罗米修斯主义所代表的价值观念。酒神的比喻强调的是人性的多维性和非功利性。在现实生活中，这一比喻要说明的是：人的行为和欲望是复杂的，是由各个层面混杂在一起而形成的，而"非功利性"的生活占有很重要的地位。民间的和日常生活中的各种情绪、创新、猎奇、激情、欲望、冲动才是构成社会的真正力量，它们来自人的内在自然，来自本性中的激情力量，好似"社会神性"，而不是抽象的、干巴巴的理性信条。为此马菲索利专门写了一部著作《狄奥尼索斯的影子——纵情社会学专论》。

实际上这种人类本能一直驱使单维面的人恢复到原本的面目。后现代发展进程是在理性主义最为鼎盛的 19 世纪开始的。首先是 19 世纪浪漫主义思潮的兴起，然后是 20 世纪超现实主义，也叫"达达主义"，人性中的梦幻、超现实的幻觉被挖了出来，日常生活中的怪诞闪念被客观地呈现出来。到了 20 世纪，尤其是 20 世纪后半叶，在科技的催化下，网络中的部落形态开始形成，此时此刻，亲近感和情感分享的"浪漫主义的价值弥漫着全社会"（Maffesoli，2012：156）。这种情怀与现实化的理性有本质的不同，是一种后现代人的"泛化的享乐主义"（Maffesoli，2012：153）。而到了 21 世纪，理性治下的很多社会价值观念发生变化，首先就是终极价值观变得越来越模糊，劳动价值、工作意义和存在意义都要重新审视，理性的终极价值经常受到质疑。契约式的工作观念已在悄然无声地发生变化，劳动不仅仅是一种生存的需求，一种不得已而为之的工作，而是快乐，是要与他人合作干点事的欲望。工作的价值在于创造和运作的过程，是为了满足一种激情："为了一个创新的想法，让某个人一天工作十八个小时他也乐意。"（Maffesoli，2012：164）在后现代人心中，体验大于思想，在做的过程中享受生活的乐趣，实现人生的价值。

实际上，不论是在西方还是在中国，创业创新形成持续不断的热潮，所有卷入其中的人都清楚，真正创新创业成功的只有非常小的比例，但为何还有那么多的人卷入其中？当然功利的目的是很明显的，但不可否认，非功利的价值体验，或通过创业寻求人生意义也是显而易见的。经常看到年轻人冒险将个人全部资产甚至长辈的资产投入创业之中，其中激情和事必竟成的决心起到了很大的作用，但成功的毕竟是少数，对他们而言，创业体验和价值实现是人生的宝贵财富。我们经常听到的一句话"大不了从头再来"，这句话本身就反映出后现代人的价值观念的转移。

四 从"完美的人"到"完整的人"

"完美的人"是19世纪以来形成的"进步"思想的产物，即社会要按照一定的理想发展，要有投向未来的愿景，而且社会应当发展成如愿的完美社会。马菲索利认为，这种思想带有理性偏执狂的色彩，也就是说，人与社会都应当按照"本应如此"的逻辑发展，一切不符合理性思维的东西都应当被过滤掉。理性由此成为西方现代社会评价体系的支点。按照这样的逻辑，一切事物都应从"个人、历史和理性"这三个维度来思考。首先，"个人"作为社会的基本构成，其利益应当受到社会的保护，因此有了"社会契约"的保障与约束体系，经历了几个世纪的"演绎"，人们所理解的个人已经成为"自我"和"自然"的主宰和拥有者。为此，马菲索利引用法国古典戏剧家高乃依在其名作《西那》里的名言形容个人的主宰地位："我是我的主人，也是宇宙的主人……"（Maffesoli，2003：26）这种高大上的"个人主义"也就成为后来资本主义价值观念的核心，同时也是构成经济、政治和社会的基本建制和完美人的基础。其次，"历史"应当向人们设定的未来"进步"的方向发展，这种"进步"的理念具有终极目标，而且有一定的排他性。最后，"理性"则是要证明"个人"作为世界的主宰和"历史"进程的正确性。"不论理性的脚本有什么变化，目标却是一样的：这就是将最野蛮蒙昧的社会改造成最文明的完善的社会，而后的政治、教育、经济都可以证明这一过程，不管个人还是集体的存在，只有心怀愿景才有意义。"（Maffesoli，2003：27）任何事物，任何个人生活如果没有远大宏图，不确立终极目标都是没有任何意义的。

"完整的人"的概念并不是完全排斥理性衍生的现实社会中的政治、经济和社会建制和原则，而是承认理性以外另一层面的存在。社会不仅有理性，有理性为基础的科学和技术，还有大量的日常生活的知识和事物，以及人本身所存在的非理性一面，如攻击性冲动、歇斯底里、暴力倾向、情绪或情感宣泄，以及激情、创新欲望等，这些人本身固有的特质，不管人们情不情愿接受，不管是否承认，它们都存在于人们身上。在马菲索利看来，如果谈论所谓人道主义，首先要承认这种"人类存在的基壤"，因为这正是塑造符合人道的完整的人的材料。

需要重视的是，在理性思维和建制趋于饱和的状态下，这个问题显得尤为重要，因为传统的理性思维模式已经不能适应后现代社会的发展，换句话说，现存的政治、经济和社会的建制已经框不住后现代社会所出现的种种现象。"我们的时代，也就是人们所说的后现代社会是由各类情态、各种情感和极端的行为构成的，它们引领我们大大胜于我们控制它们。"（Maffesoli，2003：97）在科技和互联网飞速发展，各种意识形态纷争的今天，传统的社会建制显然已经饱和，难以承载万象丛生的现实社会，因此提出一种新的理念，有效地把握、管理并疏导人本性中的非理性化的东西是当务之急。当然，这是一个世界性的难题，需要跳出传统思维模式，也就是人们常说的范式（paradigme）来寻找出路。传统理性确立的一致性和二元对立的形而上哲学已经难以应对多元价值挑战，尤其在互联网及多极世界的格局下更是如此。正是在这种特殊的情境下，马菲索利提出超越二元对立的思维模式，主张用相对主义视角看待世界。完美社会和完美的人实际上是一个抽象的概念，完美就是要追求"善"，抑制排斥"恶"，不允许"恶"的存在，因此才有以社会契约为基础的法律来调整人的行为准则。在这种"契约"的视野中，马菲索利认为应当用一种超越善恶二元对立的视角看待"恶"，超越"恶"是为了更好地企及人性之"善"。人本性固有的"恶"并不因为人们刻意排斥而不存在，在社会生活和人的行为中，人们所做的事都是人性之事，不可能除了"善"而别无其他，人本能中的歇斯底里和攻击性冲动是客观存在。"所有问题都不是按照一个必须达到的抽象的善的逻辑而发展的，即按照所谓零风险，存在的安全性的思路发展的，相反是依照我所称之为顺着恶的方向寻求解决之道。后现代人正是要在自我上调整善与恶的关系。"（Maffesoli，2012：180）

我们看到，马菲索利这种超越既是一种方法论，又是一种针对现实中两难局面的解决思路。实际上，马菲索利对社会和人的研究是不作价值评判的，因为价值判断一定要说出好坏，按他自己的说法，他的研究更倾向于现象学的观察。我理解，所谓"顺着恶的方向寻求解决之道"的思路实际上就是要在可控的法制范围内，即最大自由限度内，给"恶"以一定的疏导渠道。从方法论上讲，这就是马菲索利所说的医学上的"顺势疗法"（homéopathisation）。其要义就是平衡人性中的善与恶，疏导所谓的"恶"。"顺势疗法"有两层含义：第一，要顺势而为，要有超越的视野，也就是说站在超越二元对立的高度，将整个人和社会看成一个有机系统，对所谓"恶"要以化解疏导为主，而不是针对性的消灭，这一点有点靠近中国中医的思想；第二，"顺势疗法"讲究共存，讲究多元，讲究相对视角看问题。

笔者认为，这种理论对当今社会存在的问题是很有借鉴意义的。首先，从大的世界格局角度看，不同宗教和文化共存是个事实，要站在相对主义和"多神论"的立场上，要承认不同文化中的差异性，要有更为广阔的包容性。不必非要以"一神论"的非此即彼的视角做善恶的价值判断，否则在多极世界中就会形成所谓的"死局"。其次，在社会管理层面上，如马菲索利所说，我们必须意识到，问题不是抽象地、排他地重视"善"，而是"要学会将一部分恶融于善之中"（Maffesoli，2012：181）。将所有极端的、不良的人类本性排除在外本身就不可能，同时这样做所达到的结果往往也是最坏的。将人性中暴力的、极端的、攻击性的、乖戾的情绪加以疏导和宣泄才能达到一种社会生活的平衡，如马菲索利建议，让它们在体育、音乐、狂欢中宣泄出来就是一种好方法。处理和看待不同类型的社会矛盾也可以采用这样的思路。所谓"情绪管理"本质上说就是要平衡而不是消灭人性中不可控的一面。最后，从网络效能看，数字化虚拟世界在某种程度上大大地疏解了人性中"恶"的副作用，因为，在法制范围内，虚拟世界能够最大限度地转化人的情绪，使某些带有危害性的秉性和能量释放出来。应当说，截至目前，互联网是人类历史上最大限度释放人性中多种情感和秉性的平台，也是最人道主义的精神平台。无数细小的社群（部落）凝结成各自的领域（地盘），有游戏、音乐、体育、娱乐、宗教、健康等，人们可以在自己的域中尽可能地释放"正能量"和"负能量"，完整的人不是没有阴影的人，而是既有阳光又有阴影的人。"在社会层面上，人们正在意识到不能仅满足于理性女神的光芒，也要看到女神强大的阴影。"（Maffesoli，2012：182）后现代社会不排除这一阴影，阴影和光明恰恰构成一种新的社会和谐、新的社会平衡。这种阴影马菲索利称之为"魔鬼的部分"①，也就是人性不可控的部分。对此，马菲索利认为，首先要承认它的存在，这才是人道主义，"要谦卑地接受它，而不是偏执狂非要说我身上没有恶，没有冲

---

① 为此，马菲索利写了一部专著，书名就是"魔鬼的部分——后现代的颠覆"。

动，没有攻击性"（Maffesoli，2012：181）。我们应当看到，实际上这种人性中的矛盾表现在互联网世界中比比皆是：互联网作为媒体，而且是容量无限的媒体，给予所有参与者平等发声的机会，而作为能量释放的平台，它又是虚拟的，因此某种程度上对社会的负面效应是可控的。同时，也应看到，正是互联网促成后现代部落的形成，而部落首先是圈子，是圈子就存在着近邻关系，就存在着与人共处的问题。因此，"共同存在"的概念既是对"矛盾表现"的容忍，又是和谐共处，以及社会发展的前提，而互联网恰恰在这方面给完整的人以充分展示的空间。

总之，数字化时代使人性的各个维度有了充分的呈现，价值观也随之改变，按照马菲索利的说法，就是从契约转变为约定，从经济主义转为生态平衡发展，从个人主义转变为分享理念，从民主理想过渡到社群理想。（Maffesoli & Strohl，2019：152）线性的终极论理性思维被渐渐弱化，而多元价值的视角受到重视；我们的文化逐渐还原到更接近人本性的文化，社会价值观更趋向于合作和包容；而对社会和人性真实性和完整性的追求恰恰是真正意义上的完美。数字化时代的到来，多元价值观念的确立，部落情怀的展现使人感到更加舒缓，更加自由，更加亲近，更有归属感和存在感，整个社会由此而达到一种新的平衡，一种包容共存的境界。

【引用文献】

Maffesoli, Michel, *L'Ombre de Dionysos. Contribution à une sociologie de l'orgie*, Paris：CNRS Éditions, 1990, 2010.

Maffesoli, Michel, *Le Temps des tribus. Le déclin de l'individualisme dans les sociétés postmodernes*, Paris：La Table Ronde, 2000.

Maffesoli, Michel, *La Part du Diable. Précis de subversion postmoderne*, Paris：Flammarion, 2002.

Maffesoli, Michel, *Notes sur la postmodernité. Le lieu fait lien*, Paris：Éditions du

Félin/Institut du monde arabe，2003.

Maffesoli，Michel & Perrier，Brice，eds.，*L'Homme postmoderne*，Paris：FB，2012.

Maffesoli，Michel，"À chacun ses tribus，du contrat au pacte" et "Un homme entre deux ères-entretien avec Michel Maffesoli"，Maffesoli，Michel & Perrier，Brice，eds.，*L'Homme postmoderne*，Paris：FB，2012.

Maffesoli，Michel & Fischer，Hervé，*La Postmodernité à l'heure du numérique. Regards croisés sur notre époque*，Paris：FB，2016.

Maffesoli，Michel & Strohl，Hélène，*La Faillite des élites. La puissance de l'idéal communautaire*，Paris：Les Éditions du Cerf，2019.

Maffesoli，Michel，*L'Ère des soulèvements*，Paris：Les Éditions du Cerf，2021.

原载《外国文学动态研究》2018 年第 1 期，作者略作修改

下 篇

虚拟文化

网络科技对当代社会和人的再塑造

——虚拟社群的部落化特征

【内容提要】 虚拟文化随着互联网的发展已经形成了一个完全不同的场域，新媒体，移动终端以及各类多维感知的娱乐性设备，为人们的想象创造出前所未有的发散繁衍的空间。人们沉浸在互联网的时间越来越多，现实中的人实际上拥有两种不同的，即现实的和虚拟的生存形态，这两种形态既相互关联，又有明显的不同。虚拟世界中的人显现出更为多元的特征，如社群的部落特征、身份多样化、无为之趣、去中心化、游牧心态等。本文的讨论集中于虚拟文化中的社群部落化现象，并对其形成做一些文化层面的探讨。社群显现出的部落特征既是新技术应用的结果，又是人性的回归。部落现象的重现一定程度地改变了以理性为基础的社会建制和价值观念，一种更适于人性发展的虚拟社群文化使社会的演进更为平稳。马菲索利的部落理论对理解当今虚拟社群文化的发展是有借鉴意义的。

【关键词】 部落现象；集体感性；伦理经验；个人主义；多元价值

部落主义是当代特有的文化现象，它涉及日常生活的各个方面。在当今的网络时代，数字生活显然已经成为人们日常生活的重要部分，一般网民每天上网的时间，远远超出对传统的书籍报刊阅读浏览的时间，久而久之，在网络上构筑了一个无形但又实际存在的世界，构成了所谓的虚拟文化。虚拟形态不再是现实形态的翻版，它的作用和影响远远大于传统的现实文化，它在潜移默化地改变人们的生存状态，改变人们的思维方式。

这种虚拟文化形态最重要的特征之一就是部落现象。马菲索利最有影响的理论就是对后现代社会部落现象重现的研究。本文将结合马菲索利部落理论，探讨虚拟世界中的部落化形态，以及由此带来的新的认知。

一 网络与部落

网络技术在近二十年来的发展超出人们想象，相关的应用层出不穷，令人瞠目结舌。人们的日常生活和交流悄然无声地发生着革命性的变化，新的习俗、思维方式、交流传播以及价值观念在日复一日的刷屏与迷恋中形成。网络不负其名，真正地将五光十色的生活网罗其中。而在这虚拟的生活中，部落特征若隐若现。

部落是人类最原始的生存方式，它以土地和血缘为特征。部落聚合的关键要素则是图腾。土地、血缘和图腾便形成了部落文化。从人类学的观点看，部落反映出人性中情绪、模仿和聚合的需求。在今天高度发达的技术社会中，这种沉淀在人性中的本能神奇地复苏了，而且呈现出的特征恰恰与网络科技相适。用马菲索利的话来说，就是"古老事物与技术发展的协力体现"（Maffesoli，2010：170）。这也是马菲索利提出的"后现代性"最突出的特点之一。

这种协力融合在今天的虚拟社群文化中体现得非常充分，它既保留了古代部落的基本形态，又体现了虚拟文化的媒介特质。马菲索利认为，它有三个特征：首先，地点产生联系。在虚拟世界中，网民最关注的是近邻效应（proxémie），这种效应一定程度上决定着我的身躯、我的脾气、我与他人冲突的情绪等，也是共同生活、习性、社群需求的体现。部落构成了网络中的地盘，或地域，如同现实社会一样，它是参与者生存和团结的保障，是人们共同生活的"子宫"。（Maffesoli，2010：86）这种虚拟的亲近感产生出聚合的活力，使人们重视人类的疾苦和不幸，重拾原始情感中的团结、友爱、互助的精神。其次，趣味分享。网络上有大量音乐、体育、两性、宗教社群，社群中情绪、情感、激情的交流实际上构成了马菲索利所说的社会的"水泥"（粘接物），通过网络上的交流，隐形的社会联系由此建立起来，而共同生活的欲望和乐趣也得到了激发。趣味分享在很大程度上是由模仿构成的，模仿本身就是情感归属的一种体现，也是社群部落形态的重要特征。正如马菲索利所说："在时代精神中有一种约定俗成的东西。是的，正是这种习以为常的东西，我们姑且称之为模仿主义，或称作情感归属，它可以激发出众所周知的团结或宽容的形式。社交网络的影响就是最好的证明。"（Maffesoli，2019a：50）模仿是人类本能之一，在网络社群中，感情归属往往大于理性辨析。趣好谈不上好与不好，如同人们对时尚、音乐、体育趋之若鹜，只要我愿意，我就追随。在这种情感归属中情绪占主导，决定趣好的是氛围而不是道德和理性强制。（Maffesoli，2000：XVI）最后，就是回归永恒的孩童形象。这种说法实际上是一种比喻。这里所指的"回归"包含着一个时间概念：即现代社会向后现代社会转变过程中，社会价值观念发生了"回归"式的转变。在马菲索利看来，"现代社会最具标志性的象征就是成人严肃的、理性的面孔，一切都是由此而生、由此再生。成人面孔是一个传染性的面孔，它是思考和组织社会生活的度量衡。理性主义，劳动至上，社会契约，所有这些都根基于此"（Maffesoli，2012：16－17）。需要说明的是，马菲索利所说的"现代社会"是指从 19 世纪到 20 世纪上半叶所形成的各种社会建制的阶段，这一阶段的社会是以理性为特征的。而20世纪下半叶开始，科技和虚拟文化快速发展，后现代社会显露端倪，理性为主导的意识形态开始"解构"，多元文化的理念逐渐得到认同。各种网络应用的兴起，更加快了这一"解构"过程，而且逐步向社会各个层面渗透。网络为人类提供了前所未有的想象空间，而孩童式的不拘一格、自由想象的人类本能在虚拟世界得到了充分释放，这在社群中尤显突出，各类娱乐性的应用，不同社群的交流，返璞归真的表达，一定程度上还原了超越理性规范的部落情怀。整个世界由于网络科技的出现，呈现出一种"再愉悦"的现象。（Maffesoli & Fischer，2016a：90）

我们看到，正是因为虚拟社群奇妙般地暗合了人类原初的部落本性和需求，所以在当今的社会中才呈现出繁荣景象。虚拟社群千差万别，如万花筒，由部落近邻性形成的不同的社群，不同的地盘，不同的意识形态，不同的趣好，遥相呼应，潮起潮落，有时会浸润到其他社群，有时会有思想交锋，相互感染。网上繁多的社群和网民的巨量的参与已经形成无可争议的现象级的事实。按照马菲索利的说法，社交网络就是社群理想的体现。一方面，人类共同生活的意愿在虚拟世界中更易实现，博客圈（blogosphère）孕育出圣人相通（communion des saints）的情感，形成了一种关系为上的新的人际生态，由此产生一种甚至影响政治、经济和社会的力量；另一方面，社群因差异性而呈现出多元化、异质化的形态，部落化社群趋于复数化，同时也暗藏着不同的潜能。（Maffesoli & Strohl，2019b：149 – 159）虚拟世界万象丛生，网络的普遍应用形成一种脆弱的、横向的、非中心化或多中心化生态。网民和社群，以及转来转去的信息变成了"新的社会剧本的主角"（Susca，2016b：110）。人们很难再用传统的线性思维理解虚拟社群：传统的相加、并列，有序分割的逻辑已不足以解释社群的生存状态。虚拟世界如同现实社会，是一个各种事物杂陈并生的场域，但它比现实社会更加开放，更多元，更情绪化，社群内以及其相互之间可各抒己见，虽有不同甚至对立的见解，但仍可并存。这也正是马菲索利所说的"对立耦合"（coincidentia oppositorum），即"冲突的和谐"现象。（Maffesoli & Fischer, 2016a：106－107）

显然，带有部落特征的社群实际上构成了一种新的视野，与当今整个社会发展趋势相适应。人类和谐共存，讲的是各种文化兼容并蓄，包容和求同存异不仅是社会健康发展的重要机制，也是网络生态所需要的。

同时也要看到，网络社群的流动性是极为明显的。网络社群的"近邻效应"决定了它们之间时而聚合，时而分散，它们本身就是靠连续的传染机制运行的。它们之间相互跨越和交错，形成"网络之网络"，不同元素交织形成一种复杂的结构，其中机遇、偶然以及随性而发的东西都起到不可忽略的作用。这就是马菲索利所说的"我们这个时代不稳定和随机的特征"。（Maffesoli，2000：261）这一判断在今天蓬勃兴起的网络世界更是如此。

当然网络的蓬勃生长也带来一些"麻烦"。英国学者杰米·巴特利特就认为，网络社会上出现的"再部落化"，实际上促成了人以类聚的最自然，依据最充分的趋势。但是，那些怀有动机并受到鼓动进入部落的人把社群改造成了相互争吵、共同抱怨的出气筒。于是，互联网成了人类历史中最大的、最充足的不满和委屈的大仓储。这些社群受情绪左右，参与者由于阶层和环境不一样，对某一话题会有不同的反应和推论：如果你是跨性别的人士（两性人），那你就会引用并分享令人厌恶的，针对两性人的有关暴力犯罪的统计数字；如果你是有色人种，那么调查数据就会显示你生活中的机会与他人相比有多么大的不同；如果你是个白人蓝领，那么一些研究就会发现，你这群人上大学的可能性最低，而且找工作也最难；如果你是个女人，你总是挣得比男人少，而且是数量巨大的性犯罪的目标。这类东西读得越多，你受的影响就越大，也就越觉得自己是社群中的一员。因此，巴特利特对部落现象持批评态度："部落主义是不稳定的，最终会对民主造成损害，因为它所产生的效果是将我们之间小小的分歧彰显化，并且将其改造成不可逾越的沟壑。"（Bartlett，2018：49）

另外一种由相关的情绪驱导的表现在社群中也常见，这就是尼科尔斯所说的"证实性偏见"："这个术语是指当我们在主观上认为某种观点正确的时候，往往倾向于寻找那些能够支持这一观点的信息，只接受那些能够加强论证这一观点的事实，而忽略那些能够推翻这一观点的信息。所有人都会这样做，可以肯定的是，你、我、他，甚至每个人都曾经因为'证实性偏见'在争论中激怒过他人。"（尼科尔斯，2019：53）尼科尔斯举了一些例子：如果我们认为左撇子是邪恶的，每个左撇子凶手都证实了我们的观点；如果我们听说了波士顿的司机很粗鲁，下次我们去波士顿的时候，就会记住那些对我们按喇叭或挡道的司机，至于那些给我们让道或是挥手表示感谢的司机，要么视而不见，要么索性忘掉。而《雨人》中自闭症患者雷蒙不肯坐飞机去加州，恰恰是因为他脑子里全是航空公司空难的记录，不得已，雷蒙和他弟弟改为驾车出行，因为雷蒙没有车祸的可怕数据。其实驾车的危险远远大于乘坐飞机。

尼科尔斯的观点和例子要说明的是，在网络社群或部落的莽林中，纵使专家有一百张嘴，也难辨清情绪驱使的"证实性偏见"。因此，才有尼科尔斯悲叹的"专家之死"。

我认为，有关由社群引发的问题应当从以下两个方面考察：

其一，社群强化了对社会认知的修复和完善功能。从网民参与度的角度看，不论是"民主受到威胁"，还是"专家之死"，都不是什么新问题，关键是这些现象在虚拟社群或部落发达的今天，更应引起人们的关注。过去讨论这些问题往往只能通过传统的媒介，一般老百姓是不可能有什么参与机会的，因此，这些议题也只能是说说而已。今天则不同，网民有了更多的发声机会，嗓门大，人多势众，这些辩论令人疲惫不堪，而且常常让人抓狂。（尼科尔斯，2019：47）尤其是对热点问题的讨论更是如此，其范围、深度和激烈程度，以及反馈造成的发酵效应，使得讨论被无限地放大，有些言论偏颇、过激也是在所难免，因为我们很难要求一般网民像科学家或人文科学学者那样论证严谨缜密，对事物的认知公正准确。当然虚假信息散布触及法律，是不可容忍的。

之所以举上述例子，不是要顺着"民主是否受到威胁"，或"证实性偏见"是否合理的思路讨论下去，而是看重网络这种载体，或社群形式究竟对这类争辩起到什么作用，这种形式又对整个文化发展有什么影响。

事实上，网民参与的广度和深度不仅一定程度上改变了社会结构，促进社会建制、知识体系的自我修正、自我完善，而且提升了国民的认知水平，通过网民对各类问题的认识，可以体察到民意、民情和民趣，对有效传播正确的知识都是有帮助的，对于社会情绪的管理也有参考意义。

其二，宏观上看，社群各有其好，不论从个体，还是从整体来看，都呈现出一种情绪相对平衡的状态。有争有和，有柔有刚，互联网构成一个承载文字和音视频信息的包容平台。社群也好，论坛也好，不会也不应该因为可能成为各类抱怨的撒气筒，或是"证实性偏见"的辩论赛场而不存在。网络社群的发展是个不可逆的事实，我们首先应当把它看作一个全民参与的空间。既然是大家共同生活的场域，就有约定俗称的规矩，按照马菲索利的说法，这就是兄弟般的横向平等法则，就是共同的情感归属之巢（Maffesoli，2010：40），而不是建立在唯理性是从的信条之上的。这种以情感归属聚集的部落情怀，在网络上显现得更为突出，更为多样化，更为随意。像部落一样，社群承载了大量的情绪化的东西，提供了满足各种精神需求的空间。很多事通过群里的讨论，通过辩伪，事实验证得到澄清，当然也有说不清道不明的东西，也有互怼互撕的情况，但无论如何，通过交流互动，增强了网民的认知和平等相容的能力。

网络社群不仅仅是信息搅拌机，辩理的擂台，同时也是分享娱乐（如游戏、体育、音乐、视频等平台）、教育和团结互助的平台。我们看到，很多公益活动就是通过网络社区而得以推广的，如救助身患绝症者的"水滴公益"组织就是通过微信朋友圈进行推广募捐的。由于网络应用的发展，社群也在向多元化的方向发展，由单纯的圈子形态，向公益及商业服务的方向发展。我们相信，这次疫情过去之后，还会有更多的基于社交网络而衍生的一些应用，如在线教育、在线办公等。

总而言之，多种声音、多种文化形态恰恰达成一种网络生态平衡的状态。网上不同见解、不同的应用，既有情绪化的一面，又有理性分析的一面，水平参差不齐。但不管怎样说，通过网络社群，通过释放情绪能量，达到了一种平衡，这种平衡恰恰是社会文化发展的稳定剂。马菲索利经常拿酒神狄奥尼索斯举例：酒神就是用顺势而为的疏导的方式拯救了古板残酷，而且毫无生气的希腊底比斯城。这个比喻要说明的是在治理时，情绪的抚平和疏导作用不可忽视，有些时候要比古板的理性更管用。（Maffesoli & Fischer，2016a：95－100）

网络万象实际上恰恰是社会的缩影，而且是放大了的显形缩影。社交网络催生出部落特征的社群，相互依存与合作的理念深入人心，人人参与，蔚为壮观。我们要适应新的网络生存环境，在法治和宽容的前提下，充分释放人性中合理的精神需求，从而达到社会整体的和谐稳定。

二　情绪与部落

上文所述的部落形成的三要素实际上都与情绪相关，换句话说，这三个要素的形成和它们之间的相互作用都是情绪驱动的。虚拟社群中多元文化现象以及网民广泛参与，也恰恰反映出以情绪为基础的民意。

其实，情绪对于部落化社群的形成和作用是很明显的。

首先，马菲索利认为，情绪是一种集体感性，是部落形成的重要因素，它是团结的象征，更是一种新的审美视野。集体感性是以社群形式出现的，也就是说，正是依靠虚拟社群，集体的感性才真正发挥作用。人们在社群中经常感受到某种内在的凝聚力，某种情感的归属。参与者的理想、价值取向、地点特征都以不同的方式与他人共享，这就形成了"地域"色彩的部落化的圈子。（Maffesoli，2000：42）实际上，情感归属是人的本性，它更多地来自直觉，来自未加过滤的情感，以及日常生活中的激情和情绪的分享，就是情感同化，按照马菲索利的说法，用讲究一点的词，就是"直觉的心理倾向"。（Maffesoli & Strohl，2019b：74）只不过它在今天的网络世界中更加彰显放大了。在网络社群中，我们很容易看到，情感同化的氛围是第一重要的，网民结成社群或参与其中的交流，是自觉自愿的。很多体育、游戏、音乐、娱乐、宗教、文学、公益、时尚、情感、两性、健身等社群正是通过情感和趣味认同而形成的。当然，不同的社群有不同的声音，这是正常的。网络空间就是社会的一个组成部分，与社会一样，它不是一个完全消毒过的空间，它应当允许异质化的东西存在，即便是在一个社群中也是如此，但这并不妨碍情感归属和情绪氛围的形成。而问题的关键是，社群在人们日常生活中逐渐成为不可或缺的精神窠臼，每天人们花大量的时间和精力浸润其中，并且不知不觉地改变了观察世界的方式。由于社群的存在，人们看待事物更容易受他人的影响，用马菲索利的话讲，就是更易受"集体想象的传染"，而不是通过讲大道理，即社会理性来说服他人的。（Maffesoli，2000：41）这里的"集体想象"是感性化的，集体是由他人构成的，当"我"被感染时，我自然也就是他人，或集体的一员了。而"想象"又是感性化和情绪化的产物，可以是合情的，但合理不合理就另当别论了，就如同日常生活中经常遇到的合情不合理的事情一样。我们上文讨论的巴特利特举的偏见例子和尼科尔斯的"证实性偏见"就能说明问题。网民通过网络宣泄的是情绪，是寻找一种情感的归宿。至于所呈现的是否真实，是否合理则是一个复杂的辨析过程，尤其是讨论社会问题更是如此，可谓"一千个读者就有一千个哈姆雷特"。

可以看到，由"集体感性"形成的社群聚合力实际上是我们这个社会的重要特征。聚合力就是团结，就是以兴趣和近邻关系构成的力量，这种力量就是社群的理想，近似于建立在信任逻辑上的宗教性的情感融通（Maffesoli & Strohl，2019b：138－139），在今天的科技充分发展的世界，又神奇般被焕发出来。美国的硅谷、中关村的科技创新园区、日本的企业文化都具有一种很强的粘合力。这种团结的力量从本质上说就是"情感和情绪的同化""集体想象传染"的结果，是科技创新的兴趣使然，是志同道合的创业者形成的亲近感，一句话，是由情绪和激情蓄积而成的能量。

这种情绪和激情为主的聚合力构成了马菲索利所说的现代社会的审美观念，审美不再是一种个人独特感受，而是一种浪漫主义的情怀，它强调整体性，强调人与人之间的关系，强调多元文化的包容。可以看到，在今天的社群中，审美不再拘囿于个体内在的体验，技术为我们提供了互通互联的虚拟空间，使人们的情感时刻处于开放状态，被他人所感受，自我的概念相对地延展了，我与他者之间的区别在弱化，主体与客体之间的界限模糊了。在虚拟世界，个人身份认同似乎在不断的情绪和情感交流，不断的感染与被感染中淡化了，形成了一种复数的"我"，或言，"我们"，也就是"近邻性或社群的非个人化力量"。（Maffesoli，

2000：30 & 163）按照马菲索利的说法：集体感性就是在想象的视野中超越自身，不论人们怎样称谓它，叫情绪、情感也好，或者神话、意识形态也好，都无所谓。总之，它超越的正是以个体为本的原子认识论，创造了一种看待历史的独特视野：中世纪是神学的视野；18世纪是政治视野；19世纪是进步主义视野；今天则确立的是美学视野。"在这种视野中，人们重新发现了致使社群冲动，神秘扩散或一种生态格局形成的不同配比的因素。"（Maffesoli，2000：31）

其次，既然新的审美视野是由集体感性形成的，那么滋养集体感性的社群势必要遵循一些心照不宣的规矩，即马菲索利所说的部落化社群的"伦理经验"（Maffesoli，2000：34 - 45）。我们常常将道德和伦理一并而论，实际上它们不是一个层面的问题，道德源自品德，具有普遍意义，而伦理则是特殊的。根据马菲索利的解释，它来源于希腊语的"伦理"一词（ethos），有将人们共同连接在一个居住地方的意思，如同纽带（水泥）黏结一样，"地点产生联系"就包含某种伦理。"正是根据一个地点的特性才产生出一种伦理，即一种纽带。"（Maffesoli & Fischer，2016a：104）道德只有一种解释，但伦理有多种形态。在现实社会中，尤其在一些职业中，伦理都有很具体的指向和要求，如律师、医师、教师、会计师等，当然商业中也有相应的伦理诉求。而社群伦理很难具体化，因为各种社群异彩纷呈，各有各的门道。但从整体上看，还是有一些共同特点的，因此用伦理经验这个词也许可以涵盖这种既模糊又隐约感到某种约束的情感。

在虚拟空间中，当然也在现实的社会中，重要的就是要学会如何"共同生活"。在现实社会层面，要学会在不同意识形态，不同社会体制，不同宗教，不同文化的背景下共同生活；在虚拟世界中，要学会在不同形态的社群或部落间和平共处，协调相互之间的小伦理，就单个社群而言，大家更要讲究共存共荣的相处之道。网络虚拟世界是个新生事物，它创造出一种新的生存环境，如何适应新环境并活得自在，同时相安无事，这需要摸索。马菲索利用"体觉"（coenesthésie）这个词来解释这种新的生存之道。17世纪的医生用体觉这个概念主要是指皮肤的感触，描述器官之间转换，以及流体向固体转换所得到的感觉。而19世纪心理学家主要是用这个概念描述孩子学步：孩子被某种闪光的东西吸引，踉跄哭闹，而后突然有了空间和其他所有感觉，学会了走路。这个概念挪用在数字化时代和后现代性上，就是我们如何适应虚拟世界中的新环境，如何调整我与他者（人或物）之间的关系，如何形成一种新的规范来共同生活。

第一，团结是社群参与者心照不宣的伦理经验，也是部落形态的重要特征。社群虽然没有某些职业伦理那么具体而严格，但还是有一些要遵循的法则，没有道德强制、社会理性约束，但有情感和情绪的认同。这种认同表现首先就是团结。它是由近邻关系（亲近关系）和热情构成的。马菲索利从社会学和历史发展角度考察了这种社群中团结的演变。他认为，早期基督徒的团结以及所形成的情绪化的社群是促成现代资本主义发展重要因素之一；19世纪欧洲社会主义工人运动也显示出共同情感或情绪感染的特征。而街区四邻的相互友爱，行业帮会的抱团，以及硅谷的创业者的激情聚合、团结进取的精神，日本企业中盛行的团队主义（groupisme）也都可以说明问题。这种聚合实际上是由共同场域环境构成的，也就是马菲索利所说的"场域法则"（loi du milieu）。场域法则不仅表现在地域空间上，因为这更能使人产生亲近感，也体现在做事和思想交流方面，因为人以类聚最关键的还是情感分享和趣味相近。尽管不同的社群中情感归属千差万别，程度不一，形态各异，瞬时而变，但对所归属的社群的忠诚度是可以感受到的，这就形成了某种约定俗成的团结，影响着人们做事或思想的习惯。马菲索利特别看重硅谷创业激情和日本企业中的团队主义精神，因为正是靠着这种精神，才焕发出科技和经济奇迹。团结本身就是认同的过程，而这一过程所产生的力量转化成一种奉献，正是社群存在的支撑。

在当今的网络时代，可以看到，这种认同感产生的团结更为彰显。应当说，人类社会中的部落情怀不仅原封不动地搬到了网上，而且随着网络技术的发展，其衍生速度和规模，以及呈现形态蔚为壮观。网民虽遁于无形，但比线下的社群更为亲近，频繁的刷屏得到空前的存在感，使人与人之间更亲近，不管你在何方，只要你在群里，都像在咖啡馆或家里说话一样。趋同，宽容，分享无处不在。自在，舒服，不孤独，情绪释放随意而为。社群中的人就像肘对肘、肩蹭肩一样，用相互交流、相互分享的热度和黏度维系着人与人之间的关系，这就是社群最简单的伦理底色。也正是基于此，社群作为信息传递和情感交流的媒介，大肆向经济领域扩张，电商平台，各种知识分享平台，以及各种游戏、视频网站等，利用社群构成之要素，即趣味分享、情感归属、团结共存的理念，建立起各自的商业群落，同时依靠网民的认同和团结向外围扩散，达到促销之目的。德国的 VORWERK 出产的多用途饭煲（thermomix）可以做上千种的菜肴，商家建群让客户分享使用该产品烹调的心得；视频网站爱奇艺正是根据客户的兴趣和行为分析，利用大数据技术，为客户推荐所喜爱的节目，如"猜你在追"；豆瓣网站正是靠读书社群、读者评分形成了流量分享及电子书（纸质书）的销售模式。不论是情感分享的群，还是由此形成的商业平台，都是靠情感认同的黏度，即团结维持的。"……在我看来，这种黏度在社群共同存在的理念中表现得最为充分。因此，我强调的就是要避开任何一种由道德演化而来的东西，要顺从事物本身的力量，因为那儿有相邻的东西（紧密相依），因为那儿有同一地盘的分享（不管是实在的还是象征的），我们才能看到社群思想和由此必然衍生的伦理。"（Maffesoli，2000：36 – 37）

　　第二，情大于理是部落化社群默认的一种伦理经验。如果说情感认同的团结是维系共同生活的伦理，那么情大于理也是一种伦理经验。这里的情就是情绪，就是集体感性，就是情感归属，这里的理是指理性的思维方式，是指凡事一定要辩出个对错，要有一个抽象的永恒的标准。马菲索利就举过这样一些例子：媒体在报道"爱心餐厅"（resto du coeur）① 的发展，亲朋好友负担失业哥儿们的生活，或者其他的善行善举的事件时，就会抓住这类事件的燃点，侧重情感面，而非"抽象的正义法则"。当然，这里不是没有抽象的理，而是在社群里，这类抽象的永恒的正义往往被地域共享（近邻）的情感相对化了。而这种情大于理，或者情弱化理其实就是基于情感的团结，是面对现实的公分母。（Maffesoli，2000：39－40 & 2015a：129－139）

　　不难观察到，虚拟社群和现实社会中的情况有一样的地方，也有不一样的地方，尽管网络的情况更为复杂，但情大于理的现象是相同的。网络部落中我们看到最多的是不同主题的群，是根据兴趣、爱好、背景与社会关系结成不同的群。其中有认识的朋友，也有新朋友，甚至有不熟悉的朋友。不论讨论什么事，转载什么文章，大家基本上有个共识，即或看法不一致，大家也要相互包容。可能你转载的文章或说的话，我不喜欢，我或可以沉默，或可以争辩，或可以委婉地表达我的看法。当然也有互撕互怼的情况发生，但不论怎样，保持群里和谐氛围是重要的，这也是网民共存共生的前提。大多数情况下，群里的情绪导向是一致的，当出现争辩的时候，我们看到，更多的还是情绪面占主导，当然其间也有以理服人的努力。群就是一个线下的社区，或街区，凡是进群的人，大家心照不宣地相互关照，保护群的祥和，

---

　　① 法国已故笑星高露士（Coluche）于1985年成立了一个"Resto du Coeur"的慈善组织，宗旨是让大家都能温饱，无论寒冷还是雨天，为流浪汉和饥饿的人们提供热食，每年冬天要对弱势群体开展赈济活动。

如果出现不守规矩，做出不利于群生存的事，网民会群起而攻之，将其剔除。实际上，从宏观角度看，也可以把整个网络看作一个巨大的群，是社会的镜像，所不同的是，虚拟世界要比现实社会更加丰富，更复杂，人性表现得也更为充分，尤其是人的想象可以得到淋漓尽致的发挥，广大网民的参与表达更加容易，也更易传播并得到回应，这是传统媒介所无法比拟的。情感和情绪的传播就如同参加一场演唱会那样很容易搅动起来，这种传播不论通过文章转载，还是回馈评论，图片共享，音乐共鸣，宗教信仰的分享，甚至公益活动，都可形成一股情绪流，形成一种隐于现实而发自民间的能量。这种能量最基本的表现形态就是情感认同。集体情感促成的团结，并不是不讲道理，而是道理太多，正所谓"公说公有理，婆说婆有理"，如此一来，所谓的抽象的公正就被不同的情感和价值取向相对化了。所以，不论是特殊的群，还是整个虚拟世界所形成的氛围，情感认同都是第一位的，不存在永恒不变的理，只存在相对而言的理。这种情大于理的伦理经验就会形成虚拟社群的包容共存的局面。

第三，互动是社群生命力表现，更是其延续的方式，是另一种伦理经验。多元化的价值观，容许异质化的事物和现象存在，促成了网民的积极参与和回应，也就是我们常说的社群的互动。而这种互动正是因群而生的连接，是社群得以延续的关键，因此，互动是社群内部，以及社群与社群之间得以维系的伦理。在一般的社群中，大家关注较多的是能引起共同兴趣的、有热度的社会话题，如抗疫中的中西医疗效的争辩，住房问题，中美关系，有关演艺明星或社会名人引发的事件，以及政治、经济、社会、法律等时事要点。这倒不是因为刻意选择一些话题来激发大家的兴趣，而是大家的兴趣使然，原来茶馆、咖啡馆的谈资搬到了网上，进入亲近熟悉的社群，大家在放松的状态中聊天交流，分享网上热门文章。网络社群之所以如此兴盛，与大家的互动参与有直接的关系。社群已经成为人们的精神家园，交流互动打开了个人封闭的空间，每个个人时刻处在一个群中，处在我们之间，与他人紧密相连，参与和回应首先是让社群更适在，更像一个家，也就形成了马菲索利所说的"集体自恋"。（Maffesoli，2010：151 - 152）大家的讨论尽管有不同的看法，但这是正常的，社群本身就是多元包容的，否则清一色的态势是难以为继的，这也是当代社会差异化、异质化的特征。

可以看到，参与和回应现象实际上反映了人性的基本需求，而这种需求在部落特征的社群中体现得淋漓尽致，网民的表达、表现的欲望得到了满足，即或是旁观者，也得到了精神上的愉悦，这也是社群形态吸引人的重要原因之一。也正是看到了这一大家乐于参与互动的特性，才产生了今天网络爆火的粉丝经济、网红经济，才创新出直播的形态，才创新出一刻都不能忍的"弹幕"形式。不论何种社区，都是要靠互动摩擦生热的，这种热度就是情感分享，就是场域的亲近感，就是你舒服，我也舒服的环境，就是较真且包容的心态，这些便构成了具有部落特征的社群的伦理基调。

三　个人与部落

上面讨论的社群对社会生态的平衡作用，集体感性的审美视野，以及情绪占主导的部落伦理经验，都涉及人的价值观的转变。而这种转变恰恰是数字化时代最显著的特征。

马菲索利早期成名作《部落时代》的副题则是"后现代社会中个人主义的衰落"。在这部著作的再版前言中，作者明确地预示："我希望本书的分析是站得住脚的，有一定的前瞻性，我想通过分析来说明，部落的回归与社会生活中显露的价值观念恰恰吻合，而且我还要指出，这种倾向仅仅是个开始。是的，部落主义不论从哪方面讲都将是未来几十年占主导的价值。"（Maffesoli，

2000：Ⅳ）《部落时代》初版的时间是 1988 年，那时信息技术刚刚兴起①，在欧洲还不是很普及，但后现代社会的形态已经形成，马菲索利在书中提出的情绪社群，蕴藏于社会基层的力量，部落主义、多元文化和近邻特性等理论实际上在而后到来的互联网时代都得到了印证。因此，才有了《部落时代》2000 年再版前言中的上述预言。现在回过头看，互联网上的社群呈现出的部落形态确实已经形成了人际交往的最基本特征。而由此显现出来的价值观念与个人主义为主导的价值观念有着明显的不同。按照马菲索利的说法，这就是现代社会向后现代社会转变的标志②。下面我们就来分析一下这种部落情怀回归中的观念的转变。

数字化社会中最大的变化就是个人主义的价值和内涵改变了，作为个体的"我"已经远远超出了其本身的含义，变成了"我们"。马菲索利认为，个人主义实际上是一种约定俗成但过时的概念。从历史上看，个人主义的发展经历了四个阶段：第一阶段是笛卡尔的"我思故我在"。第二阶段是新教改革，圣经被翻译成一般性的语言，印刷术的普及使得每个人都可以接触到上帝，不需要作为中介的牧师解释圣经文本。第三阶段是启蒙时代，最好的例子就是卢梭的《爱弥儿》，这部小说传递这样一种思想："教育能够成功地将一个动物，也就是那个野孩子驯化成人，文明化的野孩子变成了一个自主的个人。"（Maffesoli & Fischer，2016a：77 – 78）自主意味着他本身遵循着属于他本人的法则。而经历了上述三个阶段个人主义的发现后，欧洲社会进入现

---

① 法国在 20 世纪 70 年代末期发明的 Minitel 信息技术和应用曾风靡一时，涉及电子邮件、线上购票、信息交换与传播等，一度拥有 2000 多万用户，被认为是后来兴起的互联网的雏形。马菲索利在《部落时代》中曾论述过信息技术给人们带来的观念上的变化，认为新技术唤醒了古老的部落形态。

② 马菲索利认为，后现代社会的形成开始于 20 世纪下半叶科技迅猛发展的时期，尽管 20 世纪早期在建筑领域后现代主义已显端倪。西方有关后现代性，或后现代主义有不同的说法，但多多少少都有对传统理性观念的解构的意味。

代阶段，"社会契约"代表着个人主义发展的第四阶段。社会契约基本思想是：我个人有能力创造我的历史，我去和其他自主的个体订立契约，从而创造世界的历史。"这种个人主义构成了社会机体的骨架，基于此轴心形成了由理性、'社会契约'和进步思想铸成的社会结构。"（Maffesoli & Fischer，2016a：78）

而进入马菲索利所说的后现代社会，部落主义开始成为不可忽视的现象："日常生活和仪俗，狄奥尼索斯享乐主义象征的集体情绪和激情，重视身体的塑形和沉思的享受，当代游牧主义的复活，这一切都如影随形跟随着后现代的部落主义。"（Maffesoli，2000：Ⅲ）支撑这些文化现象的正是部落化的人格主义、现时主义和情绪主义的新观念（Maffesoli，2018：109），这些绝非是传统的个人主义所能涵盖的。实际上，这些现象已经在默不作声地"解构"西方社会建制和文化的基本理念。

马菲索利认为，个人主义的衰落与唯理性主义的排他性是分不开的。所谓理性主义是西方文明的根深蒂固的思维方式，它的显著特征就是承认这样一个公理：上帝是万源之本（因），由此导出线性思维的因果逻辑，也就是所谓的逻各斯（Logos）。这种思维惯性导出所谓的"一神论"，即将一切事物原因纵深推演到上帝的思维方式。马菲索利借用波德莱尔的一句话对这种理性进行了批判："上帝是最大的偏执狂"，理性的终极推导最终归结为一种神性，而在知识分子纯粹理性态度中就有这种偏执狂。马菲索利引用库恩《科学革命的结构》的论述来佐证一神论线性思维为何长期统治世界。欧洲17世纪以来知识的形成显示出明显的功效性，为了证"因"求"果"，不免抛弃一切无用的"累赘"，诸如梦幻、节庆狂欢、游戏等因素，只有直奔主题，才不会降低理性思维的效率，才不会阻碍科学的发展。几个世纪以来科学和技术的发展正是理性思维的结果，现代社会也正是这种理性极盛的产物，由此形成了理性为主导的思维范式。这种理性观念造就了现代社会的建制基础，确立了个人主宰社会和自然的地位。在马菲索利看来，17世纪到20世纪上半叶的整个社会都是以"愿望/权力"为本质特征的，即所谓人要控制一切，人是自然的主宰和占有者，强调理性、强调个人价值和社会进步，认为社会的发展应当建立在要达到终极目标的"应当如此"，而不是"想要如此"的逻辑之上。20世纪下半叶后期，根植于互联网中的后现代性逐渐显现出来，以往那种要控制经济、社会和政治的观念达到了饱和。在数字化时代个人主义价值观逐渐衰落，集体感性的部落意识兴起，各种形态的虚拟社群悄无声息地推动着人们观念的改变。作为个体的人虽然有自己的思想，但更多的是被思想，是自我与他人之间的影响与被影响的交流。这种从"我"到"我们"的转变是后现代社会最本质的变化。我们看到，这一转变说明以下几个问题。

第一，虚拟社群的发展反映出部落情怀的回归，是对人性原初形态的再认识，是一种寻根式的表达。在这之前的社会建制实际上是在逐步固化人们的思想、生活方式、劳动价值观，所有生活的意义全部凝结在一种以实用为目的的社会经济框架之中，也就是马菲索利所说的"资产阶级化"，即一切以经济利益为逻辑的"现实原则"，个人主义由抽象的概念转化成实实在在的生存法则。一个孩子想学艺术，大人就回答他：还是学法律或者医学，"现实原则"只关注让生活更有保障的薪金和物质条件。这种个人主义将现实生活只压缩到经济、政治和社会层面，实际上，社会生活丰富多彩，人性的需求也是多维面的。而网络社群的出现打开了固化的思维模式，情感层面的东西更容易释放，如幻想、诗歌、梦境、游戏等。实际上，现实生活中有很多非经济的行为，比现实原则的内涵要丰富得多，包含着人类原初行为的模型。马菲索利在讨论个人主义问题时，不断强调这一概念已经饱和，一神论的思维模式无法解释当今的多元文化和各种意识形态的纷争，其本意并不是排斥理性在社会经济生活中的作用，而是不喜欢理性至上的排他性。因此他提出所谓"感性理性"的概念，即在重视理性的情况下，要考虑到感性的因素，要考虑到情绪的作用。

第二，网络社群的出现，唤起了一种部落形态的集体意识，个人的角色在发生转变。网络社群出现之前，社会阶层和社会建制是明晰的，但社群建立之后，以社会契约为基础且个人主义的固化内涵发生了变化。原来社会经济和政治的组织和建制是以个人为中心形成的，同时，个人与个人、个人与机构的关系也是由社会契约的基本概念结成的。个人主义具有强大的内化凝聚功能，是整个社会运转的核心。但进入网络时代，也就是马菲索利所称的后现代社会，个人主义的理念被集体人的概念所冲淡。网络环境下的社会是由复杂的有机的结构形成的，与现代社会机械死板的结构不同。人不再是个体的人，而是社群集结的大众，他们集合在一个社群中，不是靠证明自己的身份，而是靠情感，靠部落的"趣味分享"来聚合的（Maffesoli，2000：18－19；2012：14－17），在虚拟文化中，个人的意识逐渐发生变化，不论是发表个人见解，还是受其他人的影响，都有一定的趋同性。其实这种现象在网络外的世界中也是存在的，但由于网络社群覆盖面广，数量极大，网民参与度非常高，因此从众现象尤为明显。同时，情绪聚合形成的氛围也大大地淡化了个体的作用。不是说个人主义的作用完全消失，这是不可能的，尽管已经动摇，但它依然是当下社会建制的重要组成部分，只是说它的作用趋于饱和。起码在网络世界，真正起到作用的，是情绪驱动的大众网民，是"我们"，而不是个体的"我"。我们看到，网络世界造就了另一类人，更准确地说，人被分裂成社会现实中的人和虚拟世界中的人。虚拟世界中的人是以情感联络趣味相近而形成的，其特征是大众，而不是个体的英雄。如果有，也是大众的代表，是一种情绪。这种去个人化的情绪是一种社会基础层面形成的力量，来无形，去无踪，千奇百态，不是理性可以充分理解判断的，不论整体还是个体，社群都具有不稳定的特征，网民可以参与不同的社群，同时也可在其间跳来跳去。总而言之，由情感或情绪聚成的社群在塑造新的人，而且是复数的人。"我们的时代，也就是人们所说的后现代社会是由各类情态、各种情感和极端的行为构成的，它们引领我们大大胜于我们控制它们。"（Maffesoli，2003：97）

第三，另一个导致个人主义衰落的因素是多元文化的兴起。马菲索利用一个形象的比喻说明其中的原因，这就是一神论思维模式向多神论的相对主义的视野转变。西方的思辨始于本体论，存在、上帝、国家、建制、个人都是理性推导的产物，个人则是本体论最后的体现。而东方的思想则是一种基于本体而向外扩展的思维（l'ontogenèse），（Maffesoli，2000：XVII），不重推演而重融合，思想的演绎永远大于一，东方的思想接近于多神论的视野。一神论来源于犹太－基督教的思维方式，即认为世界万源最后归结到上帝，而且以二元对立的视野看待世间万象，《圣经》开宗明义：上帝将光明与黑暗区别开来。由此导致躯体与精神，自然与文化，物质主义与心性，政治与神秘的二元对立，这种割裂法则便成为普遍适用的思维范式（paradigme）。在19世纪理性至上的社会，个人的价值得到充分的肯定，并建立起由个人主导社会，主宰自然的社会建制和文化，即社会契约。按照马菲索利的看法，这种观念的本质出自"世界应当如此"的理念，社会契约在确定人与人、人与社会之间关系的同时，也喻示着完美社会的愿景。在马菲索利看来，"应当如此"的进步主义思想不过是救世主降临说的逻辑演绎，根子上源于这样一种认识：世界不好，必须要寻找并期盼一个好世界。这就是19世纪发展起来的人类解放的理论基础。奥古斯丁所谓"上帝之城"的美好愿景实际上是虚幻的，人类要穿过"泪谷"达到天堂，这种愿景后来演变成通过人类解放的理论而达到地上天堂，即达到一种完美的社会，随之形成了"拯救经济"，而这又变成了名副其实的经济。这种追求本质上可以追溯到一神教的意识形态，即用单一的思维模式，或一种意识形态机械地、排他地确定世界的未来发展，并将其定义为所谓的进步主义（Maffesoli，2011：16）。① 但这种思维定式显然很难解释当今的世界：当今世界纷争不断，有宗教战争，有意识形态纷争，都与排他性的一神论思维方式有关（Maffesoli & Fischer，2016a：54 - 58）。② 当今大到世界格局，不同的社会形态，小到网络社群，各自有各自的"应当如此"道理，由此纷争不断，很难定于一尊。很显然，世界不是强势的单一意识形态（或真理）能够摆平的，因此，要以相对主义眼光和包容心态去看待世界，即用东方的本体衍生融合的视野看待世界：当前的世界是一个多元文化共存共荣的社会，也就是马菲索利提出的"共同存在"（être-ensemble）的社会，有矛盾，有纷争，但也要生存发展，最好的解决方法就是维持"冲突和谐"，或称"矛盾和谐"的状态，而非你死我活，非此即彼。多元文化和相对主义的态度在当下越来越被认可，这既是面对现实做出的"不得不"的选择，又是一种共同生存的策略：不是不作为，而是要顺势而为。也就是马菲索利所说的"顺势疗法"（homépathisation）（Maffesoli & Fischer，2016a：98）。我认为这里至少包含两层意义：其一，要顺势而为，要有超越的视野，也就是说，站在超越二元对立的高度，将整个人和社会看成一个有机系统，对所谓"恶"要以化解

---

① 实际上，马菲索利更愿意用进步性来表述世界的变化和改进。进步性是一种远古的智慧，就是承认随着一些事的消逝，另一些事又出现了，而不是要通过解释来抹杀复杂的个体意识和集体无意识，这是不可能的。实际上，进步性涉及我们每一个人所处的社会阶层和平民文化的积淀。

② 马菲索利在论述这一问题时，还举了一些例子：每一种宗教都有其理想社会的范型，都有其偏执和狂热的一面。之所以现在世界带有宗教色彩的战争不断，都与只承认一个神，一种理念，一种原因有关。

疏导为主，而不是针对性的消灭，这一点有点靠近中国中医的思想。其二，"顺势疗法"讲究共存，讲究多元，讲究相对视角看问题。对社会生活过分消毒，将世界"巴斯德化"，这种现代性的伟大理想（Maffesoli，2010：47）①，实际上是打破了自然和社会的生态。

多元文化和相对主义的盛行逐步确立起一种新的思维范式，或者说一种新的价值观，这种新理念挑战的正是个人作为世界的主宰和单一意识形态的排他性。理性为核心的个人主义价值观和社会建制趋于饱和，日常生活中的人、网络社群聚集的人，以及意识形态各异的人已经不是传统的个人主义理念所能涵盖的，网络社群使人的原始本性有更多机会展现并得到满足，真正的人道主义不仅要展现人类崇高的理性，还要展现复杂的、日常的、感性的需求，就是马菲索利所说的"人类生存基壤"（l'humus dans l'humain）（Maffesoli & Fischer，2016a：37），网络使人从"完美的人"转向了"完整的人"。

总之，网络社群的兴起，开创了一种文化的新格局，一神论的思维模式，二元对立的哲学观念，以理性为基础的个人主义观念已处于饱和状态，单一的思维范式渐渐势弱，无数的社群形成无数微小的自治域，构成以集体感性和情绪为主导的丰富多彩的世界，信息交换，知识爆炸，即时享乐，经验分享，情感共鸣无处不在，无时无刻不吸引人们入网分享，网络给人们提供了发挥想象、实践想象、共享想象的环境，创造文化不再是文人墨客的专利和给予，全民参与、全民创造、全民抒发的时代到来了，高手在民间，高手天天有。按马菲索利的话说，这就是世界的巴洛克化，这种情态正是时代的面孔，时代的形态。（Maffesoli，2015b：20－27；2007：153－189）今天的世界是一个多元化的世界，它比

---

① "巴斯德化"即为巴氏灭菌消毒法。

以往任何时代都要丰富多彩，社群使人前所未有地处在与他人相连的状态中，作为个人的"我"不再孤独，而是涌入"我们"这个集体之中。社群具有的部落氛围让我们感到适在，因为它大大地释放出人类想象的力量，使人更接近于恬适多元的自然状态，更接近人类共存的理念。

【引用文献】

Bartlett, Jamie, *The People Vs Tech. How the Internet Is Killing Democracy（and How We Save It）*, London：Ebury Press, 2018.

Maffesoli, Michel, *Le Temps des tribus. Le déclin de l'individualisme dans les sociétés postmodernes*, Paris：La Table Ronde, 2000.

Maffesoli, Michel, *Notes sur la postmodernité. Le lieu fait lien*, Paris：Éditions du Félin/Institut du monde arabe, 2003.

Maffesoli, Michel, *Au Creux des apparences. Pour une éthique de l'esthétique*, Paris：La Table Ronde, 2007.

Maffesoli, Michel, *Le Temps revient. Formes élémentaires de la postmodernité*, Paris：DDB, 2010.

Maffesoli, Michel, "L'Initiation au présent", *Les Cahiers européens de l'imaginaire—Technomagie*, Paris：CNRS Éditions, 2011.

Maffesoli, Michel, "À chacun ses tribus, du contrat au pacte", Maffesoli, Michel & Perrier, Brice, eds. , *L'Homme postmoderne*, Paris：FB, 2012.

Maffesoli, Michel, *Le Trésor caché. Lettre ouverte aux francs-maçons et à quelques autres*, Paris：Léo Scheer, 2015a.

Maffesoli, Michel, "Le Rythme de la vie postmoderne", *Les cahiers européens de l'imaginaire-Le Baroque*, Paris：CNRS Éditons, 2015b.

Maffesoli, Michel & Fischer, Hervé, *La Postmodernité à l'heure du numérique. Regards croisés sur notre époque*, Paris：FB, 2016a.

Maffesoli, Michel, *Être postmoderne*, Paris：Les Éditions du CERF, 2018.

Maffesoli, Michel, *La Force de l'imaginaire. Contre les bien-pensants*, Montréal：Liber, 2019a.

Maffesoli, Michel & Strohl, Hélène, *La Faillite des élites. La puissance de l'idéal com-*

munautaire，Paris：Les Éditions du Cerf，2019b.

Susca，Vincenzo，*Les Affinités connectives. Sociologie de la culture numérique*，Paris：
Les Éditions du Cerf，2016b.

［美］托马斯·M. 尼科尔斯：《专家之死》，舒琦译，中信出版集团 2019 年版。

虚拟文化中的"无用之用"

——想象和游戏本能驱动世界再悦化

【内容提要】"无用之用"典出《庄子》，其含义为，世间万物并非都要有实用目的，看似无用的东西或许相对于人的精神需求是有用的。理性和功能性是现代社会和经济有效运行的基本原则，很多无用却可满足精神需求的东西在现实社会中相对被抑制。但虚拟文化却可普惠性地满足看似无用的精神需求，人性中的潜能和享乐本能前所未有地得到释放。互联网上看似无用的娱乐性消费悄然无声地改变着经济结构，文化产业因互联网而蓬勃发展，从而使人的非生产性的精神生活得到满足。

【关键词】虚拟文化；无用之用；娱乐消费；功用性/想象性；虚拟精神圈；文化产业

虚拟文化时代的到来，已经大大改变了人们的生活方式。20世纪后半叶至今，互联网，尤其是移动互联网蓬勃发展，为虚拟文化消费提供了多样化和普通人可及的条件，整个社会和文化都进入多元时代，技术的发展使人的潜能和欲望得到充分的释放，一些观念也在发生改变。面对这种社会变局，法国社会学家米歇尔·马菲索利的观点有独到之处，他有关社会组织的功能性和虚拟文化消费的理论对于我们理解虚拟文化，尤其是大量娱乐性的、无实际应用价值的网络消费有所帮助。虽然马菲索利的理论是基于对西方社会经济的观察而得出，但由于东西方都以市场经济为主导，而且在互联网发展方面齐头并进，由互联网科技引发的精神需求是有共通之处的。

本文着重探讨三个问题：在网络科技发达的今天，以实用原则为主导的社会经济价值如何被精神需求层面的多元价值所稀释？互联网是如何使世界再悦化，焕发出人性中的非功利的想象需求？而虚拟世界中的"无用之用"又是如何衍变成其用无穷且为大用的概念的呢？

一 功用性向想象性转变

马菲索利认为，资本主义的形成与18世纪以来逐渐形成的理性至上的价值观念有直接关系。马克斯·韦伯和托马斯·库恩从不同层面论证资本主义发展的逻辑，认为在理性主义和科学发展之间存在着紧密的关联。韦伯在《新教伦理与资本主义精神》一书中表达了这样一种观点，即资本主义的兴起代表着一种现代性，而其本质的特征就是将泛化的理性贯穿于世间的一切存在；库恩在《科学革命的结构》中则强调，欧洲17世纪以来知识的形成显示出明显的功效性，理性思维的特点就是直截了当，就是强调一因一果关系，强调理性思维的效率及其终极目标，因此才有科学的发展必然导致技术的广泛应用的思想。几个世纪以来，科学和技术的发展正是理性思维的结果，现代社会也正是这种理性极盛的产物，由此形成了理性为主导的思维范式。（Maffesoli，2010：139–140；Maffesoli & Fischer，2016：43–47）

在马菲索利看来，西方宗教改革之后发展起来的新教主义看重的是世界的未来，是对《圣经》的一种新的理解，它的兴起孕育出一种新的世界组织，这就是资本主义。而它的观念就是：要将现实社会引向一个预定的非现实目标。所谓非现实就是未来世界的宏图，它是建立各种事物新秩序的基础。这种预设一种未来发展目标的思想，源于犹太人的预言和基督教末世说，而由此形成的理性、法律、政治、社会等一系列观念是建立在一个普遍真理之上，即人类为奔向美好天堂要不断付出的进步神话。这种"应当如此"的世界观所确立的经济和社会最基本的道德，就是生产道德，即一切工作都是为了实现自我，满足自我，道德被看作一种自我和世界的"经济"。（Maffesoli，2009：58－59）人类的行为如果不是为了生产，不是为了实现一个虚幻的愿景，那就没有意义。但在人类日常生活和行为中，满足某些行为和欲望并不是非要达到某种目的，更不是为了生存而生产，因为世界上本没有那么多的功用性。马菲索利举了两个例子来说明非生产性的人类活动。一是《圣经·创世记》中，犹大让儿子欧南顶替死去的哥哥跟寡嫂生儿育女遭到欧南违抗，欧南将本来传宗接代的功用性变成了非生产性的享乐，变成了由想象带来的快乐。另一个例子是夸富宴。夸富宴是美洲墨西哥社会炫耀性馈赠的一种形式，在公共节日里由富人尤其是商人举办。"通常，一个首领将大量财富隆重地赠予其对手，目的在于羞辱、挑战并强迫他。受赠人要消除羞辱、接受挑战，就必须履行接受馈赠时约定的义务：他只能稍后举办一次新的、比前一次更为慷慨的夸富宴来进行回应。他必须超过原数地奉还。"（巴塔耶，2019：120）这样一个仪式就是一种消耗性的炫耀，是一种赠予者与接受者之间财富的挥霍和毁损的竞争，竞争者从而获得相应的威望和地位，最终还是达到获取和占有的目的。马菲索利在夸富宴中看到的是，在这种毫无实用价值的挥霍，也就是看似无用之举背后还是有一种抵偿性的作用。民间的智慧是知道如何操作，使得看似无用的输实则为大用的赢。夸富宴这种前现代社会的仪式与当今互联网很多社区及游戏应用有异曲同工之妙。网民的活动很多都是非生产性的、无用的耗费，却通过社交联络获得了彼此的亲近和团结（Maffesoli，2010：153）。

我们看到，马菲索利的例子都是古老的习俗，却反映出人性的自然情态。而进入现代社会后，对财富和现实利益的追求不断强化理性至上的逻辑，强化由理性推导出的功用性的作用，一切社会和文化的价值都要遵循投入产出的生产性逻辑，都要向预先设定的"进步"方向发展。"为了达到这一目的，就要轻装上阵，抛弃一系列无用的行李，这些累赘就是梦幻、游戏和庆典狂欢。唯有这样的抛弃才保障了西方文明的完美无瑕，并在 19 世纪末战胜其他文明。"（Maffesoli，2010：141）然而，正是在资本主义发展的极盛年代，社会的非生产性和想象的需求也在膨胀，因此在20 世纪六七十年代形成了所谓的消费社会。有关消费社会和资本主义发展逻辑，马菲索利很欣赏乔治·巴塔耶的理论：一般说来，资本主义社会总把有关人的东西当作物（商品）来看待，一切都是围绕着有目的性的生产方式展开，而将所谓的没有目的的奢侈消费（耗费）的作用降低了。这种有限经济发展到极致就会导致整个世界的能量链条的崩溃，因此巴塔耶提出了所谓普遍经济的理论，即应用无目的性的耗费（奢华、慷慨、游戏、奇观、艺术、宗教膜拜等）将蓄积的利润和能量加以释放，以避免以战争形式实现的悲剧性耗费。（巴塔耶，2011：124－140，汪民安编）在巴塔耶的耗费概念中，马菲索利更看重的是人所拥有的自然的生命力，"耗费实际上就是一种表达讽刺、欢笑或幽默的随性阵发的方式，当然这也可以看作一种集体心理治疗的方式。同时，它也是社会能量产生的原因和结果，而这种社会能量在权力的游戏和秘诀中是永不枯竭的"（Maffesoli，2000：100）。马菲索利所要说明的是，耗费是人的本性需求，不见得非有什么目的性的约束，这是一种平衡社会的稳定的能量，他引用柏拉图的说法，老百姓的"智慧的享乐主义"其实是获得心满意足的生活最管用的方法，多少君主和不同的政权都知晓其中的奥妙。实际上，在消费社会中，有两种消费：一种是满足基本生活需求的消费，属于生产性的消费，一种是非生产性的消费，也可称作耗费，它是无目的的，满足的是精神上的需求，更多地表现为享乐性质，"它不是功能性的，是额外的东西"（Maffesoli，2012：192）。必需的消费和额外的消费（耗费）两者相辅相成，才能顾及百姓生活的各个方面，才能提升百姓生活的满足感，这也是构成社会的稳定和平衡的关键。

在虚拟文化已成为主流文化形态的今天，功用性的必需的消费越来越丰富，但非功利性的消费也成为人们日常生活不可或缺的重要部分。社会的消费形态正在发生巨大的变化，必需的消费的功用性逐渐被稀释，而非功用性的娱乐消费，尤其是线上消费则显得愈发持重，人们的想象性满足成为生活的重要部分，这也是虚拟文化飞速发展和繁荣的关键。想象性是精神领域，或如马菲索利所说的"虚拟精神圈"形成的核心要素，任何线上交流和游戏娱乐都是以想象为基础的。想象是互联网时代各种形象变体（avatar）的原动力，更是精神满足，或者说非功能性消费的对象。任何虚拟世界的社区或部落，任何形式的娱乐应用，任何云端建立的新型人际关系，任何显形的或隐形的潜能和欲望，任何情绪的聚合，任何集体情感认同，任何行为方式和情感的同化，都与想象有关，都是因想象而起，最终的结果又是想象的变体。

二 "无用" 使世界再悦化

马菲索利提出这样一个观点：19 世纪以来技术发展改变了世界，理性促进了科学技术的发展，理性的地位由此确立，同时由理性固化的社会和个人主宰了整个世界。世界的神秘特征不断被破解，个人独立的地位不断被强化，以个人为中心的理念实际上使个人与社会处于相对隔离的状态，人在群聚的社会中不免产生"聚生性孤独感"，世界的神秘和魅力渐渐地失去光泽，结果导致世界的"去悦化"的现象。而作为新型科技的互联网却大大地改变了世界的面貌，形成所谓虚拟文化。个人不再相对隔绝于周边世界，虚拟空间创造了与他者及他物的新型关系：个体永远处于一种与他者接触，处于一种联合、情感相通和被链接的状态之中，周边的一切都是不确定的，是无限可变的，而且不断地处于与他者的相会中，接受来自他者的信息和音视频的形象，这种交流自然扩大了个人的视野，会得到意想不到的惊喜和欢愉。周边世界带来无限可变性，同时孕育着对神秘的向往和追求，使整个社会在精神层面处于一种整体的舒适状态。这就是所谓的世界的"再悦化"（Maffesoli，2010：163，170；1998：20）。

使世界再悦化的根本要素就是不断催生人类欲望的想象性。想象的载体和呈现方式在虚拟世界中是最容易实现的。实际上，互联网为我们构造了一个无所不包的想象空间，其最突出的三个特征恰恰是由"无实际用途"的愉悦动机促成的。

第一，虚拟世界天然地让网民感受到一个空间感被极度压缩的近邻效应（proxémie），这是马菲索利在分析后现代社会部落现象时提出的一个重要概念。这个概念与"趣味分享"和"返回孩童时代"构成部落的三个特征，在虚拟世界中尤为明显。近邻效应实际上是最使网民感到愉悦的感受。在网络社群或部落中，网民只要上网，便会持续性地与社群里的所有人处于接触状态，就如同在一个巨大的无形的咖啡馆聊天，所聊的话题和交换的图片、视频等大多是些无实际用途的内容，当然其中也不乏一些锐话题，但仅仅作为人们的谈资。越是非功利性的交流越容易激发一般网民的想象欲望，在这种精神散游和松弛的状态中，一些梦幻式的想象，一些欢愉的形象，一些搞笑的段子和抖音形态的短视频时时出现，而且颇受欢迎。很多段子和有趣的视频之所以迅速刷屏传播，就在于它们所提供的内容契合了网民的想象需求，可能人们没有想象出这样的表现形式和内容，却被这种形象所触动，情感发生了共鸣，形成了所谓的"集体想象物"。正是这种集体想象物的出现才强化了社群或部落中的近邻效应。互联网的裹挟力和覆盖面是巨大的，它所起到的效应是传统的线下传播根本无法企及的；而互联网的互动功能，使得相关的衍生反馈更是不计其数。从微观的社群角度看，群里的人本身就有一种归属感，个体的自我自然变成了集体的我们，不管在哪里，我们都是在同一"咖啡馆"中因某一想象物相会，邻近效应非常明显。从宏观的互联网角度看，只要是大家感兴趣的内容都会通过网络的各种传播方式扩散，无形中形成了隐性的民意调查，它不仅仅呈现出某种见解，而且更多地反映了人的欲望和想象。

不论从内容上还是从形式上看，这种近邻效应都不具有功能性的实用特征，但却意外地产生了一种集体享乐的效果，产生了与他人分享的愉悦。正如马菲索利所言，地点产生联系，这个地点就是互联网，而形象作为一种媒介，作为沟通交流的所指，在互联网这个地点中巧妙地将个体和集体联系起来。

第二，互联网已成为不断制造狂欢、冲动和激情的载体，人类的游戏本能通过想象的中介不断被激发，从而产生更新更刺激或更细腻的游戏产品以满足网民的需求。网络游戏种类众多，可以满足各类人群不同的需求。这些游戏大部分都有非常绚丽的形象，可产生强烈的幻觉感，制造出梦幻般的场景，而且游戏装备和晋级，甚至角色的战队也都符合以刺激为主的游戏竞争法则。随着技术的发展，VR、AR 和 MR 的游戏相继进入网络游戏市场，幻觉感、全息感、互动感更为强烈。如果说 2D、2.5D、3D 的游戏以形异绚丽为特色，那么 VR、AR、MR 类游戏则更有带入感、互动感，使玩家身临其境，角色感更为真实，视觉冲击力和周围环境带来的愉悦感更强。可以说，形象创造是虚拟文化中的核心，在网络游戏中，形象更多调动的是情绪、猎奇感和成就感，而这些恰恰是人性最基本的需求。游戏确实与现实实用原则相悖，但它是人类创造的原动力，是人类精神满足的重要方面。游戏的娱乐性刺激激发想象，而想象又是各类创新的源泉。

第三，以想象为基础的再现，使互联网成为一个不断变化、充满奇异的艺术世界。再现（représentation）这个词是由呈现（présentation）而来，意思是在对某物如实呈现的基础上再对其加工并再现，因此该词也有表演的含义。再现实际上就是一种针对对象物进行的再创作，在这一过程中，人们为对象物赋予了很多个人的情感和欲望，形成了所谓的想象物。而互联网正好为这种再现尽情施展和发挥提供了再创作的条件和空间。在再现的过程中形成情感同化，通过他者的认同而表现出自我的个性，这种个性又逐渐形成集体的情绪，即共同存在的欲望及其表达，同时也是使集体快活的分享，也就是所谓的"集体自恋"（Maffesoli，2010：151–152；2007：246）。正是由于互联网无限容量地为网民提供了参与和角色扮演的可能，各式各样的再现才构成了与现实世界截然不同的天地，现代技术为想象和欲望的再现提供了强有力的支持，没有做不到的，只有想不到的。传统的文学、艺术、舞台表演、图片、音乐、绘画等的艺术再现形式，门槛过高，普通老百姓难以企及，再现的表达欲被大大抑制，而在互联网构造的虚拟世界中情况截然不同。

蓬勃发展的互联网就是证明：一是参与人数众多。中国网民已过九亿之多，网民很容易通过各类社区应用和自媒体进行表达，诸如新浪微博和 QQ 社区都有数亿注册用户，公认最好的读书社区豆瓣的用户也多达 7500 万（2013），而深受欢迎的微信公众号订户也逾千万（2017）。根据中国互联网络信息中心 2019 年的报告，网络文学和手机网络文学的用户超过 4 亿。实际上，不论怎样的社区，任何一个注册用户都是一个言论发布平台，这与传统的出版和发行行业形成了鲜明的对比，不论从信息量还是传播效率上讲，两者可谓天壤之别。在网络的环境下，普通网民营造出一种与线下截然不同的文字、音视频的再现表达体系，包括简洁形象的网络语汇、适合短时间阅读的文体、虽为碎片但不失精要的知识体系、突出的符号表现力、十分钟左右的知识课程、投其所好的推荐功能、短视频新闻、直播、幽默搞笑的段子，等等。

二是技术手段极大丰富了网民再现想象的能力。美篇、美图秀秀、糖水、初页、拾图、易企秀等软件可以将各种情感呈现集合在一起，达到一种复合效应。比如，将文字、图片、音乐、形状、背景图版等聚合在一起，增强放大情感效果。技术手段帮助网民强化了只可意会的感知，应用软件的再现功能激发了人的联想和想象，而人的难以言表的情愫又通过技术手段找到了相适应的呈现方式。"集体想象"，或"集体自恋"实际上就潜含着这层意思。就大多数网民而言，互联网给老百姓所提供的除了想象再现的机会，也有实实在在的愉悦。

三 无用之用乃为大用

互联网出现之前，非功利性非生产性的消费，如奢侈品的消费、游戏和文学艺术的消费已经成为生活中必不可少的部分。但互联网的出现却将娱乐性、非生产性的消费大大强化了。消费的概念发生了巨大的变化，中国网民高达 9 亿多，平均每人每周上网的时间约为 30.8 小时。除了用于工作，即时通讯、视频节目、游戏以及网购等其他娱乐休闲性应用占用了大部分时间。① 很明显，信息技术的发展不仅大大提高了生产效率，更重要的是极大地丰富了人们的休闲生活，刺激了人们对非功利性的消费的欲望。很多网络上的看似无用的消费，如游戏、聊天、网剧、搞笑视频等，实则极大地满足了网民的精神需求，就如同庄子在《逍遥游》中举的例子："今子有五石之瓠，何不虑以为大樽，而浮

---

① 中国互联网络信息中心《中国互联网络发展状况统计报告》，转引自《经济参考报》2020 年 4 月 28 日。另据来源于互联网的信息，全球网民平均上网时间略高于中国网民。

乎江湖？而忧其瓠落无所容？则夫子犹有蓬之心也夫！"庄子这段话的寓意就是：不要考虑大瓠有用还是无用，起码可以此为樽浮于江湖而逍遥。从非功利角度出发，无用的事物起码可用于逍遥，帮助人们摆脱现实生活中的痛苦和烦恼，从而满足精神上的需求。

消费重心的偏移实际上带来两个变化：非功利性无用消费不仅多层次地满足了人的想象性的需求和潜能的发挥，而且潜移默化地改变了理性至上和经济实用原则，重新唤醒人性潜在的需求；第二个变化是重新审视"无用"的消费对社会和文化的更新改造，看似无用的消遣和娱乐，实际上激发着人的创造力、想象力和智力。更重要的是，虚拟的交流、聚集、兴趣分享以及非功利性的游戏娱乐，实际上在改变着社会结构。互联网构筑的新的社会结构和理念，正在形成一种新的文化和价值：互联网耗散的结构，共通共链产生的近邻效应，共同生活的意愿以及趣味分享的快乐，还有无拘无束无压力的感觉，貌似无用的游戏娱乐都在重构我们对世界的认知；人们因网络而聚集，共处一个空间，思维方式因虚拟环境发生变化："在互联网中，人们从一种话语神圣的逻各斯中心论的传统过渡到另外一种更为逻各斯中心化的传统，这就是唯有与他人分享的空间，唯有网站才是至关重要的。"（Maffesoli，2010：159）正是网络制造的虚拟空间，才能使共同生活的理念变为现实，正是网络技术的发展才使得人类的想象和再现的欲望得以充分展现和满足。以非功能性、非生产性为主要特征的虚拟娱乐和消遣文化已成为我们这个时代主要的文化景观，有着普惠特点的虚拟文化使大众有更多的闲暇来享受生活和获得愉悦。

消费的概念因虚拟世界的存在和扩张而改变，线上无形的非功能性的消费（耗费）已成产业，传统媒介的文学艺术的消费也逐渐网络化，文化消费从有形介质向虚拟介质转变已成不争的事实。根据一份报告显示，过去十多年来，互联网的高速发展，催生出一批数字文化领域的细分产业。从网络文学、网络游戏、网络动漫、网络音乐、网络视频到电竞和互联网影业，中国在不少领域领跑全球。据报告估算，文化产业在 2014—2017 年的增速两倍于 GDP 的增速，2017 年中国数字文化产业总产值约为 2.85 万—3.26 万亿。这个数字约占当年中国 GDP 的 4%。[①] 随着 5G 的应用，网络游戏以及视频类娱乐产品还会有更大的发展空间，虚拟技术和生产能力的不断精进也会催生新的技术发展。两者互为动力，循环上升。数字化时代最大的特点就是缩小了人际接触的空间，强化了人类生存的社会性特征，释放出人性需求的多种可能性，普惠性地满足了老百姓的精神需求，使"无用的"虚拟娱乐休闲产品成为人们生存的不可或缺的部分，世界因网络科技"再悦化"。无用之用乃为大用，虚拟文化蕴含的价值终将会成为文化创新和新经济发展的重要动力。

【引用文献】

Maffesoli, Michel, "De la «Postmédiévalité» à la postmodernité", Yves Boisvert, ed., *Postmodernité et sciences humaines. Une notion pour comprendre notre temps*, Montréal: Liber, 1998.

Maffesoli, Michel, *Le Temps des tribus. Le déclin de l'individualisme dans les sociétés postmodernes*, Paris: La Table Ronde, 2000.

Maffesoli, Michel, *Au Creux des apparences. Pour une éthique de l'esthétique*, Paris: La Table Ronde, 2007.

Maffesoli, Michel, *Le Réenchantement du monde. Une éthique pour notre temps*, Paris: Perrin, 2009.

---

① 参见国务院发展研究中心、东方文化与城市发展研究所、中国社科院中国文化研究中心、联合腾讯社会研究中心等单位共同发布的《中国数字文化产业发展趋势研究报告》和《国际数字创意产业前沿趋势研究报告》（http://www.199it.com/archives/917077.html〔2019-08-04〕）。

Maffesoli, Michel, *Le Temps revient. Formes élémentaires de la postmodernité*, Paris：DDB，2010.

Maffesoli, Michel, "Un homme entre deux ères—entretien avec Michel Maffesoli", Maffesoli, Michel & Perrier, Brice, eds., *L'Homme postmoderne*, Paris：FB，2012.

Maffesoli, Michel & Fischer, Hervé, *La Postmodernité à l'heure du numérique. Regards croisés sur notre époque*, Paris：FB，2016.

［法］乔治·巴塔耶：《被诅咒的部分》，刘云虹、胡陈尧译，南京大学出版社2019 年版。

汪民安编：《色情、耗费与普遍经济——乔治·巴塔耶文选》，吉林人民出版社2011 年版。

原载《外国文学动态研究》2021 年第 2 期，作者略作修改

虚拟世界中多面人性的再现

——虚拟文化中个人身份特征的阐释

【内容提要】虚拟世界是释放人性的最佳场所，人的复杂性、多面性，以及阿瓦塔式（Avatar）的变体得到了充分的展现。人的身份不再单单参照其显性的社会属性，还要参照其在虚拟世界中所扮演的角色加以确认，而这种虚拟角色往往因时因地因情绪而变化，因此网络中人的身份是模糊的、不确定的，但它又具有情感归属和情绪同化的特征。虚拟世界放大了人性中部落化的倾向，使个人身份既是多重的，又具有一定归属关系。虚拟世界是人性回归自然的最佳实验场。马菲索利相关的理论有助于我们对此问题的理解。

【关键词】虚拟身份；情感同化；差异性；身份的多元性；集体情绪感染力

网络技术促成虚拟文化的迅速发展，也悄无声息地改变着社会结构，改变着对人的认识。虚拟世界构成了新的文化创造的空间，使现实日常生活中的人性需求得到充分的延展和释放。网络的虚拟特性为人打开了无限开放的空间，网民可以四处遨游，寻觅自己想要的东西，而在实现个人需求时，又不必像在现实生活中那样有所顾忌，让潜能和性情得到尽情发挥。不论在现实生活中人们从事什么职业，在虚拟世界中所扮演的角色都有可能发生变化，网民可以热衷于游戏，可以追剧，可以追崇演艺明星，可以用虚拟身份参与各类沙龙，可以扮演一个与现实社会的身份特征不协调的虚拟角色。个人的现实社会身份特征在虚拟世界中变得模糊了，甚至变成了无实体的身份，而且角色在不断地转换；同时，正是通过个体网民在网络中的想象和表现，人性的复杂维面才得以体现；还应看到，在网络大潮之中，个体网民已经不再是纯粹意义上的个人，而是一个向他人或他者开放的人，在虚拟世界中濡染着一种由场域和情感归属决定的氛围，作为自我的个人在潜移默化地移情于他者，同时他者也被自我的情感同化。

人身份的多样性和歧义性实际上是人的本性所在，只不过经历了欧洲18—20世纪理性至上的年代，人的身份属性被社会建制和意识形态相对固化了，从功能属性上讲，更偏重于政治、社会和知识层面的界定。而从20世纪后半叶开始，这种固化的社会和文化结构开始松动，进入人们常说的后现代文化时代，最鲜明也最容易理解的就是对建制化社会和文化的解构。从20世纪五六十年代起，欧洲的学者就从不同的角度和领域对既成的文化提出质疑，不论是罗兰·巴特、利奥塔，还是德里达，都从不同角度对以逻各斯为核心的西方价值体系提出了诘难，力图解构西方二元对立的思维方式，进而摆脱以逻各斯为核心的西方文化的强制作用。从社会学和人类文化学的角度看，米歇尔·马菲索利的后现代理论的解构意味更明显，他对科技发展唤醒人类原初本性回归现象颇有见地，对我们认识虚拟文化中的人有一定的借鉴意义。他认为，当今以理性为根基的个人主义之所以衰落，就是因为整个社会正在向着部落化的方向发展。虚拟文化的部落形态加速了世界去中心化的发展，人们在网络中又找回了近邻的感觉和因群（部落）而产生的联系，实现了趣味分享和想象的满足。人的潜能和情绪在当今的日常生活中不断聚集着能量，这种能量在虚拟文化环境下使人的情态发生变化：一方面，个人的身份特征从固定单一向动态多元转变；另一方面，人的情感归属打上了部落印记，网络中的自我在与他者交流之中完成自身的情感归属，同时也弱化了唯我独尊的个人主义观念。马菲索利的这种部落理论在虚拟世界得到了一定程度的印证，特别是有关个人固化身份向动态多元身份转变和情感同化的理论，对我们理解虚拟世界中人性的多重性很有帮助。

一　个人身份的显性特征与隐性特征

个人身份与其性别、所处的社会地位、信仰、意识形态以及职业密切相关，是由建制化的社会形态所决定的，是一个人社会和文化属性的符号。这些属性都具有显性的特征，是被现实社会和一般大众认可的，换句话说，通过特定的社会身份可以辨识出某个个体所属的社会阶层或阶级。这种固化的个人身份实际上强调的是个人与社会形成的契约关系，只反映出现实利益和生存能力定义的社会和生存的维面。但人性的另一些维面，或言人的潜能、欲望、情感、部落情怀却往往被忽略，导致对完整自我的认识是欠缺的、不全面的。

实际上，真正相对完整的自我是多元化的、动态化的：既有社会层面的显性特征（如社会职业和地位），又有精神层面的隐性特征（情感、欲望、潜能等）。因此，讨论这个问题时势必从自我隐性特征形成的条件来考察。所谓人是社会性的存在，实际上强调的是人与他者、人与环境形成的关系，真正的社会性自我只有在某种关系中，在与他者的交流中才可能完整显现，尤其是人的精神层面的隐性特征。个性的呈现和社群的归属是定位人的真实自我的关键。任何概念化的先入为主的判断都是值得商榷的。正如马菲索利所说："在讨论人的问题时最大的共识就是，这里面并不存在预先设定的概念，完整的人是通过交流来完成自身建设的……也就是说，所有人类的潜能：想象、各种感受、情感，都参与这种人性的建设，而不单单只有理性在起作用。"（Maffesoli，2007：253）这个观点实际上是对封闭的自我中心论（égocentrisme）的解构，人不再是由单一的实用功能确定的自我，而是要面对交流过程中来自他者的各种"差异性"，要么自我被他者感染，要么自我去影响他者，在向他者开放的同时，自我获得多种不同的特征。人在与他者的关系中来确定自我的位置，交流中的差异性则赋予自我丰满多样的品格，也即多种面具。实际上，这本来就是人在社会生活中所呈现出来的本性，只不过在过度理性化、建制化的社会中，人的这种多样性被过分标签化和固化的个人身份弱化了，由此导致整个文化也都是按照某种预先确定的方向发展。在现实社会文化中，人有参与、向外延展、与他者相处的欲望，这是一种情感同化的冲动，是一种自然的、不受束缚的聚合，一种部落式的生命力。但遗憾的是，这种交流中所产生的超越自我的特性，往往不是被忽略了，就是被置于次要位置。

其实，认识自我的角度是非常重要的，如果将自我反观成一个他者，那么自我与外界的关系就清楚了。马菲索利借用弗·杰克的话说：自我的构成就是面对内在的你，而将自我看成身外的"这个事物"。在这一过程中，"人们已经远远地脱离了孤立的思想，脱离了同质化的、封闭于自身的个体概念，也不是在那里自闭症式的絮絮叨叨的个人。而在人的内心中，总是存在着多种声音萦绕的一种话语"（Maffesoli，2007：254）。马菲索利的分析实际上要说明的是，单从狭隘的、封闭的视野看待自我是没有什么意义的，人不仅要将自我看成一个他者，更要在与外界和他者交流中开放自我，认识自我，定位自我，而这种与环境和他者接触的视角，很自然地让我们看到了某种归属，也是人性中沉淀的部落情怀，或人性中隐藏的部落生命力。正是基于这样的认识，个人身份特征的确认才不应以自我为中心视角来审视，个人身份不单单是由社会地位、职务等显性的标签来确定的，还应依据个人潜能和情感来定位，始终将自我视为他者，才能更好地认识自我，认识被过度理性化思维束缚的人性中的部落情怀和感性的一面。人真正的身份形成是一个动态的过程，现实社会的身份认证是狭义的、固化的，而实际日常生活中人的身份是不断变化的，是复数的、切分化的，充满着各种潜能，具有戏剧化和巴洛克化的色彩①，是一般的理性所难以描述和规范化的。其实，简单说来，就是人的复杂性。

我们看到，强调人性的复杂性而难以定于一尊，并不是要否认现实社会中人的身份的确认，那是职业和生存的需要，是一个基本的社会存在，而是要引起大家关注这样一个事实：个人身份有实用的显性的社会标签，这是现代社会和文化所赋予的，是理性的思维逻辑形成的，但真正给出一个人的完整样貌，则还要从人的情感归属和自我趋向他者的属性来考察，要从自我与他者连接的角度来审视。"当每个人与他人相连的时候，他就会体验到一种完整的存在。也许，这是一种神秘和象征视野的回归。称其神秘，是因为它更接近神话学的内容，恢复了相互链接的纽带，分享原发意愿带来的惬意；谓其象征，是因为它将人的各种不同组合要素维系在一起。"（Maffesoli，2007：266）

二　网络中个人身份特征的多元性

与生俱来的多重人性决定了个人在社会中所扮演的多重角色，不同的趣好（情爱、文化、宗教和友情）确定着自我的位置。（Maffesoli，2000：138－139）随着 20 世纪后半叶后现代主

---

①　世界的巴洛克化是马菲索利经常用的一个概念，意思是说人性与世界一样，是丰富多彩的，是异质化的，不拘一格，具有自然的属性，而不受人为的先在概念约束。人的想象力的发挥导致了世界的巴洛克化。

义思潮和网络科技的到来，这种现象愈益彰显，正如马菲索利所指出的：感官快感、外表为上、社会的巴洛克化、文化的自然化以及对形象的偏爱，恰好描摹出后现代人从单一身份向多元动态身份的转变。（Maffesoli，2007：246）特别是在网络进入人们日常生活的今天，这种除社会和职业以外的非主流的个人身份特征，似乎找到了更为适合的衍生环境。人们每天沉浸在网络上的时间越来越多，手机成为须臾不可离身的装备，不论是工作还是娱乐，网络似乎成为首选。网络构成一个无所不包的世界，在这个世界里，人的很多精神需求基本可以得到满足。固化的个人身份特征时而可辨，因为它依然保留着特殊的文化和社会的印记；时而被虚拟世界浩瀚的交流和娱乐淹没，它的属性变得多样而不确定。网络中的人因其隐身存在，一定程度上逃脱了职业印记的束缚，而更加情愿寻觅他者或挖掘自身的特异性，换言之，就是寻觅人与物所带来的差异感。网络就是一条流动的河，坐在船上的个人，沉湎、濡染于岸边不断变化的景色，自身也变得非同寻常。

那么，为何传统的身份认同会在虚拟世界中变得模糊不清？为何网络社群或部落更容易释放人的潜能和表现欲望？从网络提供的功能和场域我们就可一目了然：网络形成的虚拟世界就如同一个巨大的海绵体，它能够吸附各式各样的人类精神需求，它有适应各种人群的欲望表达形式，同时提供各种想象和交流的空间。传统的文学，即小说、诗歌、传记、回忆录、纪实文学等，以及电影，应当说不同程度地满足了人们非职业性的、非功利性的需求，但是对大多数人而言，这种满足方式是被动性的，是去读，去欣赏，去被感染，而且形式相当单一、固化，虽然一定程度上释放了情感和情绪需求，但人还是拘囿于自我的封闭圈子。进一步说，表达和表现的欲望无法充分展现，只能借助他人的作品而有所感触，因为毕竟能出书、能拍电影、能展出自己的艺术品的人是非常有限的。实际上，通过传统媒介实现的交流是单向性的，人们只接受而无法输出。在这种交流中要实现自我并建立亲密的圈子是很困难的，对于普通人来说这只能是一种愿望而已。而虚拟世界构建的各种应用和功能，能够从各个方面满足人的潜能需求，全民入网，全民参与，普通老百姓也可获得释放和展示潜能及欲望的机会。

互联网创造的微博和微信公众号就是一个很好的例证。根据2019年第4季度即全年财报，微博月活跃用户达到5.16亿；而腾讯2019年第4季度即全年财报显示，微信月活跃用户超过9亿。每个微博或公众号都是一个自媒体，都相当于一个微型出版机构，而且通过社群的转载传播，好文章的阅读量可以通过病毒式传染迅速传播，同时大数据技术提供的热搜功能，也可以跳过传染式的传播而直接覆盖互联网用户人群。自媒体平台本身具备读者反馈的功能，因此活跃的反馈实际上起到了滚雪球的作用，由一个议题衍生出另一个议题，由一种情绪激发出另一种情绪。这种网络新技术为网民抒发个人情绪、用隐身的形式展示自己提供了可能。一方面，数以亿计的微博账号和公众号开通，个人拥有了一个属于自己的表达空间，只要在法律法规允许的情况下，自己的观点和情绪就可以得到畅快的抒发，而在传统媒体时代，这只是一些知识精英或社会名人才有的机会。个人在网络虚拟空间的感觉，既是与万物沟通、万人相连，又可以通过昵称的形式将现实生活中真实的身份掩盖起来，当然，也有大量的博主和自媒体是实名发布的。其实这些都不是问题的关键，在虚拟文化占主导的今天，个人的身份画像就是多歧性的、动态的，虚拟空间所表现出来的个人特征，也许和社会现实不符或有出入，那也只能理解为人本来就是一个复杂的、多重的存在。表达各种欲望成为我们这个时代的网络人的基本特征，而网络的自媒体恰恰为人性释放、表现欲望提供了普惠平台。另一方面，自媒体浏览者（或粉丝）的反馈构成了具有传染性的交流场域，有反驳、诋毁、质疑、赞扬、引申等。这些反馈不论是好是坏实际上都构成了一个关系网络，自我一旦抛出某种观点、议题，其本人的属性就已经开始发生变化，超个人的特征取代了个人的特殊性，情感归属形成了群体性的情感认同，与他者的互动既是一种关系的维系，又是对自我的再审视。在这个虚拟的社群部落中，不论是博主还是浏览者，都在交流中发现并满足了一些人性的需求。这些隐形的又与现实情形息息相关的情绪和潜能，恰恰可作为理性化的个人职业身份的衬托和补充。这也正好构成了所谓人的普遍戏剧化的社会特性。（Maffesoli，2007：253）

其实网络游戏和娱乐应用更能释放人的趋利避害和感官享乐的需求。马菲索利在描述后现代社会的部落现象时曾表达过这样的观点：我们这个时代是酒神狄奥尼索斯的时代，是永恒孩童神话的时代，这是本质的特征，与社会构成的性质是一致的。而游戏或者梦幻般的想象（美学）正好是文化构成要素，这在虚拟文化中随处可见。（Maffesoli，2010：95－96，155）

实际上，对人的身份的确认并不仅仅确指他在社会中的地位和职业标记，那只是反映出他的生活中的一个部分，更多的还是他所结成的社会关系，尤其是网络上结成的人际关系对他的认同和定位，以及虚拟娱乐交际平台对他的吸引力。从这个角度看待人的身份特征，也许才是相对全面的。网络上大量的游戏、小视频、交友社区、直播平台、知识平台、网剧等，之所以非常火爆，就是因为这些游戏和想象类的产品符合人类最基本的游戏、梦幻、想象、好奇、学习的本性。拿游戏来举例。传统的游戏大都是实物的，需要一定的环境和条件才能玩。比如多人玩的扑克游戏、对阵类游戏等，这类游戏要求的条件更为苛刻，必须有足够的场地，足够多的人和装备等。这种游戏实际上是现实场景的缩小版，对游戏本身的想象扩展很难实现。虽然竞技功能得到一定的满足，但想象空间严重受限，玩家很难调动真实感很强的火箭、大炮、飞机来助战。而通过技术手段，玩家可以在网络游戏里得到想象中的武器。游戏的制作和道具的功能还在某种程度上远远超出一般玩家的想象，从而进一步刺激人类游戏想象的本能释放。进一步观察，网络游戏中的玩家都是在一个游戏场景中相遇，戴着不同的面具，通过游戏充分表达出在现实生活中难以实现的幻想。正如马菲索利所说："正是这类表达才使我们能够理解同一个人所经历的变形。个人的身份绝不是独一不变的，绝不是不可分割的个体，而是一个人多重的身份认证过程……"（Maffesoli，2010：164）直播和短视频则在很大程度上满足了网民的表现欲，这种表现形式与流量（粉丝）经济的结合更是两全其美。交友社区虽然需要网民披露真实的法律意义上的身份，但由于双方都处于一种虚拟并不谋面的状态，因此交流起来压力不大，而且能够得到一些精神上的愉悦，如同以前的书信来往。网剧则是"移情"或"情绪（情感）同化"（empathie）的最佳形式，很大程度上能够满足人的情感需求和情绪宣泄。知识平台之所以风生水起，其中很大的因素在于人本身的学习和求新本能，也就是猎奇的本能。当然互联网的应用远远不止这些，它构造了一个远比现实世界丰富的虚拟世界，人的潜能得到了前所未有的发挥，虚拟生活很好地满足了人们呼唤未知、渴望无限的本能，从中得到的不是一种确定的终极性的意义，而是一些意义，是不断演变的意义（signification）。虚拟生活是现时人存在的一个重要部分，在当今社会中，可以不夸张地说，缺少了虚拟生活的维面，现时人的存在以及对其身份特征的认识是不全面的。而虚拟生活之所以那么吸引人，并不能将原因只聚焦在需求得到满足这个层面，同时还要关注由此不断激发出的艺术想象，如马菲索利所说："力比多不单单是性的欲求，从更广泛的层面上看，它还包含有一种能量，一种冲动，简言之，一种不可遏制的生活愿望。"（Maffesoli，2010：158）这种生活的愿望不仅体现在现实社会给予人的理性化的身份，也体现在人在虚拟世界中所实现的精神需求和艺术憧憬，尽管它是隐形的、难以规范的情感生活。之所以提出这个问题，是因为现在虚拟生活占据了人的生活中的很大部分，缺少对虚拟生活的认识，就很难理解当下人的情怀，很难看清当下网络人的真实身份特征。

当然，在很多情况下，虚拟生活中的人是难以捉摸的，它允许个人将自我伪装起来，允许同时在各个不同群体或应用中表现自我。美国学者南希·K.拜厄姆用了一个形象的比喻来描述虚拟世界中人的情态和身份，互联网媒体为人类提供了呈现自我、开拓与他人更多交流的可能性，因此"造就了一种仅仅存在于行动和语言中的无实体身份（disembodied identities）"（拜厄姆，2020：118）。她进而认为，这种无实体身份所带来的多样性和相关的行为可能给现实中的自我带来麻烦，但她没有关注到互联网对人性同时也是一种呵护和慰藉。我理解，无实体身份本身所携带的多重性或自我割裂的特征，也正好是人的精神需求释放的形式。其实，这种无实体身份具有两层含义：第一，从形式上看，不论以虚构身份还是真实身份参与不同网站的活动，比如同时存在于游戏网站、社交网站、音乐网站或其他兴趣网站，我们都会对网民的身份特征产生一种似是而非的感觉。在这种情况下，很难用单一的个人身份特征来辨识网民的自我情态，自我在一个网站上表现出一种情态，在另一个网站上可能是另一副面孔，甚至性别都可随意置换。互联网就是一个包罗万象的大舞台，自我在这个大舞台上，扮演着与他者互动的角色以及相适应的语境中的角色，自我已不再满足于一个固定的身份特征，而是更情愿因不同情境呈现不同的化身。虚拟世界中的个人身份特征是模糊的、难以确定的，但这恰恰反映出人性的复杂性、多重性，反而是更真实的。第二，互联网中无实体身份本身可以将真实的自我隐藏起来，因此在网络社交中就可以忘掉现实社会所赋予的身份和由此带来的束缚。很多在现实社会中难以宣泄的情绪，很多拘囿于礼俗无以言表的情态，很多与现实社会真实身份不协调的情趣、爱好、欲望都可以尽情表露，只要不伤及他人，不触犯法律。互联网为当代社会提供了最适于人性发展的空间，它是一种生活的安慰、寄托和无形的心理诊所，是普通人表现自我、丰富自我、建立自信的平台，是获得平等对话、文化普惠的渠道。在当今的数字化社会中，互联网使过去可能只存在于梦幻中的欲望，或敢想而无法表现的情怀，通过各种虚拟产品释放出来，而且在与他者交流和虚拟产品应用中，又激发出新的欲望，叠加复生，人性中的精神层面的需求比任何时代都要丰富，而且不断演化更新。因此，在当代互联网社会中，对个人的身份特征，或言对个人的完整认识也只能是一个动态的过程。

三　情感同化与身份归属特征

马菲索利在《部落时代》这部书中曾预言："部落主义不论从哪方面讲都将是未来几十年的主流价值。"（Maffesoli，2000：IV）而部落主义构成的三要素中每一个都与情感同化相关：首先是近邻关系，即同一部落的人因居住在同一地点而产生的联系，也就是所谓的"地点产生联系"。这里"关系"一词是核心要点，因为个人永远生活在与他者和环境形成的关系之中，关系至上（primum relationis）是交流互动的系统（Maffesoli，2007：269），由此必然产生情感上的认同和相关联的聚合效应。其次是趣味分享，分享需要得到他者情感上的正向回应，否则谈不上分享。最后是回到孩童时代，孩童时代的特点是游戏和幻想，这是人类的本能，更是通过情感和想象结成的人际关系所得到的快感。

在当今的网络社会中，网民的聚集基本上是部落形态的，而"集体情绪感染力"（pathos collectif）（Maffesoli，2007：279）是维系部落的黏合剂，是认识自我的直接参照。在社会生活中，个人的信仰、艺术的追求和普通的生活情趣实际上都被一种情感冲动裹挟："这种冲动超越了个体的特殊存在，而将其融入一个整体生活之中。"（Maffesoli，2007：279）情感同化不是一个新概念，但在虚拟文化中的确占有相当重要的地位，原因有二：一是在网络空间中，参与者的数量巨大，普通老百姓没有那么多的理性的束缚，基本上是随心所欲，虚拟世界就是情感汇集和表现的场域，情感从众的现象十分明显。二是部落形式本身实际上将个体的自我融汇于一个无限延展的情绪氛围内。个人不论是隐身的还是实名的，都要面对部落中不断翻新的议题或游戏所濡染的情境，都要不断面临情感归属的选择。

这种因情感同化而导致网民自我身份变异的情况很普遍。网络热门议题就很有代表性，如网络上频繁出现的政治、经济、社会、情感等话题。这里我们不做具体的探讨，而是要从传播和心理倾向方面来观察。当个人被这类热议话题裹挟的时候，往往有两种情况：一是个人作为表达者，用自己的情感和意见去影响、感染他人，这种情况实际上是个人的自我向外投射，希望以自我为主形成一种集体情感；二是个人作为受众，被影响、被感染，这种情况在网络中占大多数，个人也同样要敞开自我，吸纳他人的情感，形成一种从众的感情取向。以个人为主体的自我实际上消失于网络部落的各种心理情结和情感流变之中，溶解于部落中约定俗成的习惯以及存在方式。在交流过程中，不论是影响还是被影响，个人都不经意地变成了"我们"，变成了自我所处的环境和关系中的一个组成部分。由此形成的新的网络身份特征已经不再是单单属于某个人的社会标签，而是一群人或一个集体的情感印记。应当看到，到目前为止，网络营造的虚拟世界是最自然的，同时它的隐身功能和非功利特性也最适合人的潜能发挥和情感宣泄。更为重要的是互联网的普惠性，让几乎所有网民能平等地展示属于"我们"的情感。

　　不计其数的部落形式的群就是最好的例证。它们要么是以某类人群结成，如亲友群、同学群、知青群、战友群、家族群、企业家群等；要么是因兴趣聚合而成，如健身、烹饪、才艺、旅游、文学、音乐、体育、时尚、宗教、社会、政治、经济等。每个群实际上都是一个情绪和感情同化的炉子，经常出现的个人回忆、情感经历等就是要在群中获得共鸣，就是将自我看作一群人中的一个而唤起一种认同，个人的回忆已经不再属于个人，它融入一个更大的集体之中，是一个时代的片段，是认识完整自我的一个组成部分。更令人惊叹的是，现代网络科技返璞归真，将这种情感同化以及部落化生存变成了事实。人的原始欲望和潜能得到空前的释放，而且更趋自然化。各种社区中的大量旅游图片，极大地满足了自我的好奇心，可谓身未动心已远，自我移情于他者，认同于他者，想象着身临其境的快感。大量的网剧、体育节目也有类似的移情作用。看网剧时，观众经常对号入座，通过自我向剧中角色投入情感，甚至还有功能支持观众点选不同剧情的结局，这种设置本身就将受众情感做了一个大致的分类，将类似的情感需求引流到同一结局①，其实这就是情感认同。追星现象更能说明问题，粉丝们将自己崇拜的偶像作为自我理想的范型，从塑形到情态，不仅认同而且模仿，从而获得一种情感归属。在追星过程中，自我被超越，被同化，甚至面临多种吸引而被多元化，被分割成多个自我。情感归属在网络中比比皆是，"点赞"就是我们情感认同最经常使用的符号表达；豆瓣读书评论，如同微博评论一样，网民在其中分享读书感想的同时，也将自我投入有同样感受的读者群中，并在评论区中产生共鸣。通过网剧和读书的分享，催生出网络社区的"推荐"功能，将情感同化进行病毒式扩散，个人的情感独特性更多地被集体情感涵容，汇成无数

---

　　①　如爱奇艺的《他的微笑》，腾讯视频的《最后的搬山道人》，苹果应用的《隐形守护者》等。

以个性化情感为基础的集体感性。很多网络上发起的公益募捐活动正是靠着这种情感同化进行的。

其实，我们不难发现，这种情感同化的现象在社会的各个时期都有，只是在数字化时代这种现象更加发酵，更加普遍，更加彰显。最典型也是最常见的情感同化现象就是我们日常使用的语言以及网络世界特有的符号表达。对于现在的网络语言与符号，如果不懂、不跟进、不有意识地被同化，人们就无法理解很多社会和网络现象，语言同化实际上就是对现代时尚和网络新潮表达的一种认可。网络已然成为一种全民使用的媒介，一种生活不可或缺的工具，一种获取信息和各类交流的平台。网民常常会看到，热搜功能和锐话题快速在网络上刮起一阵旋风，而在这一过程中，就会产生很多的网络语言。其实热词、流行语哪个时代都有，但在网络如此普及的今天，情况就不一样了。这些网络热词具有巨大的情绪裹挟和发酵作用，它们都是确指当下的一些现象，有具体的背景和含义，对其的使用和接受实际上会迅速地将自我归列到对这一现象的评价之中。网络最大的作用就是通过这类点睛之语将独立的"我"变成"我们"，将"我"置于一种氛围中，置于一种由关系形成的环境之中。"我"是不是"佛系"也许不重要，重要的是"我"感知到佛系所形成的新的生活概念，也许"我"认可，也许"我"不认可，而在这一个辨析的过程中，"我"对这个现象生成的环境和内涵有所了解。"我"的态度无论如何已经成为一群人，亦即"我们"的态度了。

可以看到，网络中的应用所产生的趋同现象是前所未有的，其原因就在于网络使用者的规模以及情感（情绪）同化的作用。这种情感同化，或者说是移情作用恰恰来自网络的社群或部落形态，而这正是普通大众网民在网络中的家。不论是部落形态的群，还是游戏、视频、在线教育、知识平台或电商，网民都不同程度有一种类似部落的归属感，都时时刻刻处在一种与他者结成的关系网中，不是被他人同化，就是同化他人。这一过程形成了一种不断调整自我认知的态势，与他者交流，分享他者的经验，对某事的共同体验，最终酿成一种集体情绪。网民大众形成的情绪流和势态远远地超越了个体化的情态。"在此，要特别强调的是，在由'我们'组成的社群中，自由不是第一位的，依存才是第一位的，因为人只有在他人的目光下才真正存在。"（Maffesoli，2018：121）

总而言之，正是因为网络创造了这种复杂的关系，提供了适合人的潜能和欲望表现的平台，同时也满足了人性非功利化和现时化的需求，网络人的身份才难以确定，就如同人性难以琢磨一样。在数字化时代，马菲索利说的"不可分割的个体实际上正在向复数化的人过渡"（Maffesoli，2009：15）得到了进一步的证明。在重新审视人的身份特征时，虚拟文化所赋予人的身份特征应当远远大于传统视角对人的身份特征的确认。

当然，在互联网技术发展日新月异的今天，网民的身份问题也还存在潜在的隐患，隐形的个人面具下的表现往往具有不可控的一面，虚拟的世界和面具可以承载着无限的幻念，甚至构成潜在的危险。比如我们常见的语言暴力、形象恐吓、色情内容以及不健康的心理诱导等。这种个人在网络上角色自由转换或隐匿的特征实际上也在潜移默化地影响社会的各个层面，英国学者杰米·巴特利特就认为，计算机加密技术造成了无政府状态，技术在保护个人隐私的同时，也在挑战国家治理的基本权威。他引用20世纪80年代末美国加州加密的无政府主义者宣言来说明互联网将如何改变国家形态："计算机技术几乎可以为个人和群体提供完全匿名形式的交流和互动的能力……这种技术的发展将完全改变政府治理的性质，改变税务管理和控制经济交往的能力，以及信息保密的能力，同时也将改变信任和声誉的性质。"（Bartlett，2018：163）这种状态趋向于摆脱各种限制和社会共识，使网络世界形成一种去中心化的倾向，进而对社会现存的建制构成威胁。巴特利特所描述的现实早已存在，网络的野蛮生长确实给现在的社会建制和管理提出了挑战，同时也极大地冲击着人际交往的伦理关系和社会结构。但是也要看到，社会并未因网络可能带来的潜在风险而摇摇欲坠，反而形成自恰修正和平衡的状态。大媒介时代不管我们情愿与否都已经到来。作为新生事物的互联网，在其发展过程中肯定有其短板，但其发展态势已经是不可逆的，只要我们以法制的思维管理，同时建立相应的网上行为规范和伦理，就可以减少因网络面具给个人或社群带来的伤害。

总之，虚拟个人身份特征多元化的事实之所以被人接受，正是因为个人在互联网中得到了其在现实社会所得不到的享受和满足，正是因为个人的想象和需求可以在互联网中尽情地发挥。当然，其间会有泥沙俱下的情形，但互联网对于人性的慰藉和社会的稳定还是有积极作用的，利大于弊。

【引用文献】

Bartlett, Jamie, *The People VS Tech. How the Internet Is Killing Democracy（and How we Save It）*, London：Ebury Press, 2018.

Maffesoli, Michel, *Le Temps des tribus. Le déclin de l'individualisme dans les sociétés postmodernes*, Paris：La Table Ronde, 2000.

Maffesoli, Michel, *Au Creux des apparences. Pour une éthique de l'esthétique*, Paris：La Table Ronde, 2007.

Maffesoli, Michel, *Réenchantement du monde. Une éthique pour notre temps*, Paris：Perrin, 2009.

Maffesoli, Michel, *Le Temps revient. Formes élémentaires de la postmodernité*, Paris：DDB, 2010.

Maffesoli, Michel, *Être postmoderne*, Paris：Les Éditions du CERF, 2018.

［美］南希·K. 拜厄姆：《交往在云端——数字时代的人际关系》，董晨宇、唐悦哲译，中国人民大学出版社 2020 年版。

原载《差异》（半年刊）2021 年 11 月版，作者略有修改

虚拟世界的巴洛克化

——马菲索利美学思想的启示

【内容提要】17世纪前后欧洲形成的巴洛克艺术风格在当今的虚拟世界中复活了。有所不同的是，当初巴洛克风靡的是现实世界中的绘画、音乐、建筑、装饰等艺术领域，而今天巴洛克精神更多地弥漫在整个虚拟世界中。技术的发展使表现精神生活的载体更为丰富，大大超越了传统的巴洛克表现形式，原有的巴洛克的特征，诸如情绪渲染、感官刺激、营造张力，破除规范，在虚拟世界中更加彰显，而且有新的发展，形成了虚拟世界巴洛克化趋向。这种现象既印证了巴洛克多元创新的生命力，又证明了虚拟文化更适合当代人感性自由发展的事实。虚拟文化成为当代社会的重要组成部分，多元、创新，感性为先的社会和文化范式正在形成。

【关键词】巴洛克化；虚拟文化；样例化；嗜像性；氛围化；异质化；感性

一　巴洛克的幽魂在虚拟世界中复活

巴洛克现象在虚拟文化中的复活有两方面的原因，一方面，巴洛克的精髓历经几百年依然能够解释当代的文化现象；另一方面，虚拟文化形态唤醒了巴洛克，并使其精髓得以延展，找到更为适合的繁衍变形的环境。那么巴洛克的精髓到底是什么呢？虚拟文化又是如何成为巴洛克的温床，制造出绚烂多元的精神载体，使巴洛克成为当代文化符号的呢？

巴洛克现象不仅涉及艺术，同时还蔓延到建筑、城市景观设计、街头涂鸦、服饰、装饰等领域。经历了几百年的演变，巴洛克已经从刻意为之的艺术取向演变成一种多元创新的精神。实际上，巴洛克一词来源于葡萄牙语，其本意为不规则非对称的珍珠，后来引申为不确定的、偶然的动态事物。它具有无序的特征，按照马菲索利的说法，巴洛克"或明或暗地包含着一种多血症似的丰富情感，外溢出生命的欲望"。（Maffesoli，2007：168）①这种以直觉和情绪驱动的巴洛克实际上是一种强盛的生命力的体现。巴西的坎东布雷教②就是巴洛克生命力勃发的典型体现，整个巴西都可以看作巴洛克的后现代实验地，而在东京、纽约、圣保罗水泥原始森林中，文化也变得趋向自然，在难以走出的迷宫般的生活中，同样可以看到骚动的生命力。（Maffesoli，2007：176－177）在马菲索利看来，巴洛克的价值就在于巴洛克本身强调的是此时此刻和特定情形下的感受，强调的是"偶然获得的喜感和不经意而得来的美感的思想"。（Maffesoli，2007：162）这种感受不受理性束缚，没有预设历史发展的线性目标，也就是所谓外在的"终极性"。一切都是顺其自然，当下的情形所形成的感受就是目标，没有机械般的古典主义的统一性，而只有自然生成的独特性，巴洛克的精神就在于自身可以求得一种生态性的平衡。马菲索利对巴洛克的理解实际上是建立在新部落主义理论之

---

① 也有学者认为，巴洛克一词源自西班牙语，参见［英］高文·亚历山大·贝利《巴洛克和洛可可》，徐梦可译，北京出版集团公司、北京美术摄影出版社 2020 年版，第18 页。

② 坎东布雷（Candomblé）是 19 世纪在巴西发展起来的一种非洲侨民宗教。它是通过西非几种传统宗教（尤其是约鲁巴人）与罗马天主教基督教形式之间的融合而产生的。它是不受中央机构控制而是通过自治团体形成的组织。参考 https：//en. wikipedia. org/wiki/Candomblé。

上的。20世纪后半叶，后现代社会和文化形成，理性一统天下的局面被打破，由排他理性建立起来的社会建制已经达到饱和，社会性不再建立在社会成员每个人的自主性以及契约性的结合之上，而是更深层次的相互依存。个人主义随着大众社会的到来而逐渐衰落。社会正在向多元化、异质化的方向发展，这种现象本身就是世界巴洛克化的一种体现。巴洛克虽然是一种审美的概念，但更深层次反映的是在钙化的理性社会建制压抑下情感方面的诉求。历史的发展不再是线性的，社会也不再是由排他理性统御的，概念代替不了现实。巴洛克精神不单单是重提艺术中的情感、激情和多元性的作用，而是直接对抗18—19世纪建立起来的理性主义治下的严苛经济体制。（Maffesoli，2007：164 – 165）

吉尔·德勒兹（Gille Deleuze）有关巴洛克的观点与马菲索利的有共通之处，这就是强调多元性、开放性和无限性。德勒兹在《褶子，莱布尼茨与巴洛克》一书开篇便强调："巴洛克不指向一种本质，而宁可指向一种操作性的功能，一种特征。它不停地制造褶子，它不发明什么东西：所有的褶子中有来自东方的，来自希腊罗马的，有罗马、哥特、古典风格的褶子……但是，巴洛克将褶子折来折去，一直将褶子无限地褶下去，褶子折褶子，褶子靠褶子。巴洛克的特征就是将褶子推至无限。而首先它要依照两个不同的方向区分它们，沿着无限可能折叠，就好像无限在两个层级展开：材料的复褶和心灵的褶子……"（Deleuze，1988：5）德勒兹用褶子形象地比喻出心灵的无限延展多变的特征，以及由心灵褶子折射到的物质世界。德勒兹总结的六个巴洛克的特征，其核心要点就是强调，巴洛克是一种无形的艺术，无形并不是反对形式，而是将形式折叠，成为一种"精神的景象"。（Deleuze，1988：50）巴洛克艺术就是心灵与材料的融合，"虚拟的线条变化形成于心灵，虚拟变成现实则形成于材料"。（Deleuze，1988：49）画作中的曲线就是一种潜在能力，不断使线条差异化。

这一过程如同心中的歌声呼唤着被表达物和线条在画布上一点一点地完成，被表现物和表达浑然一体，两者脱离了哪一个都不成立。

马菲索利看待巴洛克侧重于它的情感和自然的一面，也就是说，巴洛克风格或现象并非外部的因果关系和历史发展的终极目标所至。按照这个思路理解，巴洛克呈现出的由直觉和情绪驱动的生命力以及多元化特征也就顺理成章了。而德勒兹的褶子理论引出的心灵感受的无限性，以及形式和内容不可分割的观点，从深层次上与马菲索利的观点互为印证：遵循直觉和心灵感应，不拘泥于古典主义似的统一规范，表现本身不负有任何预先设定的目标，而是随心而动。在论述巴洛克时，马菲索利和德勒兹都借鉴了东方的艺术理念：马菲索利认为，西方的理性在创作中总有概念先行的印记，显得僵硬，而东方的艺术则涵容性强，将自然之感放在首位，梦幻、想象、身体的形态所呈现出的无序状态往往是东方艺术所保护的，也是巴洛克精髓所在。德勒兹在东方艺术中看到了内容与形式融为一体，"画与非画并不是按形式和内容的安排呈现的，而是作为可互为衍变的虚与实来布局的"（Deleuze，1988：51），非画的虚正是心灵引而未发的情愫，而画出的实（布局）恰好给予虚散发的空间。这正是巴洛克与东方艺术可以对照的地方。

今天之所以重提巴洛克，就是因为它在虚拟世界中不断地蔓延扩展，虚拟的空间和时间为巴洛克提供了前所未有的创新环境。以前巴洛克的想象只有通过实在的材料（绘画、雕塑、建筑、园艺、服饰等）完成，而网络载体作为材料，其柔性和可塑性是无限的，因此也为巴洛克的创新提供了无限的空间。

首先，虚拟世界给我们创造了另一个生存空间，用马菲索利的话说，就是"网络文化虚拟精神圈"（la noosphère du virtuel de la cyberculture）。它的形成实际上反映出人们共同生活的愿望，无形的联系产生虚拟的交换，而这种交换远远大于经济范畴，大于现实中可量化的事物以及物质世界搭建的基本结构，其本身又与社会相一致。（Maffesoli，2011：20 & 2013：23）这种虚拟精神圈的意义就在于通过网民的互动参与形成了情绪和激情的分享，这种黏性的分享是一种新的链接，以前表现精神生活的载体是实体的物质，而现在是无数网站织成的平台，每个网民既是操作者又是被表现的客体，虚拟世界的设立并不旨在达到某种外在的"终极性"，即作为实施某种理念的工具，而是内容繁衍无限、表现形式无穷的功能。这与马菲索利的多元性和德勒兹的无限性的巴洛克，本质上是一致的。

其次，正是由于网络技术的发展和全民参与的可能，人类想象的功能被大大地激发出来，巴洛克式的无限变形得到了充分的发挥，虚拟世界成为阿瓦塔（Avatar）最佳的实验场。阿瓦塔是不同变体的象征：它可以通过游戏和装备（AR、VR、MR）[①] 呈现奇异的构图和逼真的幻象，通过游戏的角色面具实现内心奇思妙想；人的多面性（心灵的褶子）在虚拟世界表现得淋漓尽致，身份角色因具体情景而发生变化，显得模糊而不可捉摸；偶然性成为常态，相对性代替了绝对性。因此，活在当下，享受此时此地的快感逐渐演变为一种时尚。这类阿瓦塔现象本身就是巴洛克式的梦幻奇想和"精神的景象"。巴洛克已经不单单是一种艺术的表现，在网络技术发展的今天，在虚拟文化浸润着我们的思维和日常生活的背景下，它更是一种新的生活方式，是一种将生活美学化，将世界巴洛克化的新思维。[②] 巴洛克的概念泛化成一种

---

① AR 为增强现实（Augmented Reality）；VR 为虚拟现实（Virtual Reality）；MR 为混合现实（Mixed Reality）。

② 马菲索利在 20 世纪 90 年代就已经提出世界巴洛克化的概念（参见 *Au Creux des apparences*），2015 年在 Les cahiers européens de l'imaginaire 的 Le Baroque 专刊上发表了 "Le rythme de la vie postmoderne"（后现代生活的节奏）文章，从美学和哲学角度对日常生活巴洛克化做了系统阐述，以该文思想为基础于 2021 年 3 期 Echo 电子刊物上发表了 "LA BAROQUISATION DU MONDE. ICONOPHILIE ET CLAIR-OBSCUR DANS L'IMAGINAIRE POSTMODERNE"（世界巴洛克化，后现代想象物中的形象嗜好和明暗对比）。2019 年，马菲索利又在 L'Inactuelle 上发表题为 L'esthétisation du monde（世界美学化）的文章，主张将个人的生活艺术品化。

虚拟文化的新范式。

这种新范式形成的基本逻辑就是：互联网顾名思义就是链接，人与人的链接，人与物的链接，物与物的链接，其中最关键的节点就是马菲索利所说的近邻性，从文化和社会角度看，地域、礼仪、习俗以及生活方式的趋同是近邻性形成的关键，"地点产生联系"（le lieu fait le lien）就是近邻性通俗的解释，从部落的形成、种族的聚合到现代社群，都是近邻性作用的结果。社群边际的传染和链接便形成社会性的网络。（Maffesoli，2000：215－263）在互联网的虚拟世界更是如此，近邻性聚集起来的社群部落都具有一定的归属感，这种归属感有两个特征：其一，网民参与互动产生节庆狂欢效果，不论是社群，或游戏、或视频、或社交网站，都有一种激情和情绪驱动的特征，其中暗含着一种集体的亢奋，这种直觉性的冲动与巴洛克的情绪渲染和营造张力的特征如出一辙。有所不同的是，虚拟世界营造的既有纷呈奇异的形象，又有无形的情绪渲染，而且形式被淹没在情绪氛围之中。这也正是德勒兹所说的将形式折叠成一种"精神的景象"的无形的巴洛克艺术。其二，这种集体的情绪渲染本身已经脱离了崇尚个人情绪、个人价值观念，更倾向于以共同存在为基础的集体感性，而且渐渐形成一种生机勃勃的麇集骚动文化。正如马菲索利所说："要评估这种新生文化，有必要看一看世纪末年轻一代情感方面的实践、表现和投入，特别要指出的是，年轻人的这些观念和表现与西方进步主义宏大的时代价值格格不入。"（Maffesoli，2007：164）但这恰恰与巴洛克倡导的自然、想象、富有生命力的和有机的精髓相符。互联网营造的虚拟世界实际上就是一个感性情绪占主导的世界，而各种因素交织在一起形成了生态平衡的感性，这恰恰构成了时代的精神氛围。"实际上，在糅合进浪漫主义的前提下，后现代主义的想象是建立在一种新型联合之上的：这就是将构成人类动物性的所有要素整合为一体。"

（Maffesoli，2017：107）这里的动物性是指情感冲动，也就是文化人所说的"情感力比多"。

二　虚拟世界巴洛克化的几个特征

（一）"样例化"（exemplarisme）

"样例化"这个词是马菲索利用来解释后现代社会和文化本质的。该词来源于宗教，意思是神性是世界上任何事物当中最完美的样例。当代社会中各种形象无非就是一些庆祝创造或为生活增添荣耀的表现，其本源都是来自神性的完美样例，也就成了而后的本体论的依据。不论它们是宗教化的还是世俗化的都是如此。之所以将其标榜为"样例"，就在于它是人类原初的样貌，是浑然一体的人类生活，不分理性与感性，只是后来人类社会的发展，才将智性和感性做了明晰的切割，也就有了所谓的二元对立（dichotomisation）（Maffesoli，2007：166）。① 这种二元对立最终形成了理性至上的价值观念，马菲索利将这种价值观念称之为现代性，即主张概念先行，追求普遍适用的公理，最终达成理性统御的一致性，从美学角度看就是古典主义。后现代性的社会则重归自然，希望重新认识人类原初的精神状态，在理性与感性之间达成一种复杂的平衡。这种重归自然并不是简单的返回，而是经历了理性过度扩张，导致社会建制的饱和，需要重新审视感性的过程。重归自然不是不需要理性，而是需要感性化的理性。这种对理智性的反思，这种弱化理性、破除清规戒律、跟着感觉走的情态正是后现代性的巴洛克风格，也是真实和创新的源泉。（Maffesoli，2015：20－27）

虚拟世界造就了很多类似巴洛克风格的新事物，其中之一就是人们对物的崇拜和痴迷所形成"物图腾"。所谓物图腾就是物

---

① 马菲索利指出这种二元对立的根源就是将上帝创造的人与堕落世界兽性魔鬼及其主子撒旦之间相区别。

的繁衍扩延，就是强调物质本身的力量，就是尽量用形象和事物表达，将情感的复杂性做物化处理，形成时尚。马菲索利将这种物繁殖称之为后现代的图腾。（Maffesoli，2007：179）短视频就是一个典型的例子：它用极短的视频和随意而发的语言（简洁甚至碎片化的）来表现一件事，一个笑话，一类搞笑的动作，宠物的萌态，等等。它追求的是原初感觉，不经过滤，没有过多的思辨，企图通过碎片式的事件链接不断勾起人们的好奇心和欲望，以满足延展性的痴迷（extase）。这种快餐式的物图腾最大的特点就是它的外延性：一是能快速地衍生出网民欲求的结果，二是具有很强的传染性，一旦痴迷燃起，个人就不单单是孤芳自赏的个人，其身份、居所、职业的印记迅速淡化，而成为一种大众化的集体痴迷和情感融合，就像体育、音乐、宗教、政治、文化聚会的狂热一样。（Maffesoli，2006：123 - 124；2007：287）所以这类作品很快在网络上传播开来，形成被模仿、被追逐的样例。这种形式杂糅进各类题材的内容，再加上大数据投其所好的应用，将欲望如"心灵的褶子"一点点地拆叠展开，最后形成大众普遍欲望的表现形式。

碎片化也是虚拟世界创造的一种认知形式，一方面，认知多样化，知识碎片化和跨界化已成常态，如马菲索利所说："顷刻之间，以前将知识区隔在某一特殊领域的做法失灵了。复合学科、间际学科（姑且这么称之），顺势而起。借助其他学科而切近对某一领域的认识的做法大行其道。"（Maffesoli & Strohl，2019b：158）。另一方面，影像成为人们迅速感知世界的主要方式，快闪式的映像和叙事直接将人们带入即时即刻的情景，直接触及内心的某种欲望，无序化、片段化将传统的知识体系剪碎，叙事逻辑不是按照线性的事件和理性推理展开的，而是被一种情绪和欲望驱动。叙事背景、逻辑关联性和深度分析显得累赘，人们希望得到的是即时的结果和感官刺激。传统体系化的知识和递进的叙述逻辑构架被掏空了，网民急切地想知道结果，而且没有耐心去了解所述事情的原委，网络技术不再单单是一种叙事和呈现的新工具，而是逐渐成为一种现时不断强化的体验，即时欲望，满足的急切逐渐改变人们的思维方式，形成了一种"急切文化"（culture de l'urgence）。（Hugon，2012：33－42）这种文化情绪化的印记很明显，情绪甚至大于表达形式，一切都围绕着情绪介质展开，情绪波动很大，稍纵即逝。因此，这种现象也被称之为"瞬闪文化"（Blip culture）（Vidal，2015：52－55）

实际上，网络技术创造了一个与实体世界不同的虚拟世界，很多应用培育了人类新的行为规范和理念。人们又回到了文明初始浑然一体的自然生存状态，但这是超越先前的思维模式基础上的回归。更准确地说，虚拟世界是对传统的世界的解构和融合，解构是对二元划分观念、排他的理性和个人主义价值观的解构，融合是用相对主义的眼光看待事物，将被忽略的感性因素融合到对世界的认知之中，使世界更真实更自然更完整地呈现出来。网络技术重新构筑了我们虚拟文化的精神圈，我们没有回到人类原初混沌的精神状态，而是在文明基础上扩展了我们的感知。虚拟的网络中介质赋予时间、空间、关联性、互动性以新的含义，集体的生活形态因链接而复活，现实和虚拟的二元区隔被超越，网站"构成一种存在的景观地图，它与物理空间的内涵协同一致，重新建构存在与世界之间的关系"。这就是"网性"（webilité）（Rocca，2015：169），也是虚拟世界的新样例。

（二）嗜像性（iconophilie）

嗜像性本意是对形象、形态有特别的爱好。在巴洛克繁盛的时代，对形象世俗般的夸张和炫耀极为盛行，因此这也是巴洛克的一个重要特征。在马菲索利看来，这种嗜像性在各个时代的文化中都存在，它不断地折磨着作为动物的人类。它说明两个问题：第一，对形象的钟爱不是一个个人的行为，而是一种集体行为，因为形象影响到他人并引起共鸣，展现的永远是大于一的群体的欲望。第二，这种无限的欲望能够激发我们本能生活中丰富的内涵。不论是宗教礼仪还是世俗庆典（体育、音乐、节庆、健身、修炼等），人们都愿意通过形象（圣像）或图像表达对崇拜对象的敬重。想象不可能是毫无缘由的，它是由一种既明晰又不可捉摸的内在逻辑支配的。而形象表达的正是这种东西。"人们在表达共同生活愿望时，就像人们表达'橙汁'一样，需要将其精华汁液提炼出来，这就是所谓的精髓。"（Maffesoli，2015：23）可以看出马菲索利的人类学解释要说明的是，形象最易激发想象，这种成像反应几乎是直觉的、感知的、经验的，且更有助于对事物的理解。

如果说巴洛克艺术形象扩张刺激的表达给人一种感官上的直觉快感，那么这种嗜像性在虚拟世界中更加放大了，不仅有平面形象，更有立体的多维的幻觉形象，巴洛克式的形象在虚拟世界中绽放。

互联网世界中一个重要的现象就是刷屏。刷屏有两种形式：一种是快餐式的文字信息，也就是标题党配图片，醒目刺激的标题加上相配的图片或形象，直接激发信息接受者的想象。另一种是视频和游戏。这类视频虽然短小，但力图通过画面叙述一件事，内容繁杂。有的是严肃的新闻，如战争惨烈的场景，自然灾害，抗疫场面，偶发事故等；有的则是搞笑幽默的，旅游风景等；而游戏的画面想象力最丰富，色彩炫丽，人物形象怪异，装备奇特，画面渲染的视觉效果震撼。力图通过形象炫示是最容易达到信息传递效果的，因为人们是通过内心的体验来感知形象传递的信息或意义，其内涵要比文字的潜在的含义丰富得多，画面的复杂性、生动性、微妙性有一种只可意会不可言传的效果。而由此刺激而来的想象是一种看不见的力量，它比简单可见的现实更为强大。形象激发想象，想象最终凝结成思想。"思想正是起步于体验和经验，因此才有尼采所说的'真实的感觉时刻'……而围绕着我们的形象自成一个内在一致的整体，而想象是用来赋予这些形象以真实意义的。正是在这样一个复杂整体之上，通过形象、想象、想象物及其相关的东西才创造出个人和集体生活。"（Maffesoli，2019a：68－69）

　　嗜像性不仅是意义生成的第一要素，也是观念形成的基础，虽然形象是表面化的东西，但它内部却蕴含着复杂的混合的意义。正如马菲索利所言："这种表面性不失时机地传播开来。没有任何东西能够逃脱美国式的传染，在所有领域，所有地方，显现压过存在，政治、生活时尚、意识形态、装束，还有宗教及其电视传教，所有都被形象捕获，一切都受制于形象。"（Maffesoli，2007：158）文字信息在今天的网络世界中渐渐弱化，这也是文字和形象竞争的结果。文字需要思考才可得出与之相符的形象，进而激发想象，而形象直接呈现在眼前，直觉式的反应形成视觉感知力。形象不需要太多的抽象理解力便可吸收，这是人类与生俱来的天性，也是惰性。网络技术正是抓住人类的这一惰性，营造了一个虚拟的舒适区，逐渐诱导人们回归自然的理解习惯。应当说，理性化的抽象理解力相对有所退化，但是形象所激发的直觉和想象力却极大地增进，这无疑从另一个角度发展了人类的智性和创新天性。由于网络和媒体技术的发展，人类的认知已经发生了根本性的变化。虚拟现实（VR）、增强现实（AR）、混合互动现实（MR）等应用将人类的感觉功能延展了，幻觉和梦境似的形象一定程度上超越了人们的想象力，从而激发出更多的奇异想象。这是一种看不见的力量，按马菲索利的说法，想象是与简单可见的现实一样的强大真实存在。（Maffesoli，2019：67）甚至可以说，它比现实更强大，因为当今网络技术赋予它无限的可能，这种无限的可能不仅是德勒兹式的哲学推演，更是一种感官可感的延展。巴洛克的艺术形象极尽华丽和想象，今天的虚拟世界则将这种浮华繁盛的形象日常化生活化了。巴洛克艺术不再是一种被动欣赏的艺术，而是在网民参与互动中完成的一种动态的无限可变的艺术，如同生活本身包含的无限的可能性一样。嗜像性作为人类最本质也是最原始的感知在今天重现，不是退化而是进化：虚拟时空的重组，现实与幻象的融合，参与互动与创造，促进了人类想象功能极大的扩展，"只有想不到的，没有做不到的"不仅仅适用于虚拟经济，更适用于虚拟文化。

（三）氛围化

营造氛围是巴洛克艺术的一个主要特征。巴洛克艺术的代表作有鲁本斯《从十字架上降下》，阿尼巴莱·卡拉奇《众神之爱》（罗马法尔内塞宫天顶壁画），卡拉瓦乔《圣马太的殉教》，彼得罗·达·卡尔托纳《颂扬乌尔班八世在位》，查尔斯·勒布朗《亚历山大击败波拉斯》，克里斯多夫·迪恩泽霍夫设计的米库拉斯圣母教堂，多米尼克·巴里尔、詹洛伦佐·贝尼尼设计及约翰·保罗·肖尔草图的蚀刻版画《1662年法国圣徒教堂蒙蒂圣三位一体广场上的烟火表演，为庆祝诸君诞生》，以及查尔斯·加尼尔设计的巴黎歌剧院大前厅。[①] 这些巴洛克艺术作品，不论是绘画还是建筑和装饰，都强调一种氛围的烘托，突出一种情绪激发的生命力，画面繁杂，众多人物和景物融合为一体，形成一种动态的整体的印象，有强烈的情绪升腾席卷的代入感。人物和物件都承载着某种情绪或激情，为了表现这种亢奋情感，便采取了矫饰造作的处理方法，使画面夸张的效果更为突出。至于人物和物件原本是什么样子已经不重要了。矫饰代替了状物，正如德勒兹所说："音色和色彩是可塑的，可以调整变化的。因此，这是一个可以操弄的物，而不是原来本质的物，这样，物也就变成了事件。"（Deleuze，1988：26-27）德勒兹指的事件是已存在于物中

----

① 马菲索利在 *Au Creux des apparences* 一书中对鲁本斯的画作烘托得气氛有所描述（172页）。同时参考［英］高文·亚历山大·贝利《巴洛克和洛可可》，徐梦可译，北京出版集团公司、北京美术摄影出版社2020年版，书中载有相关的画作。

的可变化的东西。在巴洛克的艺术中，这种可延展变化的内在因素被放大了，变成了另一种东西（事件），也就具有某种操作性的功能。这种刻意为之的矫饰营造出一种张力和节庆的气氛，作品的主体不论是宗教的、世俗的、浮华矫饰的场景等，都暗含着一种情绪维持的张力，有某种倾向，但无终结。《颂扬乌尔班八世在位》《1662 年法国圣徒教堂蒙蒂圣三位一体广场上的烟火表演，为庆祝诸君诞生》就有着这种典型的张力和节庆特征。"气氛和表面装饰结合就可以用来制造出可爱的刻意场景，它装扮着各式各样诱人的东西，变得生机盎然。"（Maffesoli，2007：158）

　　网络世界营造的氛围要比巴洛克艺术的更广泛，形态更多样化，不仅有特效技术制造的游戏热闹场面，更有社群讨论的热烈气氛。与传统的巴洛克艺术不同的是，网络营造的氛围是动态的，需要大众共同参与才能形成。大型多人网游的场面宏大，形象奇异，构成画面的要素和色彩丰富，本身就是一幅沸沸扬扬的巴洛克画面，加之动态的游戏，很多游戏任务后掩藏的惊喜时不时地跳跃出来，游戏内含无穷的变化构成德勒兹所说的事件（游戏情节）。随着任务的逐级完成，游戏向更宏大，更激烈，更奇异的维面扩展，张力也随之加强。然而从感觉上讲，真正构成氛围的还是众多游戏玩家，玩家既是角色参与者，是画中人，又是真正濡染气氛，享受氛围的受益者，既是玩火者又是隔岸观火者。参与烘托是气氛形成的重要因素，如大型演唱会、大型体育赛事、大型城市集会，重要的是大家的参与，气氛热烈才使集会达到高潮。当今的虚拟世界强化了巴洛克式的氛围，永不落幕的娱乐性集会时时刻刻都在进行，人们不再孤单，线上的聚会已成为生活的常态，而情绪渲染和弥漫即形成了网民赖以生存的氛围。虚拟世界也许更真实，因为它使现实中的"我"变成虚拟的"我们"。

　　社群论坛是营造气氛的另一种形态。网络的优势就是互联互通，不论身在天南海北，只要上网，人就成为虚拟平台上的一个演员或观众。一个热点议题一旦抛出，会立刻引起数以亿计的网民关注参与，不同的社群、不同的公众号、不同的交流平台和网站都会因一个热点议题而沸腾，不论是国际国内大事、日常民生，还是八卦新闻，只要是能引起人们普遍关注和兴趣的，都是谈资，各类热搜层出不穷，涵盖人物、事件、网红等。因话题讨论烘托起的氛围与巴洛克画面产生的氛围不同，前者大多是由文字引起的链状反应，而且是动态的、持续性的、不断发酵的，讨论的范围越来越广，关联性非常明显。这类议题之所以引起如此大的关注且构成一种气氛，其原因有两个：其一，网络特有的互联互信形式（reliance），很容易将网民聚合在一起，造成情绪传导与同化效应（empathie），不论是直接参与还是围观，都是氛围构成的主因。其二，网络讨论如同滚雪球，不同观点很容易产生戏剧性的变化，又会引起新的刺激性话题，网民热烈交锋，始终维持着讨论的张力，逐渐形成不同流向，而每一个流向都有一定的趋同性。个人实际上被淹没在群体之中，如同体育比赛中的啦啦队一样，氛围由此而生。

实际上，氛围的营造在很多艺术形式中都有，有所不同的是，虚拟世界中氛围更容易释放人类"活力四射的寻根性"（Maffesoli，2007：158）。除了严肃话题外，网民在热闹的氛围中享受到即时的快乐。虚拟世界呈现的东西大多数都是表面化的，不论是游戏还是社群讨论。人们既把网络世界当作信息传递的平台，又将其视为一种娱乐享受的空间，重视此地此刻（hic et nunc）的感受已成为时尚。人们更容易消化碎片化的精神食粮，更愿意看到戏剧性的变化，情愿将自己消耗在随波逐流的浏览之中，而不试图通过表面看本质。"急切文化"或言"瞬闪文化"就是网络氛围真实写照。

同时，还应看到，网络世界使人们重归马菲索利所说古代部落形态。网络创造的平台使人类原始的"近邻性"更具黏性，地点产生联系，趣味相投，由此而来的情绪自然形成态势，氛围不再是独立的个人所为，而是部落营造互动的环境。这正是巴洛克氛围在新时代的延续和演变。

（四）异质化

异质化是巴洛克艺术的重要特征，它是相对于古典主义而言的。在绘画和建筑艺术中，巴洛克艺术不拘泥于古典主义工整、完整、统一的规范，更强调感性而非理性。在绘画构图上看重的是整体效果和气势，"巴洛克整体蓝图中各个构图元素是不可分割的，相反却是以一种有机的方式交织在一起的"。（Maffesoli，2007：187）巴洛克风格不介意构图组合是否统一，自然感性和情绪宣泄才是作品所要表达的东西。这种异质性的组合在巴洛克建筑中更为明显，马菲索利拿意大利的得宫（le Palais du Te）作例子说明巴洛克艺术的异质性与自然之间的关系。得宫中的巨人堂在整体建筑和人物造型上给人一种嘈杂混乱的感受，同时代的园林喷泉与文艺复兴时期精致讲究的园林相比也显得粗糙简陋，却流露出一种材料力量。在马菲索利看来，得宫可以算得上巴洛克浮夸和叠层多样的典型象征，它是自然的，人们见不到古典风格的生硬棱角，活灵活现的尖脊，而处处都是稀奇古怪，无拘无束，如行云流水的质料造型。"人们面对的是一种真正的自然力量，它以繁杂和流动的质感表现出来，这种运动感透过叠加繁复的形态显露出一种企愿，那就是将可见之物与隐藏之深的地核链接起来。"（Maffesoli，2007：178）自然的力量是无所谓理性和感性，也无关表现对象是同质的还是异质的，这就是巴洛克的精髓。马菲索利还做了一个形象的比喻：巴洛克式的有机的、叠加繁复无穷的组合正好与后现代的自然形成社会性（能量）相吻合。我们所处的虚拟世界充满着矛盾、对立、异质的东西，整体上杂乱无序，但这恰恰印证了多元异质的巴洛克特征。

虚拟世界构建的是一个无形的异质的空间。一方面，人的精神需求如食五谷杂粮，杂陈求异，同时也排异，这是人的本性。网络技术根据人的这种需求发明了很多应用，如抖音、快手等视频，各种不同趣味的视频连锁连接，形成一种杂陈百搭的需求链，有严肃的，有搞笑的，有生活常识，有社会现象等。这种安排没有统一的章法，更谈不上内容上的一致性，完全是按照人的需求逻辑设计的，具有很强的娱乐属性，是一种即时性的精神消费，有明显的及时行乐的特征。这恰恰与后现代社会盛行的现时主义（présentisme）① 和多元化的思潮是一致的。另一方面，虚拟世界使全球化成为现实，全球化并不意味着宗教、社会、文化、政治甚至经济的一致化，而是在相互尊重理解的基础上包容并蓄，也就是我们所说的允许多元化和异质化存在。在虚拟世界中，不同的文化、不同的宗教、不同的意识形态、不同的价值观的交流、碰撞、对立，比任何时代都要频繁、激烈，这已成为常态。网络默默地将网民培养成"杂食"动物，同时也培养出既排异又接纳的包容心态。面对矛盾的、对立的、异质的社会现实，网民不管情愿与否，都面临着共同相处的问题。其实，这不是一个新问题。在马菲索利看来，多元文化主义在民间有其悠久的文化和宗教传统，在老百姓中就有多神论，或对上帝不同看法的思想。马菲索利举了例子：在阿尔萨斯的一个村落教堂中，天主教和新教教徒可以轮番祈祷，这种现象既矛盾又共存，并且超越了各式各样的理由。实际上，宗教本身的实践就是多神性质的，在基督教的传统中，对不同圣人的崇拜就已经破除了一神教的规矩。这种基于对神性不同的解释，甚至对立的表达，也就形成了一系列既矛盾又共存的社会现象，

① 现时主义是马菲索利的后现代性的一个重要概念，其中包含重视此时此地的现时感受，认为人的本性应当是趋向于自然，趋向于内在的生命活力。（Maffesoli，2007：185）另外，现时主义还有一层意思，虚拟网站使人们交集在一起，分享各种感受，而分享的这一刻就是现时主义，因为这正是互联网的意义，即地点（网站）产生联系的意义。（Maffesoli，2010：47－48）

马菲索利将其称之为神性的"对立耦合"(coincidentia opposito-rum)。① 不论是怎样的信仰,老百姓都不会太在乎,因为他们心里天生就有包容不同思想和生存方式的多元性。对于陌生或其他的事物,他们总有过渡的办法将其融汇,这就是多神论,也可称为多元基督教的逻辑。

虚拟世界为纠正人类的异化提供了一次机会。对异质事物包容是一种蕴藏在民间的智慧,它可以平衡协调人与自然、人与人、文化与文化之间的关系。但是,这种能力随着理性至上的观念发展,逐渐地被弱化了,排他的泛化理性观念渗透到社会和文化的各个层面,形成所谓理性的张力,由此形成的社会和文化建制使社会生活更趋于同质化,异质化的事物和思维往往被忽视。日常生活中的情感、情绪、集体感性等因素也经常被过滤,或被简约成经济现实原则的附属品。在网络科技发达的今天,人类原初的包容并存、涵容万物的智慧被唤醒。世界并不是非黑即白,也不是仅仅用二元对立的观念就能解释清楚的,排他的理性执念已经无法解释当今复杂的世界和人类自然发展的本性,因此才有马菲索利提出的"对立耦合"的概念。在当今的现实世界中,对立是躲避不开的现实,而耦合才是共存生存之道。巴洛克艺术的启示就在于,它表明异质并存是人类的本性,人性如自然,变化无穷,也许正是这些异质的东西才激发了人类的创造欲,才使人类自然的感性得以释放。虚拟世界重现巴洛克艺术的异质和多元化精神,而且将这种精神融入当代人思想和生活中,巴洛克从艺术泛化到日常生活,这就是今天重提巴洛克的意义。

三 网络科技使世界再悦化

19 世纪以来工业化蓬勃发展,确立了理性的统治地位。理性

---

① 这是马菲索利的一个重要概念,在他的多部著作中都有所论述(Maffesoli, 2000:197 - 198;Maffesoli & Fischer, 2016:106 - 107)。

思维大大促进了科技发展，由此建立了相应的社会建制和发展的逻辑。韦伯在《新教伦理与资本主义精神》一书中表达了这样一种观点：资本主义的兴起代表着一种现代性，其本质的特征就是将泛化的理性贯穿于世间的一切存在；库恩在《科学革命的结构》中则强调，欧洲 17 世纪以来知识的形成显示出明显的功效性，理性思维的特点是直截了当，就是强调一因一果关系，强调理性思维的效率及其终极目标，因此才有科学的发展必然导致技术的广泛应用的思想。几个世纪以来，科学和技术的发展正是理性思维的结果，现代社会也正是这种理性极盛的产物，由此形成了理性为主导的思维范式。根据马菲索利的观点，一方面，理性至上的思维促进了科技的发展，社会生活大大改善，由此建立起现代性的社会建制；另一方面，这种思维模式过分强调社会发展的经济实用原则，一切社会关系都维系在所谓"契约关系"之上，导致情感方面的以及非功利层面的生活萎缩、单一化，甚至异化。泛化的理性致使社会建制趋于饱和，同时也使得生活渐渐去悦化。而网络科技的兴起，使得理性张力逐渐失去作用，非功利情感需求和多元文化得到释放，人们又在虚拟世界中找回了曾经有过的愉悦。（Maffesoli，1998：9－21）

这种愉悦正是巴洛克对事物无限探索和情感自然奔放的延续，正是因多元化的创新而呈现出"精神的景象"。虚拟世界是开放的，是涵容的，它既是理性的又是感性的。按马菲索利的说法，后现代社会更需要的是感性化的理性。① 它所形成的世界已

---

① 马菲索利在《赞美感性的理性》第一章"义务论"（*Éloge de la raison sensible*，Paris，Grasset，1996，pp. 11－28）中强调，不存在普遍的真理，只有在一定关系和环境中的部分真理。现时具有偶然机缘的特殊价值，而非遥远固定的价值。感性则是事物本在的特殊的生命力。因此，相对主义的智慧和人的情感的偶然性才是理解事物的理性，世界充满悖论而非一种绝对的理性。在马菲索利看来，所谓"义务论"应当是因时、因地、因情境而定的认知，具有动物性的特征，摆脱掉"理性化的规范"（Michel Maffesoli，*Le Réenchantement du monde. ne éthique pour notre temps*，Paris：Perrin，2009，p. 130）。

然与我们所熟知的世界完全不同，我们对周围事物的感知，我们的时空观念，我们所结成的社会圈子，我们的生活方式和文化在悄然发生变化，形象和享乐因虚拟世界而变得更有力量，成为我们精神生活的重要内容。（Maffesoli，2011：14－27）正是这种充满偶然和异质事物的虚拟世界，改变了我们看待世界的方法，相对主义代替了排他的理性思辨，兼容并蓄代替了非黑即白的二元对立，"和"的表述代替了"或"的表述，而正是这种充满感性的万花筒的世界，这种充满悖论话语的虚拟交流平台，才使世界再悦化。

　　虚拟世界充满着巴洛克式的感性，游牧生活方式重现网络，没有既定的目标，更没有明确的界限，思想和情绪随着鼠标游动，模糊、嬗变、偶然、惊喜、异样……处处都可以感受到不确定性，不稳定性，流动性，以及不同元素组合所产生的整体变形。"今天的巴洛克不再拘囿于严格的艺术领域，而是决定着一种特殊的氛围，这种氛围濡染着宗教感，并且涵容万物。"（Maffesoli，2007：286－287）这种巴洛克式的感性最终通过虚拟世界改造了人们的世界观，可以说，巴洛克的感性就是时代的符号，人们的生活态度发生了根本的改变，其特征就是走出自我的小圈子："个体失落在一个确保其生活的更大的整体之中，而个人生活得以延续，正是因为它被链接在一个与他人共同参与分享的，更为广阔的生命本能之中。"（Maffesoli，2007：181）巴洛克的感性不仅是网民参与分享的结果，更是一种新的集体感性，这种集体感性恰恰来自马菲索利所说的部落主义。

【引用文献】

Maffesoli, Michel, *Éloge de la raison sensible*, Paris：Grasset, 1996.

Deleuze, Gilles, *Le Pli-Leibnize et le Baroque*, Paris：Les Éditions de Minuit, 1988.

Hugon, Stéphane, "La fin du mythe du progrès", Michel Maffesoli & Brice Perrier, eds., *L'Homme postmoderne*, Paris：Éditions FB, 2012.

La Rocca, Fabio, "Webilité" *Les Cahiers européens de l'imaginaire-Le Baroque*, Paris, CNRS Éditons, 2015.

Maffesoli, Michel, "De la«Postmédiévalité»à la postmodernité", Yves Boisvert, ed., *Postmodernité et sciences humaines*, Montréal: Liber, 1998.

Maffesoli, Michel, *Le Temps des tribus. Le déclin de l'individualisme dans les sociétés postmodernes*, Paris: La Table Ronde, 2000.

Maffesoli, Michel, *Du Nomadisme. Vagabondages initiatiques*, Paris: La Table Ronde, 2006.

Maffesoli, Michel, *Au Creux des apparences. Pour une éthique de l'esthétique*, Paris: La Table Ronde, 2007.

Maffesoli, Michel, *Le Temps revient. Formes élémentaires de la postmodernité*, Paris: DDB, 2010.

Maffesoli, Michel, "L'Initiation au présent", *Les Cahiers européens de l'imaginaire-Technomagie*, Paris: CNRS Éditons, 2011.

Maffesoli, Michel, "Un homme entre deux ères—entretien avec Michel Maffesoli", Michel Maffesoli & Brice Perrier, eds. *L'Homme postmoderne*, Paris: Éditions FB, 2012.

Maffesoli, Michel, *Imaginaire et postmodernité*, Paris, Éditions Manucius, 2013.

Maffesoli, Michel, "Le rythme de la vie postmoderne", *Les Cahiers européens de l'imaginaire-Le Baroque*, Paris: CNRS Éditons, 2015.

Maffesoli, Michel & Fischer, Hervé, *La postmodernité à l'heure du numérique. Regards croisés sur notre époque*, Paris: FB, 2016.

Maffesoli, Michel, *Écosophie*, Paris: Les Éditions du Cerf, 2017.

Maffesoli, Michel, *La Force de l'imaginaire. Contre les bien-pensants*, Montréal, Liber, 2019a.

Maffesoli, Michel & Strohl, Hélène, La Faillite des élites. *La puissance de l'idéal communautaire*, Paris: Les Éditions du Cerf, 2019b.

Vidal, Bertrand, "GIF L'oeuvre totale", *Les Cahiers européens de l'imaginaire—Le Baroque*, Paris, CNRS Éditons, 2015.

虚拟世界中的游牧主义与多元文化

——评《论游牧主义》

【内容提要】游牧主义是马菲索利后现代性理论的重要组成部分，其本质是因猎奇和发现而对自身的再认识，是自由意志和情感或情绪同化的人类本性体现。互联网出现后，人类的这种本性得以畅快地释放。游牧主义是对探索无限的渴望，是发现和创新的源头，同时也是对抗僵化的理性思维，修复异化人性的方法。在发现世界、他者、事物的同时，游牧主义使我们有机会从外在和他者的视角重新审视自我，调整物我关系，达到人与自然、人与他人、人与社会的生态平衡。

【关键词】有机思想；游牧主义；生态平衡；直觉；唐璜主义；陌生

《游牧主义——游荡的启示》是马菲索利的重要著作之一，可以说是《部落时代》和《狄奥尼索斯的影子》所阐释观点的继续：游牧主义的本质是因猎奇和发现而对自身的再认识，是自由意志和情感或情绪同化的人类本性体现；同时也是狄奥尼索斯酒神的激情释放和顺势而为的处世态度。马菲索利以散文的笔法，每段有个题头，画龙点睛，既有浪漫的情怀，又有深入浅出的哲理，读来特别有启发性，尤其是在互联网占据我们生活大部分时间的今天。很多似曾相识的游牧主义欲望在互联网上不经意地激发和释放出来，我们的生活方式、思维方式改变了，我们没有创造新的东西，只是隐藏在心底的古老游牧情怀在虚拟世界中奇迹般绽放出来，使我们的精神生活更自然了，更接近人的本性。

一 互联网： 游牧主义的温床

有机思想是马菲索利论述游牧主义时提出的概念，大意是：直觉是人们认识世界的最原始最直接的感觉，是对事物内在物性的感悟。直觉，顾名思义，就是未经缜密的理性加工而得来的思想，如对某事的直接感悟和判断，而这种瞬间产生的思想往往来自长期积累的集体知识，也是集体无意识的产物。如古代神话和仪俗，这些沉淀于人们记忆中的集体感或主题经常以故事、传说、诗歌和虚构的形式再现，这种有机思想本身具有一种对未知的神往，是一种启蒙，一种创造，而游荡（游牧性）是它的最本质的特征。（Maffesoli，2006：173）

互联网可能是人们精神游荡的最佳场所，互联网的参与性和媒体的技术不断刺激我们的直觉，我们不断地通过与他人的接触来印证我们的直觉，或认同，或排斥，但就是在不断地吸引与排斥的过程中形成了情感归属，趣味趋同的部落情结，而瞬时形成的部落又因即时而发的游荡而漂移。游牧主义是一种冲动，是一种猎奇，是一种对陌生的探索，是对他者的辨析，或认同，或排斥，在与环境和自然接触中不断调整自我适应外界的功能。互联网织成一个虚拟世界，但是这个世界发挥着调整人与自然、人与社会、人与人关系最有效的功能。自然不仅是我们生活的物质自然，也是人文环境的自然。所谓调整就是要将顺人与自然、人与环境、人与他者的关系，其中，生态感性（sensibilié écologique）是当代人应对复杂世界的态度。对自然而言，就是对气候、自然资源、水、土地等要素有一种平等顺从的感知，而不是一味地控制自然，征服自然；对文化而言，要懂得人类的存在是有传统根基的，是由感性和躯体构成的，"任何事物的重点都应落脚于社会构成的情绪和情感层面"。（Maffesoli，2006：71）这种感性是自发的，它遵照事物本身的秩序来调整人与自然、人与人之间的关系，是一种生态平衡感的秩序，它本能地排斥任何做作，任何外在的权力，无论它是经济的、政治的还是科学的。（Maffesoli，2006：76）互联网的出现使以自由意志为核心的游牧主义情怀得到尽情释放，它是温床，培育的是一种新建制的力量，它在回归古老而年轻的游牧主义的同时，创立了当代的社会的新规范、新价值——这就是看待事物的生态感性，就是与他者（自然、社会和人）保持冲突而和谐共存的关系，它要摆脱的是固化的、毫无生气的社会和文化建制。"整个19世纪以来，形成了一种顺应定居的概念，也就是说人们在不停地努力构建各种建制，而这无非就是要稳定风俗，驯化激情，使行为道德化，但是所有这些并不能消除那种刺激猎奇，发现奇异和陌生人的生命活力的冲动，而这种冲动最终将会使那些封闭自我、虚无缥缈、死气沉沉的东西焕发生机。"（Maffesoli，2006：140）马菲索利重新唤起游牧主义如同重新唤起部落主义情怀一样，都是为了要将个人从狭小封闭的私人化的圈子里解脱出来，挣脱理性为核心、契约为结构的实用主义建制的束缚，重新释放被压抑的生命激情。当代的互联网像水一样无孔不入地渗透到人精神的各个层面，滋养人类猎奇、创新、部落的游牧情怀，海阔天空的虚拟世界成为一个与实用的现实社会互补的空间，成为社会多元化的蓄水池，社会稳定的缓冲带。马菲索利说，"当代空气中弥漫着趋向野性化的味道"。（Maffesoli，2006：12）但这种野性不是简单的回归复现，而是重拾直觉和集体无意识为基础的有机思想，以对抗禁锢自由意志和多元化的社会意识形态。在多元的虚拟世界中，我们闻到了这种野性的味道。

二　游牧主义：　话语权稀释

互联网就像有磁铁吸引的平台，各种论坛，社群，部落（音乐、时尚、体育、交友、美食、旅游、宗教、艺术、政治、经济、社会、文化等）吸引着不同的网络游荡者，时而聚时而散，变化无穷。直觉和情绪驱使网络游荡者，从猎奇围观开始找到自己的兴趣主题，然后自己玩味，甚至分享给朋友，如有自己的看法和观点，还可直接参与社群的讨论。这一过程在纸媒时代是不可想象的，那时大多数读者只是被动地阅读，通过笔记记录下精彩句章和阅读心得，分享是十分有限的，除非系统地、规整地写出相应的文章发表，这对绝大多数阅读者来说是不可能的，因为那是一种令人仰慕的才华。而在互联网时代情况大不一样，跟帖、短评或者相关的文章可以使被动的阅读变成一种共同的创造，有时跟帖比原创更精彩，很多人都是通过跟帖评论加深了对原创文章的理解和评判。网络技术又对文章阅读量、赞赏、差评和跟帖评论等做出统计，使相关讨论瞬间或火爆，或平平，或熄火。这种感染式的互动是纸媒望尘莫及的。互联网的写作和阅读互动模式大大改变了知识的结构，知识或信息的话语权（传播权）从少数的知识精英下放到普通大众，所谓权威话语权被大大地稀释了。在网媒时代，简短、直接、直觉的老百姓的语言和感知取代了少数人的知识垄断，知识和信息的种类和数量随着网络技术的发展呈几何级数的繁衍，写作成为一种情绪宣泄和驱动的工具，碎片化、直觉化的文字和视频不断地冲刷着屏幕，抖音和快手类的短视频更是将直觉化猎奇化的呈现推之极致，短短的几十秒钟就将一个事件反映出的情理展露无遗，不用消化而直接吸收，这与传统的美文、按部就班的事件叙述和严密逻辑推理写就的文章形成巨大的反差。技术促进了以直觉为基础的思维方式，一定程度上将复杂问题做了简单化处理。这种思维方式有时会失真、偏颇，缺乏深度，但当人们每天沉浸在这种阅读之中，不免形成习惯，久而久之一定程度上改变了人们的认知。当今的信息和知识要想得到有效的普遍的传播，就需要符合读者阅读习惯，就要用更感性化的语言和表达，在几分钟或十几分钟内将事情说清楚。老百姓的参与互动实际上促进了写作的竞争，一种思想，一种知识，一条信息如何让更多的人理解和吸收，需要考虑原始思维的合理性，就要从现象和感觉入手，从马菲索利所说的"一般知识"入手，抓住老百姓的共同的感知去理解社会万象和民间潜在的集体生命力，而不是单单靠脱离现实的抽象理性。当然，不能否认严密的理性化的知识体系的作用，尤其在科学领域，但是在人文科学领域和日常生活中，感性化的理解有时更贴近事物的本相，更能让人体悟到所谓物性，也就是马菲索利所说的"事物的秩序"。游牧主义的直觉、猎奇、感性、碎片化的思维方式在虚拟世界中无限地扩散，正是因为它符合人的集体无意识的本性，符合情感和情绪驱使的直观反应。网络游牧民因参与交流和情感同化（分享）自然形成了一个个趋同的部落社群。"在网上冲浪时，这些社群特别强调游牧主义的重要性，因为它本身就可以看作无法超越的人类学结构"（Maffesoli & Strohl，2019：137），而无数的部落游荡，逐渐形成了不同的势力支撑的话语体系和以情感为纽带的部落伦理。宏大的叙事和知识精英的理性话语权渐渐地被稀释，复古的游牧主义使我们在不断发现他者、融入他者的同时，加深了我们对自身和世界的理解。

三 游牧主义：现代版的唐璜主义

马菲索利在分析破除规则所产生的力量时，曾引用涂尔干的名言："无限之恶"，当人们尝遍了各种可能的事后，就会梦想着不可能的事，而规范是脆弱的，规则是在不断变化的，保障也是不稳定的。涂尔干用唐璜主义来形容这种无限追求只能带来越来越大的风险，马菲索利从中得到启发，认为涂尔干所说的"持续不断的流动性"、前途的不确定性和个人难以名状的属性是有外延性的，至少可以帮助我们思考我们所处的时代。激情不再是一种私情，不再受私生活之墙的保护，它已经变成了一种社会特征。"无限的梦想，或言对无限可能的梦想，已经传染到社会生活的方方面面，并且超越了整个现代性时代确立的社会理性视野所设立的边界。"（Maffesoli，2006：149）唐璜主义实际上是游牧主义对陌生事和人，对他者，对新鲜事物，对无限的渴求的象征性说法。

网络营造的虚拟世界正好迎合了游牧主义这种永不知足的心态，有一就有二，有二就有三，无限推演至无限，这就是人性，也是创新的动力，这在网上冲浪时表现得尤为明显。首先，个人身份在默默地发生变化，社会承认的"身份"或依然明确，或变得模糊，或被掩饰，或变形，而个人在虚拟世界追逐现实中不易得到事物和欲望时，不自觉地脱掉社会承认的身份外衣，披上其他身份外衣。其实这种现象恰恰是社会的真相：社会是一个无所不包的整体，个人是社会的组成部分，因此个人身上必然会映照出复杂多变的社会属性，换句话说就是，人格的复杂性或复数性与社会存在的多重性是相符合的。随着网上游荡，个人身份似乎只是一个如川剧变脸的符号，而符号下面却是压抑不住的欲望和生命活力，这些似乎可以轻易地在不同网址间得到满足和展现。

其次，更进一步地说，身份的脆弱与易变本身也是一种自我分裂，是本我与他者之间的摇摆固定的状态，游牧主义本质上讲就是不断地用他者（他人、异乡、周边环境、自然等）对照自我，它是个人因与外界接触而产生的吸引—排斥的过程。自我要么被他者同化，要么同化他者。网络上旅游、美食、时尚、个人视频公众号之所以火爆，就是因为网民可以从他者那里寻找真正的自我所好，因为个人的欲望是模糊的，抽象的，只有通过形象和文字展示，才能明确自己真正想要什么。欲望或生命力只有通过与他者的接触才得以表现，这个过程也是自我与他者相互校正的过程。因此，不存在所谓抽象的自我，个人一定是社会化的个人，是兴趣和情感有所归属的个人，是部落化的个人，是自由意志的个人。马菲索利强调游牧主义就是要破除过度理性化的、排他的教条，通过游牧主义还原人的复杂多元的本性，为部落式情感和情绪在社会生活中挣得应有的地位。在马菲索利看来，除了在发现他者世界，表达复数复杂的人性外，"游荡也表达了一种针对已建立秩序的反抗，不论是暴力的还是审慎的，游荡本身是一个很好的途径，能使我们理解年轻一代潜在的反抗状态。这才刚刚开始，勉强窥到其规模，但人们还没有完成对其效果的评估"。（Maffesoli，2006：24）"游牧主义是一种古代梦幻的表达，这是古板愚钝的建制化教条、经济犬儒主义、社会物化或者知识界的保守主义不可能整体遮掩住的。"（Maffesoli，2006：49）

四　游牧主义：桥与门

马菲索利非常喜欢引用格奥尔格·齐美尔（Georg Simmel）的桥与门的比喻。所谓桥意味着连结，而门意味着关闭。在任何一个社会，游荡者的形象都是矛盾的，从结构上讲，具有双重性。它就像一个古老神话沉淀在人们的记忆中，既引人着迷又使人厌恶。马菲索利认为齐美尔的这个比喻很值得重视，实际上它讲的是因陌生事物和陌生人而产生的距离与邻近，吸引与排斥之间的关系，两者的关系复杂同时也是相互涵容的。而游牧主义恰恰代表了一种融合的力量。"陌生事物和陌生人在社会互动中扮演着一个不可否认的角色，它作为中介与外界联系，由此与不同形态的差异性接触。从这个角度看，陌生事和人也是社群本身融合而成的部分，而且就是这样构成的。不论是肯定还是用来衬托，这些陌生事和人都是'相互性关系'形成的条件，而这种关系也是任

何一种社会性的基本要素。"（Maffesoli，2006：53）

在这里，游牧主义涉及了几个重要的概念：疏远和近邻，吸引与排斥，还有作为他者的中介作用。实际上城市的发展，网络的聚合，都离不开相互性关系的制约，一个社群的建立，不论是现实的还是虚拟的，都要经历这样一些过程：对新人新事的接纳，距离感的生疏和近邻感的熟悉，被陌生事物的吸引和对外来事物的排斥，而在一定条件下这些都是可以转换的。在这种相互接触中就会形成一种情感归属，就会在包容异质事物的同时发现新的共存方式，进而形成社群部落。相互关联性本质上是一种发现，一种创新，一种认识事物的新视野，一种在开放、连结基础上的共同生活的意愿。

在今天的互联网时代，桥与门这个简单的比喻却有丰富的内涵。互联网就是由无数座"网站桥"构成的无所不包的虚拟世界，连结代替了现实中游荡者的双腿，我们的视野从来没有如此开阔，如此丰富。在连结他者的世界时我们的想象和创造的欲望被刺激起来，互动交流成为一种急切的需求，接触中各方相对陌生，在彼此调整中认识自我和他者，有认同，有排斥，但更有新鲜的异质感带来的发现。异质感是创新创造的前提，而互联网给予我们的更多的是这种异质感，因此也成为我们创新的源泉之一。

互联网成为我们的情感归属归类的留恋之地，而异质感又成为创新的动力。我们每天身不由己地长时间沉浸于虚拟世界，时时处于链接状态，各种各样的社群形成我们生存的环境，共同生存的古老命题又回来了，我们从来没有经历过像今天一样的异质感强烈的冲击。马菲索利提出的"对立耦合"概念也许是面对当今错综复杂，异质化现象异常突出的一种策略，"对立耦合"不是零和博弈，而是包容共存，是冲突的和谐。多元化不仅是不同文化的共存，也是不同概念的共存，严格划一的排他理性思维不仅不能真正解决现实社会的问题，反而会制造更多的对立和冲突。幸运的是，互联网世界兼容并蓄的环境比现实世界更柔软、更灵活，也相对少些实际利益的冲突，因此可训练出一种多元化和相对主义的思维方式，为现实社会提供了一种参照。虚拟世界是现实社会的组成部分，但它的柔韧性、丰富性、非功利性和可实验性要远远大于现实世界。因此，作为现实社会的镜像，它所衍生出的处世精神也许更符合实际，更多样化，也更具参考价值，对未来社会和文化发展更有指导意义。我想，这就是游牧主义复活的现实意义。

【引用文献】

Maffesoli, Michel, *Du Nomadisme. Vagabondages initiatiques*, Paris：La Table Ronde, 2006.

Maffesoli, Michel & Strohl, Hélène, *La Faillite des élites. La puissance de l'idéal communautaire*, Paris：Les Éditions du Cerf, 2019.

社群理想：新的社会范式悄然建立

——读马菲索利新著《造反的年代》和《精英的破产》

【内容概要】新冠疫情和"黄背心"运动是法国近年来最重要的社会事件，反映出来的社会现象前所未见。不论是新冠疫情的民怨还是"黄背心"运动的反抗，都反映出一种由情感和情绪聚合的，旨在表达一种共同存在的愿望。尤其是规模庞大旷日持久的黄背心运动更是如此，在马菲索利看来，通过这一运动诉求多样化甚至矛盾，没有统一的目标和纲领，缺乏领导和统一的组织等特征，却反映出通过社交网络凝聚的社群力量，一种新型的社群理想范式隐约可见：以个人主义和社会契约为基础的社会建制趋于饱和，取而代之的是社群部落共同存在的欲求；简单化一的消费主义和经济至上的原则不是解决社会问题的万全之策，因为大众的非功利的、情感方面的现时主义的需求得不到满足；脱离现实的抽象理性意识形态应当让位于人类社会原本存在的近邻性、地方主义、自然和人文和谐共存的生态体系。这种变化是社会范式的改变，也反映出权力精英败落的深层原因。

【关键词】新冠疫情；黄背心运动；精英的败落；个人主义；社会契约；部落主义；社会范式

近年来法国最引人注目的社会事件无疑是新冠疫情和"黄背

心"运动,这些事件涉及全体法国人的切身利益,所以普通百姓、社交媒体、传统纸媒,以及代表精英和权力阶层的媒体寡头都在发声,参与度空前高涨,各有各的立场和观点。但在嘈杂的声音中,可以辨识出普通老百姓和代表官方的精英之间不和谐,甚至隔阂,似乎精英荒腔走板,百姓苦衷难解,有药不对症之嫌。而以接地气著称的法国著名社会学家马菲索利却对这些社会事件有独到的见解。在这些事件尚未尘埃落定之时,出版了两本著作,一是《造反的年代》(2021),一是《精英的破产》(2019,与斯特洛尔合作)①。前者对新冠疫情和"黄背心"运动进行了理论联系实际的、深入浅出的分析;后者对当代社会文化中精英与民众之间的隔阂做了理论上的分析,并指出社群理想蕴含着改变社会范式的能量。实际上这两本书是遥相呼应的,精英的败落是导致民众反抗的重要因素之一,因为精英不甚了解百姓所想,而百姓对精英画的"应当如此"的"大饼"又嗤之以鼻。

马菲索利的著作本来就以贴近百姓日常生活和社会现象而著称,而这次的新论更是贴近实际,将自己的后现代部落主义和以个人主义衰落为特征的社会建制饱和的观点应用于社会运动的分析,反过来说,恰恰是这些社会事件一定程度上印证了马菲索利几十年前提出的观点。那么,马菲索利从这些事件中到底看出了什么本质性的社会和文化问题呢?

概括地说,作者从后现代性理论视角对精英与大众隔阂和民众的街头抗议做出分析,进而提出以理性为核心的现代性价值观

---

① 《精英的破产》这部著作的副题是"社群理想的力量",系统地论述了社群力量为何在互联网时代再度崛起。马菲索利从理论体系方面系统分析,斯特劳尔则从社会现象方面对马菲索利的理论做出解读。社群一词涵盖面广泛,有情绪、趣好、紧邻关系聚合形成的社群(部落)含义,而在互联网社交平台中,社群已成为普遍接受的虚拟的社会群体的概念;也有社团的含义,如宗教社团,族群社团(如海外的犹太社团),行业或地域的社团等;也有更大层面的共同体的概念,如欧共体。本书中我根据具体的情况使用不同的表达。

正在退化的观点：首先，以个人主义为内核建立的社会契约关系趋于饱和，它无法涵盖情感结成社群部落的社会诉求。其次，要关注网络社群带来的大众行为模式的改变，情感同化和部落式的聚合是一种新型的社会力量，即社会性，这种虚拟但实在的力量将改变社会和文化范式，甚至取代精英的话语权。再次，功用主义和消费至上的经济主义很难成为解决社会问题的良方，反而会将一切事物简约划一，最终形成物质控制人的无法摆脱的局面。最后，抽象的普世化和进步主义原则，削弱了人类社会原本存在的近邻性、地方主义以及自然与人文和谐共存的生态体系；而共和国大统一的抽象理性框定了社会生活的方方面面，社群的多样化生态受到压抑。马菲索利并没有停留在提出问题的层面，相反，结合"黄背心"运动和新冠疫情剖析问题的原因，提出了未来社会发展可能的方向，这就是重视社群情感联系形成的社会力量，加强这方面的调整和管理，并为以近邻性为主的地方主义留出多元发展的空间。"黄背心"运动也好，新冠疫情大流行也好，实际上，在网络社群的环境下产生的影响是深远的。按照马菲索利的说法，这些现象实际上反映出一场文明的危机，它改变了现代社会建立的范式。

一 精英的 "完美主义" 脱离现实

精英一词在马菲索利最近出版的书中频繁出现，专门论述为什么在当今互联网时代，精英的话语权会旁落，而在大众形成的新势力（puissance）面前显得那么软弱无力。

所谓精英是指与权力、技术官僚和媒体寡头利益相关的，有权说、有权做的群体。精英在社会中的沉浮是社会变更的重要征兆。而范式改变的一个重要的标志就是精英及其控制的媒体与大众严重脱节。"黄背心"运动和新冠疫情在法国引起了民众的高度关注，因为这些事件涉及社会中的每一个人。尤其是席卷欧洲的突如其来的新冠疫情。在各种嘈杂的声音中，马菲索利注意到，技术官僚的精英们的反应与大众的态度截然不同。精英看待疫情基本上是打着理性的招牌，用不同的科学说辞煽动恐惧的情绪，让民众听从政府的安排。在这场舆论战中，精英们所持观点的出发点是：面对疫情这样的危机，社会应当采取一切措施拒绝风险，而不是勇于承受面对风险，从哲学角度看，不是承认死亡是生命完结的形式，而是否认人生存的极限性（finitude）。在马菲索利看来，戴口罩、居家隔离等措施从根本上说是要将大众孤立起来，表面上是便于管理，实际上是内含着一种统治逻辑，这种统治逻辑完全忽略了大众共同生活之意愿，而这种"与他人在一起"的愿望本身就具有人类学的意义，因为，名目繁多的聚集，不论形式如何，"都使人注意到这样一个事实，这就是与他人共存，就是我们人类本性的实质"。（Maffesoli，2021：33）在禁足期间，法国和意大利街区阳台上民众的遥相呼应反映的就是这种与他人在一起的本能诉求。同时，对人类死亡极限的焦虑反而激发出人们需要互助、团结、分享、交换、做志愿者的激情。在马菲索利看来，权力和技术官僚的精英们的观点反映的正是现代性的价值观，这种价值观本质上是一种正剧的概念，即在一部剧中要找出一种解决方案，"现代精英们的爬行动物的大脑就是用来寻求未来的一种完美社会"。（Maffesoli，2021：56）这种完美的理念导致过分防疫，社会联系由此破碎，疫情更是一种心理疫情。这种完美社会观念是从 18 世纪启蒙运动以来逐渐建立的普世化主义演变而来的，世界大同是这种观念完结的最终形态。实际上这是一种超人道主义的观念，也可称作温柔的极权主义。它超越了一切邪恶、疾病、死亡和非功用性的东西，它的基本推理点就是"应当如此的逻辑"。根据这种逻辑，世界应当按照预先设想的、理想的目标发展，而这一具有指向性的发展进程也就演变成了进步主义。不论是世界、社会，还是个人都应当按照"应当如此"的逻辑行事，而不是按照日常生活中的实际状态去对待事物。在马菲索利看来，精英们的这种理想化、抽象化的观念实际上是不愿看到或承认"人类限度的原本形态，而一个平衡的社会恰恰知道应当如何管理这种人类限度"。（Maffesoli，2021：21）老百姓从生活实践产生出的思想和行动表明，他们是懂得如何将这种与生俱来的人类限度融进人的本性之中的。马菲索利认为，进步主义历史发展观已经过时，今天人们要用辨证的视野重新审视并接受邪恶、非功用化，甚至死亡的存在，要学会适应人类的悲剧性命运。生活中偶然、奇遇和风险随时可能发生，这是我们面对现实不可避免的选项。

实际上，马菲索利相关论述可以看作他的后现代性部落理论的延续和发展，这在他著名的《部落时代》（1988，2000）已经形成较为完整的理论基础。但需要注意的是，这场精英与大众之间的隔阂在互联网时代就有可能形成一种新型的社群势力，争论什么是一方面问题，但如何使争论或"大众观点"（opinion publique）变成一种力量也许是更重要的问题。其实，这种大众和精英的隔阂在没有互联网的时代就已存在，也就是马菲索利所说的管理日常生活的文化（老百姓文化）与无所不晓的知识阶层文化之间不可逾越的鸿沟（Maffesoli，2000：265）。只不过由于话语权控制在精英手中，老百姓的声音很难被听到，因此两者之间的鸿沟虽然存在，但是隐形的，除非通过重大社会事件表现出来。但今天，互联网已经成为社会生活不可或缺的重要组成部分，社交网络和各种论坛为大众提供了不受时空限制的随时发声的机会。正是有了技术的发展，原来精英与大众之间的鸿沟才变得尤为明显，甚至对立更为尖锐。这种媒介的传染力和影响力都是前所未有的，全民参与的社交平台"正在确立一种截然不同的思想和行为方式。而需要注意的是，一种非官方的社会正在孕育而成，而这与媒体—政治寡头性质的官方社会完全格格不入"。

（Maffesoli，2021：28）马菲索利所说的非官方社会指的就是以大众思想为基础的社会，是一种隐形的力量，一种发自民间的力量。防疫中法国政府的某些措施遭到抵制，实际上反映的就是精英与老百姓意愿的脱节、不协调，甚至对立，因此反抗是不可避免的。大众舆论形成的势力其实正在酝酿着一场社会变革。"之后的世界"已露端倪，精英的话语渐渐失灵，失去所谓的普遍代表性和信任感，自然导致话语权的衰落，进而出现风水轮流转的局面，也就是马菲索利借用意大利社会学家维尔福来多·帕列托（Vilfredo Pareto）所说的"精英流转"。根据这个理论，一个社会发生变革或革命时，并不是当权者被底层推翻，而是一个精英层被另一个精英层所取代。这种所谓的"精英流转"在网络时代非常具有代表性，不论是大的社会变革，还是对某一事件追根溯源式的分析，都能形成一种或几种新的精英派的观点。正是由于这些观点迎合了老百姓的意愿，取得了他们的信任，所以在社交网络上迅速形成一股势力，形成了信众和拥戴效应。这一观点在新冠疫情引发的社交网络上的大讨论中得到验证。正像马菲索利所说，在互联网的助推下，社会变革的舆论氛围迅速形成，分享、交换、团结等老百姓朴素的价值观理念又回来了，新的横向的、代表老百姓的舆论势力取代了精英抱残守缺的物质主义和理性主义。

应当说，马菲索利的观点还是理论性的，更多出自人类学和哲学的解释而非防疫本身，不免有些隔靴搔痒，很难解决实际问题。就疫情本身而言，应当说，在最严重的时候，法国政府要求社交距离、戴口罩、必要时居家隔离还是合理的，尽管遭到抵制，但也一定程度上得到了民众的理解。因为，疫情来势汹涌，仅靠疫苗是无法阻止病毒传播的，一定程度的限制是不得已而为之的措施。实际上，社交网络一定程度弥补了因暂时隔离而中断的人际交往的社群需求，而且疫情中形成的居家网上办公形式反倒成了隔离防疫的副产品，受到欧美社会的普遍认可。

我们注意到，马菲索利的焦点并不在权力精英们提出的具体防疫措施，而是支撑这些措施的逻辑，因为正是这种完美主义的逻辑才真正导致了大众与精英之间的深度的隔阂和不信任。一方面，他认为越是在疫情不确定的情形下，越要关注老百姓的共同存在的集体情感诉求，不要因恐惧打乱正常的社会生活。如果不能平衡防疫与民众基本情感诉求之间的关系，就会出现民众上街反抗的游行。另一方面，从宏观的角度看，马菲索利观察到，疫情引发的民怨带有一定预示性，精英和媒体寡头已经无法代表民众的利益，这说明旧的建制已经饱和，无法管理日益增长的社群情绪和地方主义的诉求。在社交网络时代，任何一个社会事件都会迅速演变成以情绪为导向的社会运动，网络的横向传播所起到的作用不亚于上街示威游行，隐形的社会力量，或者说隐形的聚心性（centralité souterraine）更多是在网络传播过程中形成的。当大众感到不再被代表时，精英就会败落，而新的精英层就会出现，这就是新旧范式交替的"精英流转"。马菲索利用夏多布里昂精彩的比喻说明精英败落的过程："贵族经历三个阶段：高高在上的时期，特权时期和虚荣时期。当第一个时期结束后，贵族就退化进入第二时期并最终熄灭在第三时期。"（Maffesoli，2021：78）

二 "黄背心" 运动的思考

法国"黄背心"运动开始于 2018 年 11 月，持续一年多，是法国自 1968 年以来最大的社会运动，参与人数多达数十万人。起因是示威者不满油价持续上涨以及政府调高燃油税，但是抗议的要求迅速扩大到诸如提升草根阶层及中产阶级的购买力，要求法国总统下台等方面。"黄背心"运动与以往的政治社会运动不同。首先，运动没有特定的政党或工会领导，参与者也不归属某一政党和工会，运动的发起和联络主要通过社交媒体进行。这场运动起初只有简单的聚会的目的，后来发展到附近的地区，甚至波及欧洲其他国家和加拿大。这场运动虽然是全国性运动，但没有以往的政治运动或示威游行的组织形态，也没有领袖，完全是民间通过互联网社交平台自发形成的。其次，根据马菲索利的观察，在这些游行示威中没有将这些部落诉求统一起来的要求，甚至反复提出的要求也是相互矛盾的：反对物价上涨遏制消费，但又反对贸易全球化；主张发展本地经济，但又要求鼓励人们向更远的地方迁移的措施；重视群体活动，但又要求保留私家车的使用；要求增加收入，但又拒绝以生态为目的的任何侵占形式；要求改善生活水平，但又建议节约以迎接新移民。"对此，政治家和媒体的传统反应完全不着边际。实际上这场运动最大的特征就是形式大于内容，这里必须要强调形式的重要性，也就是说，强调使人们联系起来，形成群体，构成社会内聚力的方式。不要忘记，形式就是成形的过程……这就是为了共同存在而共同存在的形式。而这恰恰是任何社会性的本质面。"（Maffesoli，2021：144）最后，运动诉求既与物质要求有关，又一定程度上厌烦金钱至上的物质主义。示威者袭击银行不是为了抢钱，而是破坏，发泄不满。从参与者构成来看，有每月可挣1200欧元的护士，所得可与法国最低工资（SMIC）相比，有被认为是泄愤抱怨的受害者，但他们当中很少有人领取法国积极互助救助金（RSA）或其他补助，还有那些玩极端，使冲突恶化的团伙部落。这些参与者不论什么动机，似乎不简单是物质上的诉求，起因和结果之间的偏差明显。按照马菲索利的观察，这也是社会学家、政治家所不解的问题。

"在'黄背心'运动的多种诉求（减少税赋、增加公共服务、增加工资、降低汽油费等）中，必须懂得，并不是要对这些问题一一作答，而是要肯定生活的悲剧性情感。"（Maffesoli，2021：147）正剧是要找到问题的解决方案，而悲剧则是疑难，就是承认人类命运的极限，就是要承认社会运动的诉求是永远也无法满足的。更加悲剧的是："在这场'黄背心'运动中，不论什么政治家，都不可能弄懂的是：老百姓不再需要他们了，不再相信他们了，这是一个干脆的肯定。不管政治家将他们拉到左派还是右派，都只是一场滑稽剧。"（Maffesoli，2021：148）

"黄背心"运动上述特征应当说是以往社会运动所没有出现过的。那么造成这种现象的原因是什么呢？马菲索利分析认为，在各种乱象背后，这场运动从更深层次上表达了一种时代转变的现实：今天社会已经不再是个人化的社会，"黄背心"无论主张什么，都是一种社群的表达。尽管团体各有所求，但它们的共同点都是由情感和情绪聚合而成的，都在表达一种共同存在的愿望。今天的共同存在的愿望与以往的不同，以前聚合社会整体的价值观是自由、平等、博爱，但现今已变成了空壳，因为它们是用抽象理性聚合社群的。而今天，这些曾经聚合共同理想的价值却变成了民众"诉求的客体"，变成了"有争议的主体"。（Maffesoli，2021：111）"总而言之，在包括'黄背心'，当然某种意义上讲也包括对退休改革不满的游行中，萌生出一种团结激情，一种打造一个更受尊重的共同体的愿望，一种合作方式，一种仪式化的集体情绪的表达，这些都证明了被广泛分享的新生价值观。"（Maffesoli，2021：111）而这种价值观的转变是现代性社会向后现代性社会转变的本质。现代性的价值观是个人主义的自主整体价值，一方面，它是建立在个人主义原则之上的，每个人都是一个自主的整体（根据他自己的法则可以处置个人抽象的自由），而另一方面，它本质上又是一种司法合作的形式，这就是社会契约。我个人的自由如果妨碍了其他个人自由表达，就应当停止；而后现代社会重视的是集体感和共同生活，在社群组织和社会关系中实现社会融合。这一转变的核心是个人的自主性（autonomie）（我是我个人的法律）被个人的异主性（hétéronomie）所代替（法律是别人赋予我的），每个人都从属于一个其本人就在其中的团体。个人与个人之间是靠社会契约连结的，也就是说，通过一个整体的束约和规则来协调他们之间相互作用的行为，而这些规范是由他们选出的代表来确立的，对所有人都适用，这就是代议制民主。但近年来的大规模社会运动显示，大众碎片化成不同的社群，不再感到被代表，而具体到个人也同样有这种感受。个人不再认同于唯一的模式，因为它超越了他们的经济、社会和精神生活，个人是因日常情形归属于这个或那个群体。照理说，个人将权力委托给选举产生的机构来组织属地管理，公共生活，城市运行。这就要求权力的组织工作紧密地衔接社会，也就是说，要将人与人联系在一起，达到社会融合的状态，即马菲索利所说的社会性。但问题也出在这里，现在政治形态已经得不到认同，民众不再认为自己被代表，甚至精英根本就不理解大众所求，这就造成了权力和特权精英与基层大众严重脱节的状况，按照马菲索利的说法，这就是"民主理想的饱和"。（Maffesoli，2021：114）"黄背心"运动肯定不是一场政治家眼中的革命，它是一场无休止的古罗马平民脱离运动（secessio plebis）。[1] 这是有权力说和做的精英同知道时代变了但找不到词来形容的人民之间的断裂。而"黄背心"运动象征性地预示出这一发展趋势。法国社会自法国革命以来忘掉了近邻性团结、地方社群、地方特色和以合作为特征的不同团体在社会生活中的重要作用。而这些正是老百姓所关心的共同福祉，"黄背心"运动又将人们的视线转回到社群理想的社会性，也就是老百姓的社会能量方面，又让我们重新审视近邻性的重要性。"这就是说，近邻性势必将我牵涉到一个集体实体之中，我被我的不同部落属性所定义，而这些部落恰恰标志着现代性的终

---

　　① 古罗马平民脱离运动是由古罗马平民阶层进行的非正规的权力运动，类似于罢工，在休止期间，很多市民简单地弃城而走，以示反对贵族建立的秩序。从共和国建制机构到布诺战争，平民和贵族为争夺城市管理权的斗争不断，罗马共和国是由少数贵族统治的寡头政治体制，面对平民大众他们首先要做的就是巩固他们的地位。而平民越来越多地要求权益和权力，于是便产生了秩序之间的冲突。在政治紧张的时代曾经发生过多起平民脱离运动。参照 https：//fr. wikipedia. org/wiki/Sécessions_ de_ la_ plèbe。

结。"（Maffesoli，2021：150）

"黄背心"运动启示深刻，促使人们思考未来的社会及政治形态走向。为此，马菲索利提出了一些建设性的思考：

首先，作为共同生活、共同存在的集体，要找到一些能使社会性（社会能量）的不同构成要素结合起来的方式，不再是一个一致的、不可分割的共和国，而是一个马赛克式公共事务体，即共和国（Res Publica）。① 这个设想的根基是多元主义，社会动荡大多是部落与部落、种族与种族之间的冲突引发的，要想共同生活、共同存在就要接受而不是否认这种多元现实的存在。过时的现代性观念根源来自一神论，来自排他理性的同一性，而当今社会并不是非黑即白，评判事物不是绝对的而是相对的。因此，学会管理多元价值是必需的。在"黄背心"运动中，既要正视犯罪团伙的存在，又要看到在这些日常运动中，或多或少地间接地反映出团结、互助和相互尊重的力量。因此，马菲索利认为："如果人们不懂得如何将情绪构成因素融进交换之中，如果人们仅仅满足于在有时是理性技术官僚主义，而有时则是造作的情绪性之间搞平衡的话，那么大堤就会崩溃。这也正是法制国家瓦解的根源。"（Maffesoli，2021：113）

其次，传统的社会契约思想要向社会情态约定（pacte sociétale）的观念转变。社会的一切都是由情绪糅合而成的，所谓社会融合实际上是情感的混杂和分享所至。"黄背心"运动的集体聚合中就掺杂着不同情绪和情感的分享，而这些混杂现象就形成了共融共存的理念。

最后，民主理想向社群理想转变。"黄背心"运动持续这么长时间，政府因与人民的力量不合拍，总是给人无能为力的感

---

① 此词来源于拉丁语，大意是公共事物（事务），即与公共事物和人相关的实在的具体的事物，可以翻译理解为：公共事物（事务），人民的事物（事务）。参照 https：//en. wikipedia. org/wiki/Res_ publica。

觉，问题不是对所谓的民众运动"不现实"且总是"矛盾的"诉求让步，而是要找出新的方式来制定共同生活的规则。而这一点是政府不甚理解的地方。事实上，社会在发生变化："过去社会契约将每个个人汇集一起，靠的是他们可以自由结约，并且根据基本的经济和社会计划来选择他们的代表；但这个社会契约行不通了，因为代议制民主本身发生了动摇，支撑它的只是一种惰性的机构力量，这从不同的社会运动搅动而且还会搅动我们社会的现象就可以看出，尽管它们的方式是笨拙的，有时是粗暴的，但有时也是欢庆的、团结的。这就是民主理想向社群理想的转变。"（Maffesoli，2021：141）

具体说来，近邻性，地方主义，现时主义，就是我们这个时代迫切的需求。这不是打扮光鲜，参与一场部落商业秀，而是要面对时代变化做出既是理性化的又是感性化的接受。"政治应在几个方面展开：在近邻性层面上，要允许不同社群充分释放个人的情怀；允许捐赠和反捐赠比救助强；团结和互助要建立在分享之上；要允许共同情绪的释放，没必要非得流血示威。同时，政治还需要在更重要的层面展开，这就是区域，国家，甚至我想，越来越多地在作为区域联邦的欧洲层面上展开。这就涉及一些新的政治施展方式，这绝不再是针对每个人的代表形式，而是针对社群差异性的规制管理。我们应当理解的是，所谓社群不是各有其根，或名分一成不变的，而是一些有缘分关系的群聚，它们有时是临时的，有时是长久的，这样的形态才勾勒出一些社会融合的新形式。"（Maffesoli，2021：150－151）

三　共同存在的社群理想

从本质上来说，社会融合的新形式，就是社群理想的回归，就是后现代部落主义的萌生。从小社群到大共同体都贯穿着一个理念，这就是挣脱现代性的僵化体制，还原共同存在的原始理想。还原的人的自然本性不单单是改变现状，而是要重新调整人与社会、人与人之间的关系，简单地说，就是要尊重顺应人性自然聚合与共同生存的欲求。这是老百姓对现实生活的深层感悟，看上去是朦胧的，但却有凝聚力和冲击力，精英们受到冲击和挑战而不知所然的原因也正在于此。

首先，精英们漠视或看不清大众运动中人性聚合的力量。

马菲索利在《精英的破产》中分析，大众对权力和精英的不满不单单反映在具体事件上，而是科技时代静悄悄地衍生出来的人类与生俱来的社会力量，这种力量标志着以现代性为特征的时代结束。在社会矛盾激化，或者无解的时候，就会以暴力形式出现。就此马菲索利指出："暴力让我们知道，这是一种自然的力量，也就是说，我们要重视人类的本能，它是对身躯的肯定，崇尚可感事物的价值，是情绪的激化，所有现象表现出来多少有些阵发性的激烈，这大概会促使我们承认一种超自然的力量：它可通过精神的、文化的、神话的、想象的东西表现出来。"（Maffesoli & Strohl，2019：9）这种超自然的反抗力量直接的反映就是拒绝来自上层的、抽象的知识，拒绝遥不可及的理性蓝图；而表达的是精神与身躯相互依存的整体主义（holisme），是一种建立在共同生活基础上的神秘的精神力量，而不是简单的经济需求。大众的精神生活并不是"悬空的"或"与身躯无关"的，而是实实在在显现在日常生活实践中，不是精英们华而不实的、抽象的说教。马菲索利认为这就是社群理想的精神状态。老百姓的朴素的认识，从根子上讲与精英的理念不同：精英们认为，概念（quid）决定现实（quod），而老百姓则认为，现实决定概念，这有点像我们常说的实践是检验真理的唯一标准。现代性的问题恰好出在这里：看待一切事物都从概念出发，概念主义也就成了现代社会的基质，马菲索利将这种概念嬉称为"虚构"，但现实并不像"虚构"的那样完美，日常生活中的平民百姓却是从身处的环境和社群利益出发，既考虑精神需求又考虑物质需求，而精英们忽略的恰恰是经济主义以外的精神需求。矛盾乃至反抗由此而来，因此，马菲索利指出："道德力量蕴含的不可驯服的能量正是人类历史上反抗所显示出的无可辩驳的因素。这就是当今众多例子所证明的暴力。"（Maffesoli & Strohl，2019：9）

其次，精英们体会不到大众的整体主义思想。

马菲索利认为，现存的社会建制之所以饱和，就是源于精英们从18世纪以来沿袭的大统一的理性，也就是奥古斯特·孔德所说的"世界一切化归为一"（reductio ad unum）。（Maffesoli，2003：21）世界及其表现形式都要一致，这样的观念逐步得到确立，形成体系，尤其在政治、社会和意识形态领域得到充分应用，久而久之就形成了脱离现实本体的意识形态哲学。这种哲学统治了西方几个世纪，19世纪冠以现代主义而达到登峰造极的地步，逐渐演变成了义务论、社会契约、"科学"、民主、进步、共和体制等建制思想，固化成一种思维方式，即涂尔干所说的"逻辑的循规主义"（conformisme logique）概念，这就是精英们所热衷的按照现有的意识形态逻辑惯性化的思维。马菲索利认为，老百姓上街抗议的就是这种"逻辑的循规主义"，因为政权精英们绘制的是一张"应当如此"的蓝图，但实际效果远非如此。"应当如此"变成了"可能如此"。于是大众深感被愚弄，被压抑的情感爆发，上街游行。尽管反抗诉求与经济有关，但所要达到的目的不是很明确，甚至模糊。不过这种反抗间接反映出一种深层次的诉求，那就是要摆脱单一而僵硬的经济主义和个人主义意识形态，即"逻辑的循规主义"，重新找回由感性支撑的理性，找回社群理想的那种抱团共存的温暖。实际上，马菲索利指出，就连大众自己都没有意识到，反抗竟然重新唤起一种明确而可感的伦理，"这就是重新唤起了社会的紧密联系，也就是大众共同生存的基质"。（Maffesoli & Strohl，2019：12 – 13）这看上去有点南辕北辙，但却是大众既要物质又要精神的整体主义诉求。而精英们和寡头媒体根本就理解不了大众这种复杂的心态。他们还在承袭着18—19世纪的人权和社会契约的价值观，将其奉为教条，并以经济主义为轴心平衡社会的各种需求。马菲索利将这种精英的观点称为"发表的观点"（opinion publiée），而这与整体主义为核心的"大众观点"格格不入。为了驯服大众，精英和媒体记者们还用"科学"黑话，艰涩难懂的评判文字控制舆论，但大众毫不买账，反而硬扛，导致大众与精英互不理解，隔阂愈深。

最后，网络社群的归属感超越了僵化理性的辨识。

进入数字化时代，网络社区成为人们最基本的社会联系平台，部落式的社群概念又重回人们的视野，个人在网络社区中很难再成为独立的自主的个体，犹如一粒粒铁砂被社群的磁性所吸引，形成了一种集体的归属感。正如马菲索利所言："一种真正的群体自恋，这种自恋强调的是，每个人只有依靠他人才能思想，说话和行动。"（Maffesoli & Strohl，2019：215）其实这种部落的属性自古以来一直存在，只不过在社交网络时代奇迹般地被放大了：情感情绪同化（empathie）超越了理性的辨析，形成了一种虚拟的"接触逻辑"（Maffesoli，2000：140），使网络上的聚合自然偏向于情感认同；而部落的归属又是根据不同趣好和认知呈现出选择性；社交网络又使多重人格通过不同身份的形成而体现出来；宗教的圣人情感神通（communions des saints，也称为"社会神性"）成为社交网络迅速扩展的重要原因，即所谓的"神交流"，虽未谋面，但神灵相通；而社群内的自发的团结与互助更是以情感为纽带，彰显出坚实的交互性（réciprocité）和互助主义（mutualisme）的精神。所有这些特征都与他人相关，在社交网络的发酵中都具有极强的扩散和传染性，既有吸引又有排斥。这种新型的社会交往模式实际上严重地冲击着现有的社会建制。政党形式、工会组织保卫的是自身的利益，尤其是物质利益。虽然政党采用代议制的形式，但大众参与度不高，因为它们秉持大一统的、二元分割的理性价值观，重视抽象的个人自主价值，而非由情绪和近邻性构成的社群共同生活的意愿。马菲索利批评道："总而言之，官方的社会已经无以复加地与现实脱节，而他们使用的木头般的语言不再有人能够听得懂……精英们根本不理解，我们正在参与一个世界的终结，而另一种共同存在的方式正在诞生。"（Maffesoli & Strohl，2019：196）

这种既古老又年轻的社群理想也许会衍生出多元化的社会形态。就现在的情况来看，最大的启示是在重建社会范式的过程中，应当更多地考虑社群的而非个人的利益，因为社群的凝聚力来自近邻性、情绪同化和现时主义，而非遥远而抽象的理性化的完美主义。因此，把控共同存在的社群脉搏，并改革社会建制是一个重大的挑战。

四　结语

应当说，马菲索利的分析还是具有一些启发性的。

首先，他的视角始终聚焦于社会运动中情绪化和部落现象，用我们常用的话说就是接地气的分析，既有哲学的高度又有具体的分析，还提出了未来社会发展需要关注的方面。书中所涉及的问题都是当代舆论高度关注的问题，马菲索利能用深入浅出的哲理分析这些社会运动的成因，还是有意义的，使我们看到书斋里的学问是如何与当下的日常生活紧密相关的。

其次，当今的社会是网络信息发达的社会，社交网络最大的特点就是迅速地调动起广大网民的情绪和参与性，从而形成与精英话语不同，或者隔膜的大众话语，也就是马菲索利所说的"官方社会"和"非官方社会"的话语隔阂。这种大众的话语的扩散传播基本上是靠情绪驱动的，有滚雪球的效应，因此在社会治理方面提出了一个新课题。网络社交平台很容易地煽动起民众情绪，甚至引发社会动荡，但同时也给治理提供了来自基层的、可靠的信息。如何学会倾听基层民众的诉求，如何顺应民意，如何调整政策，在权力话语与大众话语之间达成一种平衡，是至关重要的。

最后，马菲索利反复强调社会运动中出现部落化、情绪化和非中心化（无运动领袖）的特征，这些特征看似模糊，不确定，不具有革命运动那种颠覆性，但其非物质化的诉求往往是精英所忽略，或者说根本就难以理解的。这种不理解本质上就是僵化的"应当如此"的理性观念所致，认为把持住经济主义和消费主义的观念，满足民众的基本物质需求，其他一切都会迎刃而解。但"黄背心"运动反映出的现象并非如此，真实的现实并不是简单的经济主义、理性主义就能解释通的，除此之外老百姓还有一些精神和情感层面的需求，还有共同生活的社群理想。马菲索利说："要创造一个和谐的世界，需要从现存如此的世界入手，而不是从抽象理论所喜欢成为的样子入手。"（Maffesoli，2021：125）"现存如此的世界"就是老百姓对真实现实的直观把握，或言感悟，这里既包含物质和精神，也包含理性和感性。而僵化的精英们很难把握住老百姓对现实的真实感悟，因为这种感悟大大超越了他们抽象的理论，这也是精英与大众脱节的原因之一。

更深层的原因则是时代在悄然无息地发生变化："我们正处在两个时代的过渡时期。现代时代即是个人主义、理性主义、生产主义和经济主义的时代，而另一个缺少恰当词语形容，姑且称作后现代时代，我们多少可以勾勒出其结构：这就是部落主义、游牧主义、享乐主义和现时主义。"（Maffesoli，2021：138－139）而这些后现代性的特征多少在近年来的社会运动中直接或间接地有所体现，也许这正是新的范式形成的征兆。

【引用文献】

Maffesoli，Michel，*L'Ère des soulèvements*，Paris：Les Éditions du Cerf，2021.

Maffesoli，Michel & Strohl，Hélène，*La Faillite des élites. La puissance de l'idéal communautire*，Paris，Les Éditions du Cerf，2019.

Maffesoli，Michel，*Notes sur la postmodernité. Le lieu fait lien*，Paris：Éditions du Félin，2003.

Maffesoli，Michel，*Le Temps des tribus. Le déclin de l'individualisme dans les sociétés postmodernes*，Paris：La Table Ronde，2000.

附 录

想象物与后现代性

——古老事物与技术发展的协力体现①

米歇尔·马菲索利 著 林 青 译

尼采曾经对我们说过，在本源与未来之间存在一种新奇而神秘但不失为真实的同步性，而这种同步性一下子就成了后现代性最显著的特征之一。我用回溯的比喻将其称为：生机勃勃的寻根。

但是，循规蹈矩的哲学家却阻碍精神的弘扬，结果很难接受这样的事实，作为他们的理论支撑的进步神话，还有进步主义，应当让位于另一种与自然形成的关系：这就是进步性。进步性不是退化，而是"进化"。人们进入这个世界，正如波德莱尔所建议的那样，就是置身于"伟大的自然殿堂"之中，回荡于各种遥相呼应之中。

总而言之，难道远古的智慧不正是让我们承认，随着一些事物的消逝，另一些事物就会显露端倪吗？而这正是所谓的进步性。进步性不满足于解释我们是什么以及我们生活在其中的世界。因为解释（ex-plicare）就是祛除掉个人意识和集体无意识的

---

① 该文译自 Maffesoli, Michel, *Imaginaire et postmodernité. Synergie de l'archaïsme et du développement technologique*, Paris：Éditions Manucius, 2013。该文中文翻译得到 Michel Maffesoli 教授的授权。

褶皱。而事实不是那么回事，进步性还牵涉到每个人和老百姓文化的所有积淀的社会层面。

几十年来，我用不同的词语来形容我的思考：近邻，日常生活，寻根，部落主义，游牧主义，还有最近才关注到的"意义的内生"①，这些概念无非是要让人关注日复一日都将我们牵涉其中的活生生的现实。在这些语汇中，确实有某种完全超越理论虚构的东西，让我们重新领略古老事物（习俗）的内涵。

是否需要回顾一下？与这个词汇惯常用法相反，古老事物（习俗）其本意应当有古老的、原初的、基质的意思。这个词绝对没有过时，它就在那儿，它就是共同生活的基础。在地质学上，当一个地势或岩石由下层土形成表面时即构成岩层（土层）。"社会地质学"也如是。撇开我们那些理智化的尽人皆知的东西，现在恰逢其时证明一些思想方式、存在形态、身躯塑性已经构成社会的岩层，而可爱的进步主义竟认为这些已不合时宜。

目前面临的情况是，尼采观景的"遮荫之树"已经不是简单的笛卡尔的知识之树。它是将源头和未来嫁接在一起的树。地质层的景点告诉我们，任何构建都需要基质，社会的构建也逃脱不掉这一规律。事实即是如此，因为事物本身就有一种既定的存在，对此视而不见是徒劳无意的，因为这种业已存在的东西越来越多地在我们的记忆中被唤醒。否认其存在亦是徒劳，因为往往是事与愿违，当人们相信引来的只是进步之水，即代表进步的技术时，技术却带给我们另一番景象。我稍后将会回到这一论题，现在我们要讨论的是我们这个时代的"景点"，也就是我们要参

①　这是马菲索利的一个重要概念，invagination 是个医学上的词汇，是套叠，内褶的意思。马菲索利用这个词比喻由于有了社团生活，人们的精神世界重获开放，面对的是更为广阔的空间和世界的生活，同时也是各种事物、形态叠加的社会生活。这种自然的情态好似与大地母亲有一种神秘的共感，与大自然的子宫共生息。马菲索利强调的是，生活的意义和感受应当更趋于自然化，整个世界应被看作是感受和意义自然繁衍的温床。参见马菲索利《生态哲学》，第 17、205 页。——译注

照的互联网。

先做一个小小的回顾，然后再刷新一下可能是短暂的、却是有选择的记述。在一些领域且研究目标千差万别的情况下，像马克斯·韦伯这样的社会学家，或像托马斯·库恩那样的科学史学家，他们都曾指出，在理性主义和科学技术发展之间存在着紧密的关系。而我要补充的是，作为理性的极致化和系统化的理性主义，实际上排挤掉了公共领域内人类其他的指标。

在那部论述新教与资本主义之间建立起紧密关系的经典著作中，韦伯在思考现代性萌发的原因时，谈到"存在的泛化理性"。正是这种泛化的理性导致了著名的"世界去悦化"。"世界去悦化"不过只是一种存在的因果逻辑的表现，在这一演变中，任何不规则的东西都要被禁止，自然的东西最终要让位于人为造作的东西，简言之，社会生活完全被一种纯粹理性化的技术官僚体制的"集权暴力"净化得干干净净。

从库恩的角度来看，那就是提醒人们，正是借用了理性的直截了当（via recta）特性，西方社会才与其他文化传统相对立，径直地奔向目标：因为科学发展最终结果是要施展众所周知的技术应用。① 为了达到此目的，就必须强调，要不顾一切地向着进步目标前行，为了减轻负担，可以抛弃所有无用的行囊：这些妨碍前行的行囊就是梦幻、游戏、节庆。正是这样的抛弃才能确保西方文明的完美演绎，以致在 19 世纪末期优胜于所有其他文明。

这涉及两种范例化的分析。当然也有其他类型的分析可以帮助我们理解为什么在整个 20 世纪，技术，甚至可以说世界技术化在全球取得了胜利。这些技术不再简单地撂在一边，像驯顺的奴仆，当人们需要时随叫随到，而是毫不客气一击定乾坤，所向披

---

① 在此提示，请参考：Weber, Max, *L'éthique protestante et l'esprit du capitalisme*, Paris: Plon. & Kuhn, 1905; Thomas, *La structure des révolutions scientifiques* (1962), Paris: Champs Flammarion, 1983。

靡地变成了统治整个日常存在的主人。

犹太密教卡巴勒的哥楞（Golem de la Kabbale）[①] 逃脱了他的造物主的掌控，大肆摧毁周围所有事物，借用这个形象比喻，技术的应用将把所有人类存在的时间归属于它的操弄之下，任何事任何人都无法逃脱。工作，自由支配的时间，生产，消费，教育和体育，所有渐进构成社会整体的机构，都将在技术理性的笼罩下被调整，以缕清、归顺人类的情感、直觉和冲动。

这就是很简短追溯了问题的由来。而社会观察家的根本问题是，他们忠实于18—19世纪继承的理论依据，依然唱着"祛悦化"的曲调，直到口干舌燥，还不停地给我们灌输着不可避免的忧郁和异化的分析，而这些正是冒着恶魔臭气的技术压制造成的后果。

这些令人厌恶的预言家，他们高高在上，位居大学要职，通过他们的媒介论坛，不遗余力地恫吓那些言听计从的傻瓜，然而，他们却没意识到，已经出现了另一种啾啾鸣叫的声音，从词源学上看，那正是一些"推特"[②] 在发声。是那些说着话的虚拟之地，是那些五花八门的论坛，那里没有什么大不了的事，但彼此的交流却建立起来。实际上，在聊天群中，重要的是建立联系。内容已无足轻重，形式才是一切。这其中玩的就是"通连"：处在被链接的状态（拉丁文为：reli-gare），处在信任之中（英语为：reliant）。

这就是全部，当然还有其他让我不得不说的事，那就是，后现代的技术参与促成了世界的再悦化。

是的，对我来说这有些矛盾；但这就是我要说的。我再强调

---

① 哥楞在欧洲神话，特别是犹太卡巴勒密教中是不可战胜的造物，他最终逃脱掉造物主的控制，在世间播散恐怖。而卡巴勒是通往神性世界的知识，具有从亚维汲取的十大能量。参考 https：//fr. vikidia. org/wiki/Golem；https：//fr. vikidia. org/wiki/Kabbale。——译注

② Twitter 词义为鸟的唧啾之声。

一遍，跳出理论优先的套路，我们可以证明，最关键的一点，恰恰就是游戏的回归，而这正是现代性迈着豪迈的步伐向进步方向挺进时所边缘化的东西，正是关在孩子房中，或者说，至少也是拘囿于严格的私人空间的东西。

由此，游戏在视频空间中占有一席之地。当然，其中也不乏上网成瘾者。[①] 总而言之，这是一个无法避而不谈的现实。游戏本身具有人类学的结构，也就是说它本身的结构与人类深邃古老的根系相连，而今天它却得到技术发展的加持。梦幻也同样如此，它也不再单纯是以个人身份躺在心理分析师的沙发上才可接受的，而是传染到社会众多的实践中：有反抗，造反，痴迷的幻想和花样不同的奇思，而且蔓延到所有领域。

这就是今天的关键所在，这就是不得不说的后现代性发起的挑战，干脆地说，后现代性刚刚萌生，但它的特征已经凸显在日常生活中了。实际上看上去有悖常理，但通过视频游戏，通过首页的传递，通过各类推特似的站点，我们看到的是百鸟争鸣，这才是最重要的，我们要的不是亚里士多德们炫耀抽象的、云山雾瘴的哲学，而是日常生活中幻想的表达。这才是我们所说的世界再悦化，现实，也许用更妙的表达："超现实"，超越了几乎濒临死亡的、令人厌倦的，明显过气的理性主义理论的"虚构"。

实际上，在日常互动交流中，我们就已经体验到了超现实主义。虚拟事物同时也具有实在的效果，它能容许一种实在的享乐形式存在，并建立起一种联系，确立一种联系的功能，更充分地说，就是创建一个社会。而这种效果恰恰源自我们这种动物种类最本质的两个特征：这就是想象的能力，以及由此而来的与他人情感相通的能力。

亲爱的读者，请允许我做个历史人类学的小小的注明（毫不

---

① 参见 L'analyse du philosophe H. Azuma, *Génération Otaku*, Hachette, 2008。

犹豫直奔主题），我要说明的是网络文化在哪方面可以称作是后现代"圣人情感相通"的另一种表达。

这是一种刚刚诞生的状态（status nascendi），在不同的网络文化中初现端倪，它们以多种方式传染着我们社会的日常生活。实际上，按照流行病的说法，我们有必要提出问题。确实如此，小声但执拗地说，不同的互动交流媒体已经占据了地盘，而且强势介入，同时还在服务领域、行政或官僚机构运作攻城略地，而且浸满了所有的游戏时间，梦幻正趋向于替代现实。

人们曾经注意到，现代社会的一个重要时刻就是环球航行，大胆的探索者发现了这些新世界，由此扩展了人们惯常的感知，存在的方式，和他们那个时代截然不同的想象。

一些思想敏锐的法学家，像卡尔·施密特就曾指出，四处漂游如何形成概念，而这些概念又是如何成为欧洲公共法律的。一种新的事物秩序正是由此应运而生；一种土地的规制（Nomos），也即一种内在逻辑，一种社会联系的新理性正是通过并得益于所谓的环球航行而确立起来的。

难道现在我们不能说，正是起航于电子巡游，类似于秩序的某种东西开始显现：那不正是发现了一个新世界吗？那不正是与现代性文化完全不同的新文化的确立吗？而这势所必然地要影响到生活方式和社会想象物的形成。这也启发出当代和日常事务研究中心①正在从事的研究，还有斯特凡·于公②就这个主题发表的各种出版物。

让我们看一下托马斯·库恩，他在思考科学发现以及科技带来的成果时，就曾指出，它们必然会成为他所说的范式。让我们想想子宫就可以明白这个道理，子宫严格意义上讲，就是能够孵化一个新生命的地方。确实，一个新的范式在我们当代孕育而

---

① www. ceaq-sorbonne. org.

② Stephane. hugon@ eranos. com.

生，而我们姑且将其命名为网络文化。

众所周知，个人是无法推导成他原初生成的样子，而且仅在无意识基质的条件下存在。社会生活也如此，会有或多或少像迷宫一样的教堂密室。换一种说法，这种谜一样的生活就是集体无意识。

西方文化永恒的根系就是对形象的恐惧害怕。这种古老记忆中的破坏圣像的做法经常被分析。但需要抓住其本质要素才能理解我们当代由虚拟世界引发的恐惧。

简言之，让我们回顾一下，旧约的先知们是如何与圣像和其他用石头或木头做成的偶像斗争的。战斗如此惨烈就是为了企及独一无二的上帝，这才是他们在"精神和真理"上情有独钟的上帝。这里重点落在了大脑上，也就是认知上。换句话说，争斗的目的就是获得真理。

偶像，这里必须强调的是，它具有女性的本质特征，说到底它就是对大地母亲的崇拜，因此，偶像从不召唤理性，而是召唤肚子。在偶像身上含有某种歇斯底里的东西。正是子宫被刺激起来。那什么是肚子呢？难道不是各呈异彩的意义的象征吗？肚子位于人体的正中央，就是人整体存在的符号。用一种矛盾但有启迪的比喻，它就是感性的理性温床，连结着对立的矛盾面，促成对立的互动，相互耦合。

然后，我们再回忆一下，这样一种破坏圣像的运动竟然在笛卡尔和马乐布朗奇①手下变成了一种哲学，煽动蔑视这种对圣像的想象，把想象喻为"宅子里的疯子"。这就是说，想象不允许理性的特质尽展其能。这种做法留下的创伤在整个现代性时期都可以看到，而且这种烙印还滋养着各种挞伐，欲将一般意义的形象，广告，视频游戏，角色游戏打翻在地，殊不知，在今天否认

———————

① 马乐布朗奇（Malebranche，1638—1715）：法国哲学家和神学家，天主教神甫。17世纪笛卡尔学派的代表人物。——译注

它们的作用是徒劳无益的。

另外与破坏圣像主义相关联的还有一件事，说出来也许让人惊奇，但同样是重要的，这就是要强调，对虚拟事物的恐惧根源之一就是对自慰（onanisme）① 的谴责。

大家知道，就一般情况而论，这是犹太－基督教传统中一个主导价值之一，欧南的形象从某种意义上讲是情感高潮的表现。更具体地说，他的快乐享受表面上看是个人的、无用的行为，因为他的精液洒在了大地之上。

但是更进一步地看，相关性是显而易见的。这就是自慰需要自己为自己讲一个故事，做一个剧情脚本，简言之，要将形象可视化。

精液丢撒在大地上本身也是有启示意义的，它将自身与宇宙融合为一体。这是一种与大地的神秘婚姻，大地就是结合的中心。这就是人类共同体的象征！

这些暗示性的说明无非只有一个目的，就是关注这样一个事实，网络文化既是形象力量，又是无用享乐的表达。想象物的游戏在其中占据了一个不可或缺的位置，我刚才所说的自淫范畴的事远不应被忽略。

想象掀起的逆反会一下子爆发出来，在角色游戏、论坛和各式各样的群和主页中比比皆是，在那里突发奇想，幻觉和怪诞的幻影占据了其中的大部分空间和时间。理性、功用性、实用性完全看不到踪影，但人们还是留给它们一部分相适的份额。或更准确地说，两者之间完全颠倒过来，后者成了实在的游戏的辅助角色，它们由主人变成仆人。

在这方面确实发人深思的是，我们可以看到有多少集体的节庆、想象和梦幻情怀将会变成虚拟空间的规范。而由此传染到私

---

① 自慰（手淫）一词来源于《圣经·创世记》：犹大让儿子欧南（Onan）顶替死去的哥哥跟寡嫂生儿育女，遭到欧南以手淫的方式违抗，欧南将本来传宗接代的功用性变成了非生产性的享乐，变成了由想象带来的快乐。——译注

人地盘或公共范畴。在理性泛化到存在的年代，社会契约由此建立起来时，人们看到的是俗称"私生活之墙"建立起来。在角色游戏和博客锤击下，这堵墙，虽然没被完全推垮，至少也是千疮百孔。

四起的传闻、兴奋的叽叽喳喳、流言蜚语、真假消息，靠着一种奇异的传染机制传播开来，"虚拟"空间又重新起到公共场所、谈生意的咖啡馆和古代城邦广场的作用。依照词源学本身的含义，我的内在被我的外在所替代：一切都变成了论坛，每一个人都可以参与进来。

法国伟大的想象物研究专家，吉尔伯特·杜朗曾经明确指出，形象是个人微观和集体宏观之间的中观。严格地说，它就是一个中介的世界。它创立一种联系，建立一种由链接产生的信赖，因此在电子形象分享中会产生一种情感亲和力。跳出个人的封闭状态，形象确实是社会机体构成的要素。

当然，这种社会群体的构成不会还原到与通常所说的社会相适的理性层面。相反它会衍生成多种多样，依不同秩序建立的部落，因为这些部落建立在共同趣味分享之上。有音乐、体育、文化、两性、宗教部落，所有这些部落都是依靠共同经历而生成的形象建立的。

笛卡尔的"我思故我在"是建立在重要的认识论革命基础上的：就是接受由自己去思想的事实。这恰恰将个人精神封闭且禁锢起来。而在"屏幕背景"上表现出来的东西恰恰相反，分享屏幕上的形象却能造成人们被他者思想的状况。其实，何尝不是人们只有通过并在他者的目光下才真正存在。这不得不让人联想到，在此借用涂尔干的表达，就是"逻辑的循规主义"。

但是，这与通常所说的刚好相反，它不是一个简单的自恋主义的表达。或者这样说，应当将一般的自恋主义一词的意思做点改动。与惯常对这种现象的解释相反，水仙花（自恋）并不意味着自己迷失在自我形象之中，而是自我的形象在池塘中向外映射。这里的区别在于，这个池塘象征着整体的自然，象征着世俗世界，就像一个珠宝盒，人在其中迷失自我，但可以在一个更大的整体中绽放自我。

这就是我所说的一种"群体自恋主义"，一种集体自恋主义，这就是在电子虚拟性的现象中最为耀眼的东西。为此，我要重提欧南精液的比喻，当然，肯定有所失，但这是在超越个体的整体中的失，这种失本身具有使群体舒适惬意的性质。

这就是集体自慰的自娱自乐的过程，这在知名的社群网站中经常会遇到。每个人在匿名的有恃无恐遮盖下，将自我展露给他人。空气中充满着链接性，触感性。中世纪哲学家曾就黏性世界发问，黏性世界到底是什么呢？既然有各式各样的自我主义，为什么还能黏住？有时，这种黏性是由遥远的理想构成的，那就是曾经的现代性。有时，刚好相反，这样一种黏性是建立在分享共同情感、情绪和激情之上的。那不就是些微不足道无关紧要的东西吗！

这就是信任下的再连结在所有网站中的显灵。此外，词语不是中立的。时间在空间中压缩，于是就有了我与他人分享的网站，而恰好是以此为出发点，我成长强壮了。历史，这个大写的历史，就是只确保自身的现代性的历史，而今却要让位于这些小历史，没有实在的内容，但可确保联系，而且可以不断串联。在这些社群网站中，用听来舒服悦耳的词来形容，那就是"地点产生联系"。

第二生活（Second life）、我的空间（Myspace）、脸书（Facebook），这里有多少对形象游戏的倾注，有多少非生产性的耗费。所有这些都不是用来做什么的，但却突出了无价值之事的价值。这些网站是前现代时期夸富宴（Potlatch）① 的后现代形式。夸富

---

① 夸富宴是北美洲原住民炫耀性馈赠的一种形式，在公共节日里由富人尤其是商人举办。——译注

宴在民间智慧中流传下来的只是残留的形态，老百姓内心的知识告诉他们，有时丢掉后反而能赢回来。喋喋不休的无用的闲聊，在毫无利益牵挂的微博或论坛，甚至在网页上海淫海盗的画面中，能够找到坚固的社会联系。

这有点像宗教礼仪的什么事。也就是说，它可以使一种看不见的力量显形。就此而言，网络文化的虚幻性确实是一种表达共同存在欲望的形式。通过微微吟啾，不停地躁动，这种虚拟的事物牢牢捕住一个孕育而生的生命颤动。我们可以将这个新的精神世界与皮埃尔·泰亚尔·德·夏尔丹神父①的"人类精神思想圈"相提并论。这一比喻并非年代错位，我们可以从中分析出，在不可见的联系中确有一些虚拟的交换，这种东西远远超过经济范畴，超过实证的量化思维，超过由物质构建的基础，但是能够确保一种社会内在的凝聚，而其效果我们目前远远无法估量。

线上的玩家，从东京到伦敦，再到圣保罗和洛杉矶，不要忘了，还有阿尔比斯山或喀尔巴阡山偏僻的小镇，他们在无穷无尽的游戏中耗尽精力，就是为了通过虚拟游戏神奇的链接达成相互信任，紧密通连。而他们获得的实在感远比共同接受的现实原则更强烈。难道这不正是因为他们的日常生活完全被那些令人着迷的游戏左右了吗？他们就像被遥远的不可见的磁极所吸引，所磁化。这才是实实在在的网络文化的虚拟精神思想圈。

在现代性时代的一段时间，也就是宗教改革刚刚兴起，马克斯·韦伯就曾注意到非物质化的力量。他的重要著作证明了这一点：书名为"新教伦理与资本主义精神"。对圣经的一种解释即

---

① 皮埃尔·泰亚尔·德·夏尔丹（Pierre Teilhard de Chardin，1881 年 5 月 1 日—1955 年 4 月 10 日），汉名德日进，生于法国多姆山省，哲学家、神学家、古生物学家、天主教耶稣会神父。德日进在中国工作多年，是中国旧石器时代考古学的开拓者和奠基人之一。——译注

新教主义，衍生出一个新的世界组织：资本主义。韦伯所做的精彩归纳恰恰让我们意识到，人们可以"从非实在的事物入手来理解实在的事物"。我们甚至可以再加上一点，这种虽显示为虚拟的东西，仍不失为具有一种不可否认的力量。它们很快就会成为一种事物的新秩序的根基。

这种"自然本性"（natura rerum）才是"屏幕背景"上所要呈现的。我们不想过分地玩文字游戏，但还是要谈及游戏情态和由此而来的挑战（en jeu et enjeu）①。因为，从虚拟物出发，社会联系既牢固又虚缈。正是这种新形式搞得社会观察家们无所适从，抓不住要害，一头雾水，因为他们因袭的是 18—19 世纪继承下来的社会观念，所以去理解、分析时多少有些困难，或简单地说承认某种社会性的存在，而这种社会性的构成要素恰恰是我们所讨论的游戏和梦幻的想象物，而这才是随处可见的，贯穿于网络文化的东西。

特别要指出的一个关键点，它与当代所设想的个人主义有关。老生常谈的这个主旋律，反反复复就是在私人圈子里打转转。我们可以看到，多少陈词滥调打着科学分析的幌子，无视虚拟世界的存在，恰恰在那里一些关系和交换确立起来，一些分享得以操作，所有的事物不论好与坏，都在构成一种新的社会生活。

确实如此，不论怎样，分享数据文件是问题的关键。点对点的沟通使人晕头转向，打乱了惯常的经济规则。不论人们愿意与否，确实一种新的交易行为确立起来。交易，更准确地理解，就是财产交易，思想交易，情人之间的交易。法语中那些古老的表达告诉我们，如何在物品商品化之外，人们也同样可以在互联网上发现一些哲学、宗教或情感方面的互换。

---

① 由游戏构成的两个词语发音都一样，但词义不同。——译注

确实，在这些不同领域里，特别是互联网，它不断突破极限的速度是非常快的。难道这不是任何处于出生状态的事物本质吗？即本身具有潜在的极端、阵发，甚至反常的特质。但是，还是众所周知的格言说得好，今天的不规则就是明天的规范。就此而论，冲击已确立的道德价值的互联网至少也确立起我们所说的后现代部落的伦理力量。

道德针对的是有些脱离实际的抽象原则。而伦理从贴近词源本意看是出自日常所体验到的风俗习性。在"我的空间"（Myspace）那些没完没了的讨论中，人们发现的不正是这样一种伦理的非道德主义吗?! 那儿，可以畅所欲言。那是想象的天地，那是历久弥新的欧南式的集体自恋，而一种社群理想便由此而立。彼此团结在那里找到了它们的根。宽宏大度在那里强势地呈现出来。

地球仍然在转呀！伟大的伽利略对他的诽谤者这样说。教条无可奈何，地心说也寿终正寝。今天我们可以说确实有类似秩序的什么事发生了：不论如何它就在那儿。尽管它是虚拟的，但人们仍然在屏幕上可以感觉到文化的、现实存在的、社会的麇集骚动。在这儿，可以谈一下日本的"御宅族一代"。更贴近词源的理解，御宅族就是将自我封闭在"屋子"里。但是，这恰恰是一种生力活现的寻根，他的信息、他的联系和他的关系正是由此而发展起来的，遥相呼应，穿越世界，创立起一些既是虚拟的又是真实的社群。

这恰是复杂而对立的综合体，是将各种对立因素织成的整体，但它们之间却是互补的。这些在社群网站上的相遇给了他们体验丰富多彩生活，"第二种生活"的机会。而在这，游荡又开始登场了，游荡本身是任何真正文化的原发因素。互联网激发起一种游荡癖，一种四处漂游的享乐，这正是探险家、所有航海征服者，还有那些发现新世界的先人孜孜以求的事。

呼唤未知，或像涂尔干所说，"渴望无限"。这才是后现代骑士们所要追求的。他们在互联网上不断冲浪寻找一个圣杯①，而这如同所有圣杯一样，没有清晰的轮廓也没有明晰的内容。剩下的只有路径，只有游荡，只有网上冲浪，就在这儿，才是最要紧的。

正如我上面指出的，形象和（或）欧南主义的自恋激发出一种如此强烈以至无用的享受。也许正是因此在很长一段时期内不断遭受犹太－基督教，后是现代传统的谴责。我要强调的是，这里涉及的力比多不再简单是性欲方面的问题，而从更广泛的角度看，它内含着一种能量，一种生命的冲动，简而言之，一种不可抑制的生活欲望。

这就涉及一种摆脱掉精准的智性推理的本能。而这才是让那些社会观察家颇为沮丧的事，因为他们很难接受某件事可以有一些意义（意义的形成）②，但却不会有一个意义（终极性）。同样，德国的哲学家罗马诺·卡迪尼（Romano Gardini）③ 也是这样定义礼拜仪式精神的："无用的但却是有意义的。"（Zwecklos aber sinnvoll）

正是这种仪式在博客群、论坛和多种多样的社群网站中显灵了。内容已经不重要了，唯有内容的载体才是必不可少的。"内容的载体"意味着将时间空间化了。互联网创造出整体的存在，与人相处的事实才是最为重要的现实。与互联网在一起，我们从话语神圣的逻各斯中心传统过渡到另一种，而且是更为逻各斯中心化的传统：唯有空间，唯有与他人分享的网站才是至关重要的。

---

① 这个词来源于中世纪传奇浪漫传统，确指一个珍奇的物件（圣杯）。为了这个神秘的圣杯，几个圆桌骑士们历经奇遇不断搜寻。——译注

② 符号学也称之为"意指作用"（signification），主要的含义是，意义不是一成不变的，它的形成过程以及相关的变化才是重要的。这是马菲索利的一个重要的思想，与符号学有交集，但所涉及的层面不同。——译注

③ 罗马诺·卡迪尼（1885—1968），德国天主教神甫、神学家和宗教哲学家。他是20世纪天主教伟大的神学家之一。——译注

"虽张口说话但啥都没说"的印象由此而来。就是如此，人们什么也没说，但这什么也没说却是本质所在，它如同子宫，赋予的是存在。同样，由此孕育成文化。通过伪装匿名，角色扮演，真假主页的形式，每个人都投入角色之中，扮演一些人类原始范型，由此形成延续的系谱，而相互的链接恰恰是保证人类社群得以续存条件。在网上冲浪游弋的小部落利用古代骑士或古代神话中的面具、名字和服饰，并不是毫无意义的。空气中飘溢着原始的味道。这种原始情态就是要凸显古代事物的力量和勃勃生机，而这些曾被人们认为是过时的东西。

这些复古的生机和力量就是用来夯实我们根基的，并且不时地勾起人类美好的回忆：只有在已有的积淀中才有建好的东西。

在《悲剧的诞生》一开头，尼采就提醒我们他称之为"敏锐的形态"的重要性。这就是带有象征性的形态，围绕着它人群聚集起来。这就是建立社群的形态。而这才是真正的文化之根。然后，这种形态渐渐弱化为文明，直到一个循环完成，一个新的文化再生。

也许这种现象正在网络文化环境下发生。垂死的资产阶级文明在互联网中应当让位于回归中的复古形态，在对各式各样的理性主义者的批判中，这些形态强调的是人们正在参与到一场真正的世界再悦化中。环球航行大发现，如我前面所说，引出了一个新秩序。而这种非物质的、虚拟的互联网却引发出一种传染的效应。

也许退后一点可以看得更远，更有意义，这样才好评估扑面而来的未来。就我而言，我经常说，处于出生阶段的后现代性也许可以和我们纪元的3—4世纪的罗马帝国初建时期相提并论。

官方的机构建制就在那儿，看上去坚实稳固，但内部已经被蛀蚀得千疮百孔。已经确立的意识形态也就是那些官方允许的话语，但没人关注它。大家所感兴趣的是已经看到和已经听到的平庸之事。而人们的心思却用在其他地方了。

　　具体来说，在罗马帝国行将完结的时代，这些神秘的宗教崇拜繁衍出大量的教派。奥尔菲派、米特拉派、基督教派诞生了。还有其他的社团出现，它们不满足于念念老掉牙的令人厌倦的祷告经文。而这才是真正宗教栖息的"站点"。这种宗教关心的是他人、长者、病患、青年。它是一种与每日生活紧密融合的宗教。简言之，是一种与他人息息相关、紧密捆绑在一起的宗教。也就是说，与近邻性（社会）的他人和远方的他人（神性）结为一体。

　　"神秘"就是将最初接纳宗教的人相互结群的东西，因为它们分享的是同样的神话。但是，是什么导致在宗教崇拜繁盛时期，尽管各派有各自相近的特点，而唯独基督教延续下来呢？肯定其中的缘由多种多样，但我还是要强调其中一个重要的原因。作为一个社会群体需要宣扬能够使他们延存的教义，基督教的小教派宣传的就是圣徒精神相通的教条。将逝者与生者融合相通，同时在生者之间也建立起精神的互通。

　　就这样，罗马社团在精神上就与里昂社团、那尔保尼社团和米兰社团达成一致。团结一致的理念由此创立，它不仅促成了具有重要意义的教会的诞生，同时，还孕育出欧洲的文化。正是靠着这种精神相通，贸易在不同地区教会之间确立发展起来。交换和分享构成了一个神秘的群体，由此引出的结果就是休戚与共的联系所带来的理论和组织形态。

　　让我们回过头来看看我们眼下正在发生的事。同样的启蒙过程，同样的所有序列的交换和分享。点对点的沟通已经成为今天多个领域的常态。也正是通过电子网络的传染扩散，全球差异化的现象，信息的传播，百姓们平常或正式的聚会才蓬勃发展起来。用一个词来解释这一切，那就是快闪族（flashmob）：即时动员的网络形态。

　　在知识领域内也是如此，维基百科尽管有众所周知的粗劣的错误和不实之处，但它却有很高的社会地位，如果可以说的话，它就是一个象征：知识不再来源于上层，不再由垂直的政权所传播，而是靠着基础力量的形象向外扩散的，是以一种水平的方式传播的。

我们这里讲到的只是刚诞生的网络文化中的几个迹象。技术的发展曾使世界不再那么神秘，而且使个人趋向孤立化，也就是人们所说的孤独的群居，而今天，技术发展却反转过来，为一种新型的休戚与共的联系做出了贡献：人们时时刻刻处于接触之中，联合之中，情态相通之中，总是被链接。

是的，这的确是一种创始于互联网的新文化。

"网络空间"是一种联系，它的周边界限不确定，无限延展，以子宫式的涵容方式创造与他人的相遇，整个社会群体由此感到自在舒适。从这一点看，难道不可以说这就是后现代的圣人神通吗？

古代事物和习俗还能帮助我们理解另一种宗教传统，这就是印度教，尤其是它对阿瓦塔（又译：阿凡达）变身的运用。这里我不再回头讲个人复数化的问题。我已经讲过它在哪些方面构成后现代性的特征。关于技术的魔幻般的应用，我非常感兴趣地指出阿瓦塔的几个主要元素：多重变体的呈现、变形和偶变。

不论是在电子游戏，或是在相遇的虚拟地点中，每个人都会显示出这样或那样的人格面孔。穿戴上这样一个面具，由此你就可以表现在日常生活中禁止表露的奇思幻想。我这里所说的表现，有点像橙汁，表现就是把橙汁从橙子本身挤出来，这一点是不可否认的。

正是这些"表达"才使人理解同样一个人是如何经历变形的。独一无二的身份，还有不可分割的个体，这一切都让它们见鬼去吧！多样化的身份变化不论在任何情况下都是无可非议，不应受到惩罚，反而是值得珍重的。在理性的现代性观念中，唯有虚构可以将同一个人以不同的身份搬到舞台，就像哲基尔博士和海德先生的故事一样。① 这种做法难道不是犯罪吗？

同样，精神病学在人格精神分裂症中要修复的是人格分裂。正是由于这种精神分裂，双重人格的思想严格意义上讲，就是"分裂"，即所有个人和集体本身固有的个体内核中的"分裂"风险。用现代性的观点看，正常的个体应当拥有一种性别、意识形态、职业的身份。而任何一种对身份碎片化的切分都是不正常的，病态的。

确实如此，这就是为什么视频领域，角色游戏，或诸如"魔兽世界"的传奇持续不断地遭到有教养的正人君子打压谴责。如果拿我曾举例的闪米特人破坏圣像运动来说，就不难理解为什么虚拟的东西总是遭到怀疑。因为它本身包含着太多不可控的奇思幻念，因此也就存在潜在的危险。

在此，我只说明这种"变形主义"中的一种表达。大家知道，特别是在交友偶遇网站中，有相当数量的女性假冒者掩饰自己，但最终却是个男人。当然，我们能够很容易地通过一般的精神分析和（或）道德范畴知识来解释这类奇思幻想。但是，从与综合社会学相关的非批判思想来看，变成女人的男人是一个历久不衰的神话，是所有神话学的共同话题。因此，毫不奇怪是，这样一种变形可以重新焕发出新的活力，尤其在众所周知的女性化风靡，价值和风俗趋之若鹜的时代。

在谈完多种变体和变形之后，我们再来说说阿瓦塔的第三个特性：偶变。人们戴的面具其实是瞬时而过的。它是根据这样或那样的情景随时显现的。它特别看重现时存在，哪怕是须臾片

---

① 又译《化身博士》（英语：*Strange Case of Dr Jekyll and Mr Hyde*），讲述了绅士亨利·哲基尔博士喝了自己配制的药剂分裂出邪恶的海德先生人格的故事。《化身博士》是罗伯特·路易斯·史蒂文森的名作，因书中人物哲基尔和海德善恶截然不同的性格让人印象深刻，后来"Jekyll and Hyde"一词成为心理学"双重人格"的代名词。此书曾多次被改编为音乐剧、电影等。参见维基百科。——译注

刻。它跟随着电子游戏所发生情节而突然呈现，或者在巧遇的虚拟地点中从天而降。请允许我提示一下，用哲学的思维，"偶变"是与实在的物质相对立的，它是偶发的，相对的。正是这样的相对主义，作为一根红线，始终贯穿着网络文化。

相对主义，人们怎么重复都不过分，它就是同时将一种唯一的真理，一种固定不变的身份相对化的思想，而且将其放在关系中考察。

这样一种关系的定位在名目繁多的社群网站中特别引人瞩目。这一过程还在继续，一切都是飘忽不定的。如果有人企图由此勾勒出一幅详尽无遗的画，或者编织出一成不变的法规，那真是有点投机取巧了。就目前情况而言，根本不可能从理论上穷尽浩瀚无边的可能性。一切就如同那个时代古滕贝格星系一样，电子星系恰好关联着另一种共同存在方式：这就是后现代性的存在方式。

然而，还有一个因素看来是稳定的，它与归属情感相关。谈到这个问题，我们就要转会到部落上来。如人们所知，部落呈几何级变量形态存在。每个人都可能额外地加入不同的部落。而为了这样做，势必要穿戴不同的面具。在所有虚拟网域中，都有一个最小公分母，这就是情感互通互联。一种关系主义无处不在。

这些社交网络纷繁茂盛，光彩耀目。"昔日伙伴"带着一抹悠悠乡思。"推特"可以让人随心所欲对当下热题叽叽喳喳地评议。从最严肃的到最平庸的，无所不及。"奥库特"（Orkut）通过严格的推荐和遴选机制筛选分别组建庆贺、主题、特殊激情的粉丝团。当然还有"脸书"，承担着全球9亿用户的服务。而所有微型博客社群中，安迪·沃霍尔（Andy Warhol）十分抢眼，占据了超过一刻钟的荣耀，每个人都指望自己的歌曲、画作、哲学分析公之于众，一跃成名。

社群网站、博客、奥库特和其他推特型社群就在眼前，令人想起，世界的再悦化牢牢地嵌入在后现代的社会性之中。原始部落围绕着它们的图腾，而当代的网民也是聚集在他们各具特色的偶像周围。这些与时俱进的部落，其时间性特别明显，往往是稍纵即逝，昙花一现。但是"极致兴奋"也有它不可变动的规则：必须永远赶在潮头之上。但这还不是本质性的，最有价值的是社群的冲动推动大家像其他人那样做事、生活和思想，尤其要随他者的方式而动。

因此，一切都是"相对的"，甚至知识。同样也要注意的是，在互动交流手段导致的技术魔幻中，一方面知识是集体的出产物，另一方面，大家可以共享这些知识。知识不再单纯地来自上方，也就是不再按照与"天父法则"自然而一致的路径而获得。这类知识实际上是继承了闪米特人的传统，这一遗产在与现代性相关的"宏大的参照叙事"中达到了登峰造极的地步。现在的知识刚好相反，它来自底层，是跨越纵向而发展的。

该换换令人不爽的话题了，还有那些操弄纵向形成的知识的官方机构。让我们回顾一下，黑格尔曾说，读报就是"现代人的祈祷"。这话在那个时代确实有预见性，在整个他的世纪，即 19 世纪以及接下来的 20 世纪，他的话是那样的中肯适宜。黑格尔实际上涉及一种中介质的问题，它让我们与整个世界相连：与时代精神（Zeit Geist）同步，而人们不会忘记，这既是绝对的又是普遍的。

过去的时光回转了，更加现时化了。人类的精神也焕然一新。而这同样引出针对科学确定性的相对主义。每天晨祷的读报让位给互联网上的冲浪，在冲浪中人们四处采集着多少显得不那么真实，有时甚至是完全虚假的信息。

在古代集市上苏格拉底可以高谈阔论。至于风险和危害，人们当然知道接下来是怎么回事。同样，广场思想在互联网上也渐渐变得举足轻重了。

　　"生意咖啡馆"也可叫作"虚拟咖啡馆"，它们之间结构上同源，完全是一回事，毁誉参半，理性的欣赏伴随而来的是最无耻的谣言和诽谤。但事情就是如此。人们体验到了文化的骚动，各种言论如蚁麇集，然后信息沉淀。时间最后对信息做出分拣。

　　请注意，为了指出舆论是如何传染所谓科学的严格性的，我需要做个小解释，这回是用有趣的方式。有这样一个小故事，格林兄弟收集了《汉泽尔与格莱特》（又译《糖果屋》）的童话。①这个故事前因后果在维基百科中有详细的记述，维基百科就是由使用者自己做成的民间百科，作为这个类型的产品，经常为着急了解的人查询。急切就是为了花最少的钱得到还算新鲜的信息。但是，看看学院式的百科全书，那里绝对没有更多的错误也没有更少的错误。

　　正是因为这样，才要让我的一位著名同事更清醒一些，他在上述百科全书中的说明简直太过分了，而且，甚至充满着彻头彻尾的虚假东西。在此插入一个小故事，干脆就叫它"佛朗苏奈和芒杜奈特"好了。

　　我知名的朋友，著述颇丰且被翻译成多种文字的作者，经常到国外举办讲座，国际大型研讨会特邀长期合作者，多个大学的荣誉博士头衔，同样精彩的是，他竟无缘博取他的国家大学小圈子的欢心。说到底，他阻碍了人们毫无进展而原地打转的思想。常识怎么能比科学更重要呢！简言之，他的言论就是异端邪说，就是破坏圣像，就是糟糕的主题。

　　他也竟然厚颜无耻地接受冒着硫黄味道的研究。那就是有关同性恋、激情纵欲、交换性伙伴、娼妓，还有星相术的研究。其中一些课题已变成了规范性的研究，而其余的还有待规范。

　　而这里"佛朗苏奈"介入进来。一个刚刚毕业的政治科学

---

　　① 根据维基百科，格林兄弟收集的这个童话传说据说有多种来源，并且这个故事也被改编成多种版本。——译注

学院的学生。这类学院（当然是很好的职业学校）希望成为令人敬仰的大学，但却远非如此。加上科学的字眼真是画蛇添足。举个大家都知道的例子：果酱越少，摊抹得越开。而这位年轻的白衣骑士"科学家"却一心想要捍卫他的"贵夫人"：科学。因为，这个科学，人们不会忘记，恰恰被我那令人讨厌的朋友带歪了。

不论从哪方面讲，我想，这个知名的教授并没有追讨他人的意味，那个"佛朗苏奈"也不会闻到。但这种事往往心照不宣，于是他就把他的抨击、嘲讽和恶意用理性化和科学证明包装起来。勇气可嘉，他在笔名的掩护下，几乎孤军奋战，向一个大人物发起理论斗争。又多了个谎言可以做个维基百科的页面了。

小事一桩，我的朋友向他的中心研究员问他应当做些什么。回答非常干脆：啥事也别做，随它去吧！但他们还是给他了一些在"佛朗苏奈"和他的朋友"芒杜奈特"博客上摘到的信息。因为，他有一个好女友，好家伙！但是，由于他全身心地卷入了他的科学之战，疏远了他的女友。就这样，"芒杜奈特"并没有屈就于两个人在一起该做的事，情人吵吵架，相反，却很乐意给他做点塞牙缝的肉菜。这下真可以把他理解为是"情怒"大甩卖了！

由此，勇猛的"佛朗苏奈"怒火中烧，一下子变得更加疯狂，怒怼著名的社会学家，变本加厉把相关的各种"事件"搞大。巴斯卡尔说的有道理："如果克蕾奥帕特的鼻子要是短一点……"那也许就不会有恺撒和安东尼之间的世界大战了。作为冉森派教徒的巴斯卡尔，也真是假正经。这里也许人们可以说："如果'芒杜奈特'当时要是温柔点，尽些人情，'佛朗苏奈'也不会花那么多时间耗费坚定保卫受威胁的科学！"

让我们结束这个笑话吧！戏演完了！（acta est fabula）寓言故事结束了！现实，它依然在那里，值得我们关注。小大卫对抗大巨人哥利亚。① 当然，幸运的是，不管怎么说，这个故事在知识生产和交流中是一个重大变化的指征。一种横向的主题正在呈现于我们面前。

当然，为了平息我那杰出的朋友以及和他一样的朋友的情绪，使他们不再受到小蚊子的叮咬而无法入睡，维基百科的一些页面已经被其他很多人给"相对化了"，他们将小小的愤怒者那几近教条的文字加以润色软化，修改和订正。关键的问题是，这个愤青在表达时采用了一种他自己都觉察不出来的方式，而事实上却推动了对科学理解的相对化，而他自己竟还自诩为科学的大胆捍卫者。人们管这叫作"目的偏差"，也即反常倒错。实际上所要获得的结果竟然是其他。这难道不是很有趣吗？总而言之，有启发意义。

这就是互联网导引出的相对主义。形态多样的变体，部落围绕着他们的图腾重新聚集，知识碎片化各呈姿色，如同马克斯·韦伯所说的飞速发展的"价值多元主义"。

正是所有这些才帮助我们理解后现代性的定义：古老事物与技术发展的协力体现。这个技术曾使世界去悦化，而今天却神奇般使世界再悦化。它呈现出一个五光十色的集体景观，当然这样说绝不是贬义的。中世纪，使社团凝聚而心心相通的"神秘事物"在教堂前尽显魔力。同样，今天在电子教堂中，通过视频游戏、一些博客网站、一些论坛和一些百科全书，后现代的"神秘事物"也一展风采。神秘事物凝聚着所有启迪于趣味相近的人（有两性、音乐、体育、宗教、理论等领域），构成了未来演化中的社会性。

---

① 这是一个圣经里的故事，以色列人与菲利斯丁人打仗，大卫是以色列牧羊人的孩子，面对菲里斯丁的巨人英雄，勇敢迎战并战胜巨人。——译注

参考文献

Bartlett, Jamie, *The People Vs Tech. How the internet is killing democracy (and how we save it)*, London: Ebury Press, 2018.

Deleuze, Gilles, *Le Pli-Leibnize et le Baroque*, Paris: Les Éditions de Minuit, 1988.

Fischer, Hervé,

——*La Société sur le divan*, *éléments de mythanalyse*, Montréal: VLB Éditeur, 2007.

——*L'Avenir de l'art*, Montréal: VLB Éditeur, 2010.

——*La Divergence du futur*, Montréal: VLB Éditeur, 2015.

——*La Pensée magique du Net*, Paris: FB, 2014.

Lyotard, Jean-François, *La Condition postmoderne. Rapport sur le savoir*, Paris: Les Éditions de Minuit, 1979.

Maffesoli, Michel,

——*Logique de la domination*, Paris: PUF, 1976.

——*La Conquête du présent. Sociologie de la vie quotidienne*, Paris: PUF, 1979; Paris: Desclée de Brouwer, 1998; Paris: CNRS Éditions, 2008 (3e édition).

——*La Violence totalitaire*, Paris: PUF, 1979; Paris: Méridiens-Klincksieck, 1994; Paris: Desclée de Brouwer, 1999.

——*L'Ombre de Dionysos. Contribution à une sociologie de l'orgie* (Paris: Librairie des Méridiens, 1982), Paris: CNRS Éditions, 2010.

——*Essai sur la violence banale et fondatrice*, Paris, Méridiens Klincksieck, 1984.

——*La Connaissance ordinaire. Précis de sociologie compréhensive*, (1985), Paris: Klincksieck, 2007.

——*Le Temps des tribus. Le déclin de l'individualisme dans les société postmodernes* (1988), Paris: La Table Ronde, 2000.

——*Au Creux des apparences. Pour une éthique de l'esthétique* (1990), Paris: La Table Ronde, 2007.

——*La Transfiguration du politique* (1992), Paris: La Table Ronde, 2002.

——*Éloge de la raison sensible*, Paris: Grasset, 1996.

——*Le Mystère de la conjonction*, Occitanie (France), Éditions Fata Morgana, 1997.

——*Du Nomadisme. Vagabondages initiatiques* (1997), Paris: La Table Ronde, 2006.

——*La Part du diable. Précis de subversion postmoderne*, Paris: Flammarion, 2002.

——*Notes sur la postmodernité. Le lieu fait lien*, Paris: Éditions du Félin, 2003.

——*L'Instant éternel. Le retour du tragique dans les sociétés postmodernes*, Paris: Denoël, 2000; La Table Ronde, 2003.

——*Le Voyage ou la conquête du monde*, Paris: Éditions Dervy, 2003.

——*Le Rythme de la vie. Variations sur les sensibilités postmodernes*, Paris: La Table Ronde, 2004.

——*Le Réenchantement du monde. Une éthique pour notre temps*, Paris: La Table Ronde, 2007; Paris: Perrin, 2009.

——*Iconologies. Nos idol@ tries postmodernes*, Paris: Albin Michel, 2008.

——*La République des bons sentiments*, Monaco: Éditons du Rocher, 2008.

——*Apocalypse*, Paris: CNRS Éditions, 2009.

——*Matrimonium. Petit traité d'écosophie*, Paris: CNRS Éditions, 2010.

——*Le Temps revient. Formes élémentaires de la postmodernité*, Paris: DDB, 2010.

——*Qui êtes-vous, Michel Maffesoli? Entretiens avec Christophe Bourseiller*, Paris, Bourin Éditeur, 2010.

——*La Passion de l'ordinaire. Miettes sociologiques*, Paris: CNRS éditions, 2011.

——*Sarkologies. Pourquoi tant de haine（s）?*, Paris: Albin Michel, 2011.

——*Homo eroticus. Des communions émotionnelles*, Paris: CNRS Éditions, 2012.

——& Brice Perrier（eds.）, *L'Homme postmoderne*, Paris: Éditions FB, 2012.

——*Imaginaire et postmodernité*, Paris: Éditions Manucius, 2013.

——*L'Ordre des choses. Penser la postmodernité*, Paris: CNRS Éditions, 2014.

——*Le Trésor caché. Lettre ouverte aux francs-maçons et à quelques autres*, Paris: Éditions Léo Scheer, 2015.

——& Hélène Strohl, *Les Nouveaux bien-pensants*, Paris: Éditions du Moment, 2014.

——& Hervé Fischer, *La Postmodernité à l'heure du numérique. Regards croisés sur notre époque*, Paris: Éditions FB 2016.

——*La Parole du silence*, Paris: Les Éditions du Cerf, 2016.

——*Écosophie. Une écologie pour notre temps*，Paris：Les Éditions du Cerf，2017.

——*Être postmoderne*，Paris：Les Éditions du Cerf，2018.

——*La Force de l'imaginaire. Contre les bien-pensants*，Montréal：Liber，2019.

——& Hélène Strohl，*La Faillite des élites. La puissance de l'idéal communautaire*，Paris：Les Éditions du Cerf，2019.

——*L'ère des soulèvements*，Paris：Les Éditions du Cerf，2021.

——*La Logique de l'assentiment. Dire oui à la vie*，Paris：Les Éditions du Cerf，2023.

——*Le Grand Orient. Les Lumières sont éteintes*，Paris：Guy Trédaniel éditeur，2023.

——*Le Temps des peurs*，Paris：Les Éditions du Cerf，2023.

［爱尔兰］玛丽·艾肯：《网络心理学——隐藏在现象背后的行为设计真相》，门群译，中信出版集团 2018 年版。

［德］韩炳哲：《在群中——数字媒体时代的大众心理学》，程巍译，中信出版集团 2019 年版。

［德］马克斯·韦伯：《新教伦理与资本主义精神》，于晓、陈维纲等译，生活·读书·新知三联书店 1987 年版。

［法］乔治·巴塔耶：《被诅咒的部分》，刘云虹、胡陈尧译，南京大学出版社 2019 年版。

［加拿大］马歇尔·麦克卢汉：《理解媒介——论人的延伸》，何道宽译，译林出版社 2019 年版。

［美］迈克尔·帕特里克·林奇：《失控的真相》，赵亚男译，中信出版集团 2017 年版。

［美］南希·K. 拜厄姆：《交往在云端——数字时代的人际关系》，董晨宇、唐悦哲译，中国人民大学出版社 2020 年版。

［美］尼尔·波兹曼：《娱乐至死》，章艳译，中信出版集团 2015

年版。

[美] 尼古拉斯·卡尔：《浅薄——互联网如何毒化了我们的大脑》，刘纯毅译，中信出版社 2010 年版。

[美] 托马斯·M. 尼科尔斯：《专家之死》，舒琦译，中信出版集团 2019 年版。

[意] 马西莫·莱昂内：《论无意味——后物质时代的意义消减》，陆正兰、李俊欣、黄蓝译，四川大学出版社 2019 年版。

[英] 高文·亚历山大·贝利：《巴洛克与洛可可》，徐梦可译，北京出版集团公司、北京美术摄影出版社 2020 年版。

李晖、刘博编著：《巴洛克艺术》，天津科学技术出版社 2011 年版。

林青：《莫言的另类解读：西蒙与莫言写作比较》，山东大学出版社 2014 年版。

汪民安编：《色情、耗费与普遍经济——乔治·巴塔耶文选》，吉林人民出版社 2011 年版。

徐贲：《人文的互联网——数码时代的读写与知识》，北京大学出版社 2019 年版。

赵汀阳、[法] 阿兰·乐比雄：《一神论的影子》，王惠民译，中信出版集团 2019 年版。